JN234525

型
kata
論文のスタイル

魂
tamashii
論文のアイディア

民法研究ハンドブック

大村敦志＋道垣内弘人＋森田宏樹
＋山本敬三 著

体
tai
論文のプラクシス

技
waza
論文のテクニック

響
hibiki
論文のインパクト

有斐閣

　　　　　　　は　し　が　き

　最近，社会科学系の諸分野に関し，論文の書き方を扱う書物が増えてきたように思われる。このことには理由がないわけではない。大学院の多様化，および，それに伴う指導教授の多忙化を背景に，「親方のやり方を見て盗む」という徒弟的な指導方法が必ずしも通用しなくなってきているのである。

　本書は，民法学に焦点をあてながら，法学の研究方法・論文の執筆方法について説明したものである。本書の詳しいコンセプトは，序章に譲る。ただ，『民法研究ハンドブック』という，ある意味では軽い印象を与える題名となっているが，私たちは，一定の学問的認識のもと，一定の学問的貢献をめざして本書を執筆したのだということは，ここで明らかにしておきたい。また，民法学に限らず，法学の諸分野に関して研究生活を始めようとする諸氏にはもちろん，職業的な研究者をめざしているわけでなくても，法学に関する何らかの論文・レポートを執筆する諸氏にも役立つものだと考えている。

　本書の構想が芽生えたのは，今から5年以上前である。それ以来，原稿を持ち寄っては議論を重ね，書き直してはさらに議論した。有斐閣書籍編集第一部の酒井久雄さん，佐藤文子さんには，大変お世話になった。原稿を確定するという目的をついつい忘れ，議論にふけってしまう私たちに，辛抱強くつきあってくださった。心からお礼を申し上げる。
　　2000年2月

　　　　　　　　　　　　　　　　　　　　　　　　大　村　敦　志
　　　　　　　　　　　　　　　　　　　　　　　　道 垣 内 弘 人
　　　　　　　　　　　　　　　　　　　　　　　　森　田　宏　樹
　　　　　　　　　　　　　　　　　　　　　　　　山　本　敬　三

目　次

序　論　*1*

1　誰のために？──本書の読者　*2*
　1-1　若手研究者のために　*2*
　1-2　「学習」から「研究」へ　*3*
　1-3　第一論文を書くということ　*4*
　1-4　若手研究者とは誰のことか　*6*

2　なぜ？──本書の目的　*8*
　2-1　「研究」の「手引き」は可能か　*8*
　2-2　「研究」の目的と方法　*9*
　2-3　「研究」の「方法論」　*11*
　2-4　「ハンドブック」の必要性　*13*

3　どのように？──本書の構成　*15*
　3-1　論文作成の過程と環境　*15*
　3-2　「判例評釈の書き方」の位置づけ　*18*
　3-3　本書の執筆の仕方　*19*

第1章　「魂」
論文のアイディア　*23*

第1節　「遊」──主題の模索　*24*

1　主題はつくりあげられる　*24*
　1-1　ある論文の出だし　*24*
　1-2　瀬川論文の分析　*26*
　1-3　本当の理由：論文成功の見込み　*30*

2　主題は発見される　*31*

目　次

- 2-1　よく勉強すること　31
- 2-2　欠落を探すこと　33
- 2-3　類推・応用，または借用　37
- 2-4　もっと野心を　38

3　主題は模索される　41
- 3-1　手法と題材の相性　41
- 3-2　論文の読み方　42
- 3-3　ゼミや研究会での態度　43
- 3-4　論文の構成（いわゆる「プラン」）を繰り返し作成せよ　44

第2節　「想」──主題の決定　46

1　主題決定の前提条件　46
- 1-1　主題（テーマ）が決定するとは？　46
- 1-2　論文になる主題とは何か──「テーマの決定」の要件　47
- 1-3　価値のある「資料型論文」と価値のない「資料型論文」　49

2　主題決定の考慮要因　53
- 2-1　大きな問題を一度に解決する必要はない　53
- 2-2　学位論文の種別によって違いがあるか　54
- 2-3　研究者としての基礎的能力を示すことができる素材を含むか？　56
- 2-4　民法解釈学に固有な手法を含むか？　57
- 2-5　民法学の現在の研究状況とどのような関係にあるか？　59
- 2-6　将来の自分の研究にとって広がりをもった基礎的な研究であるか　61

3　主題決定の制約要因　63
- 3-1　結論の論証について手持ちの素材は十分であるか　63
- 3-2　手持ちの素材だけから論証が可能な立論は何であるか　64
- 3-3　簡単にあきらめてはいけない　65

Column①　指導教授　66

目　次

第 2 章　「型」

論文のスタイル　*69*

1　「型」の重要性　*70*
　1-1　論文には「型」がある　*70*
　1-2　「型」の意味　*71*

2　「型」を決めるファクター・その 1 ——作業　*72*
　2-1　「型」を決めるファクターとは　*72*
　2-2　作業の類型　*73*
　2-3　作業に応じた「型」とその併用　*74*

3　「型」を決めるファクター・その 2 ——素材　*76*
　3-1　何を素材とするか　*76*
　3-2　素材の組合せによる「型」の構成　*77*

4　「型」を決めるファクター・その 3 ——論法　*80*
　4-1　実質的論拠と形式的論拠　*80*
　4-2　実定法に基づく論法　*81*
　4-3　歴史に基づく論法　*82*
　　(1)　立法過程による論法　*82*
　　(2)　発展方向による論法　*84*
　4-4　外国法に基づく論法　*85*
　4-5　実態に基づく論法　*87*
　4-6　形式的論拠による論法の問題点　*88*
　4-7　示唆獲得型論文について　*89*
　　(1)　示唆獲得源の検討部分　*89*
　　(2)　示唆獲得・応用部分　*90*

5　第一論文の基本型とチェックポイント　*93*
　5-1　「型」と内容の相性　*93*
　5-2　第一論文の基本型　*94*
　5-3　外国法紹介型の注意点　*95*
　5-4　「法—日本法＋外国法—現在」型の注意点　*96*
　　(1)　分析型　*96*

目　次

　　　(2)　主張型―形式的論拠利用型　*97*
　　　(3)　主張型―示唆獲得型　*98*
　5-5　「法―日本法＋外国法―過去」型の注意点　*101*
　　　(1)　分析型　*101*
　　　(2)　主張型―形式的論拠利用型　*104*
　　　(3)　主張型―示唆獲得型　*107*
　5-6　「法―日本法＋外国法―過去＋現在」型の注意点　*108*
6　「型」を超えて　*111*
　6-1　「型」とオリジナリティー　*111*
　6-2　マネをおそれるな　*111*
　6-3　「型」から「響」へ　*113*
　Column②　ノートの作り方　*114*

第3章　「体」
　　　　　　　　　　　　　　　　論文のプラクシス　*115*

第1節　「練」――素材の分析　*116*
第1款　学説　*116*
1　学説分析の心得　*116*
　1-1　素材の分析　*116*
　1-2　学説分析の必要性　*117*
　1-3　謙虚に理解すること　*118*
　1-4　内在的に理解すること　*119*
　1-5　内在的に理解するためには　*121*
2　論文分析の方法　*122*
　2-1　論文の分析と学説全体の分析　*122*
　2-2　論文の読み方　*123*
　2-3　準備作業――予備知識の収集　*123*
　　　(1)　論文の構成と注のチェック　*124*
　　　(2)　序論と結論のチェック　*125*
　2-4　本論の分析　*126*

2-*5*　論文の理解　*127*
　　　　(1)　核心的主張の確認　*127*
　　　　(2)　背景知識の必要性　*128*
3　共時的な学説分析の方法　*130*
　　3-*1*　学説分析の作法　*130*
　　3-*2*　内容に即した分析の必要性　*130*
　　3-*3*　構造化の必要性　*131*
　　3-*4*　学界内での格づけ　*133*
4　通時的な学説分析の方法　*135*
　　4-*1*　発表年の確認とプライオリティーの尊重　*135*
　　4-*2*　影響関係の分析　*137*
　　4-*3*　全体の流れの探究　*138*
第2款　判例・裁判例　*140*
1　判例・裁判例の有用性と分析方法　*140*
　　1-*1*　最上級審判決と下級審判決　*140*
　　1-*2*　多数の下級審裁判例を集合体として見る場合　*142*
　　1-*3*　なぜ根拠となるのか　*144*
　　1-*4*　単体としての下級審判決を見る場合　*146*
2　分析にあたっての注意点　*146*
　　2-*1*　限界認識の必要性　*146*
　　2-*2*　事実認定という変数　*148*
3　判決を読むための具体的なテクニック　*150*
　　3-*1*　最高裁判所判例集の読み方　*150*
　　3-*2*　裁判所によって認定された事実関係　*151*
　　3-*3*　控訴審，上告審　*153*
　　3-*4*　『判例時報』『判例タイムズ』等の読み方　*154*
　　3-*5*　補足的な注意　*154*
第3款　外国法　*156*
1　外国法分析の有用性　*156*
　　1-*1*　外国法研究の現況　*156*

目　次

　　1-2　外国法分析は有用であった　*156*
　　1-3　外国法分析はこれからも有用か？　*158*
　　1-4　もはや学ぶものはない？　*159*
　　1-5　第一論文にとっての外国法研究　*160*
　　1-6　外国法の参照と日本法の独自性　*161*
　2　外国法分析の前提　*162*
　　2-1　外国法分析の目的　*162*
　　2-2　分析対象とする外国法　*164*
　　2-3　外国法のなかでの分析対象　*166*
　3　外国法分析の盲点　*168*
　　3-1　常識の欠如　*168*
　　3-2　日本法の投影　*169*
　4　外国法分析の技法　*170*
　　4-1　慎重に，しかし，効率的に　*170*
　　4-2　法源相互の重みづけを　*171*
　　4-3　法源内部の重みづけも　*172*
　　4-4　二次文献に頼らない／二次文献を利用する　*173*
　　4-5　大きな流れを把握　*174*
　　4-6　相互の影響関係に着目　*175*
　　4-7　背景事情との関連は？　*176*
　5　外国法分析の視点　*178*
　　5-1　視点設定の必要性　*178*
　　5-2　比較の射程——機能的比較　*178*
　　5-3　比較の深度——コミットメントの程度　*180*

第2節　「塑」——論文の構成　*181*
　1　構成の重要さ　*181*
　　1-1　研究ノートから論文へ　*181*
　　1-2　構成おそるべし　*182*
　　1-3　あなたは無名の新人である　*186*

目　次

2　序論の構成　*187*

　2-1　序論に含まれるべき諸要素　*187*

　　　(1)　問題意識と課題の設定　*187*

　　　(2)　分析視角（アプローチ）と素材の選択　*188*

　2-2　課題の設定の方法　*189*

　2-3　先行研究との関係――問題状況　*191*

　2-4　問題の定式化　*193*

　2-5　素材の選択とその理由　*193*

　2-6　分析視角の設定――アプローチ　*194*

　2-7　課題の限定　*195*

　2-8　序論において回避すべき事項　*196*

3　本論の構成　*198*

　3-1　本論の構成の意味　*198*

　3-2　素材の利用方法との関係――論証過程における各部分の役割　*199*

　3-3　国別の検討順序　*200*

　3-4　時代別の検討順序　*201*

　3-5　問題別の検討順序　*202*

　3-6　結論提示の手順との関係　*204*

　　　(1)　ボトム・アップ型　*204*

　　　(2)　トップ・ダウン型　*205*

4　結論の構成　*206*

　4-1　結論の提示　*206*

　4-2　論文の型による結論のタイプ　*208*

　4-3　「残された課題」　*209*

　Column③　友人とのつきあい方　*210*

第4章　「技」

論文のテクニック　*211*

第1節　「索」――資料の検索　*212*

1　日本　*212*

ix

目　次

- *1-1* 検索の重要性 *212*
- *1-2* 法令 *213*
- *1-3* 判例・裁判例 *215*
- *1-4* 学説・その1——概説書 *217*
- *1-5* 学説・その2——論文 *218*
- *1-6* 論文等の検索 *220*
- *1-7* 実態 *221*

2　ドイツ *222*
- *2-1* 外国法の調べ方 *222*
- *2-2* 法令・判例 *223*
  - (1) 法令集 *223*
  - (2) 立法資料 *224*
  - (3) 判例 *225*
- *2-3* コンメンタール *226*
- *2-4* 概説書 *228*
  - (1) 体系書 *228*
  - (2) 一般的な教科書 *230*
  - (3) 個別テーマに関する概説書 *232*
- *2-5* 著書・論文 *233*
  - (1) モノグラフィー *233*
  - (2) 論文 *235*
- *2-6* その他の一般的資料 *236*
- *2-7* 邦語文献 *237*

3　フランス *238*
- *3-1* 文献検索のための手引き類 *238*
- *3-2* 法令集 *238*
- *3-3* 概説書 *241*
- *3-4* 法律事典など *247*
- *3-5* 法律雑誌・判例集 *248*
- *3-6* その他の出版物 *249*

3−7　フランス法に関するわが国の文献　*250*
4　英米　*251*
　　　4−1　教科書類　*251*
　　　4−2　論文・著書　*253*
　　　4−3　判決　*255*
　　　4−4　法令　*256*
　　　4−5　その他　*257*

第2節　「磨」――原稿の執筆　*258*
1　構造をつくる　*258*
　　　1−1　論理的な組立て　*258*
　　　1−2　同レベルのものは同レベルの位置に　*258*
　　　1−3　明快な理解あってこそ　*260*
2　文をつくる　*261*
　　　2−1　何よりも明晰さが重要　*261*
　　　2−2　短く，短く　*262*
　　　2−3　「が」に気を付ける　*264*
　　　2−4　論文において目につく悪文　*265*
　　　2−5　外国語の扱い方　*267*
　　　2−6　各文のつながり　*269*
3　内容をつくること　*271*
　　　3−1　レッテル貼りの功罪　*271*
　　　3−2　批判は率直に　*273*
　　　3−3　注の書き方・その1　*274*
　　　3−4　注の書き方・その2　*277*
　　　3−5　引用は正確に　*278*
　　　3−6　敬称・職名について　*280*
4　さらにいくつか　*281*
　　　4−1　推敲，推敲，また推敲　*281*
　　　4−2　細かいことだが重要な点　*282*

目　次

4-3　最も重要なことのために最も大切なこと　*283*
Column④　パソコン　*284*

第5章　「響」
論文のインパクト　*287*

1　「おもしろい」とは何か　*288*
　1-1　なぜなんだろう　*288*
　1-2　「おもしろい」と「つまらない」　*289*
2　「おもしろさ」を生み出す　*291*
　2-1　「位置づけ」が「おもしろさ」を左右する　*291*
　2-2　トレンドの追跡，トレンドへの影響，トレンドの創出　*293*
　2-3　「きれ」の「おもしろさ」は難しい　*296*
　2-4　「解釈論」は「おもしろさ」を約束しない　*297*
3　「おもしろさ」を育てる　*300*
　3-1　小さな「おもしろさ」と大きな「おもしろさ」　*300*
　3-2　小さな「おもしろさ」から大きな「おもしろさ」へ　*301*
Column⑤　抜刷の送り方　*302*

補　論
判例評釈の書き方　*305*

1　判例評釈の意義と目的　*306*
　1-1　「判民」設立を唱導した末弘博士の「判例」研究の方法　*306*
　1-2　「判民型」と「民商型」　*307*
　1-3　「判民型」方法の一般化　*309*
　1-4　研究者の養成・訓練過程における判例評釈・判例研究　*311*
2　判例研究の諸態様　*312*
　2-1　判例評釈だけが判例研究ではない　*312*
　2-2　判例評釈　*313*
　2-3　判決理由中の法律論を素材とした研究　*314*
　2-4　判決の「理解深化」を目的とした研究　*315*

2-5　裁判例に現れた紛争形態の研究　*317*
　　2-6　ある紛争に判決が与えた影響を探る研究　*317*
3　先例規範としての「判例」　*318*
　　3-1　裁判規範としての判例　*318*
　　3-2　判例と学説（法律家共同体）の協働による判例法の形成　*319*
　　3-3　判例の「理解」の修正・変更　*320*
　　3-4　判例評釈において期待される学説の役割　*320*
　　3-5　陥りやすい問題点　*322*
4　先例規範の抽出の方法・その1
　　　──事案と結論の対応関係による方法　*324*
　　4-1　法律家共同体の共通のルール　*324*
　　4-2　なぜ事案との対応で先例を限定するのか　*325*
　　4-3　定型的事実と定型的結論の抽出と相関結合　*327*
　　4-4　事実の抽象化の程度および態様　*328*
5　先例規範の抽出の方法・その2
　　　──判旨のテクストの読解による方法　*329*
　　5-1　テクスト読解の重要性　*329*
　　5-2　判決理由を構成する各部分の意味づけ　*330*
　　5-3　判決のタイプ──「原理判決」と「事例判決」　*331*
6　先例規範の抽出の方法・その3
　　　──判例法総体の整合的理解による方法（共時的な見方）　*332*
　　6-1　評釈の対象判決の先例とみられる判例との整合的な解釈　*332*
　　6-2　検討の対象に含めるべき判決　*334*
　　6-3　「判例理論」──先例規範を体系として再構成する作業　*334*
7　先例規範の抽出の方法・その4──その他　*335*
　　7-1　「判例の流れ」による方法（通時的な見方）　*335*
　　7-2　当事者の主張方法との関係──法律審としての最高裁　*336*
　　7-3　原審判決の判断との対比　*337*
　　7-4　調査官解説の利用　*338*
　　7-5　従来の下級審裁判例や学説の影響の考慮　*339*

目　次

8　判例評釈の構成 *339*

　8-1 　判例評釈の「型」　*339*

　8-2 　序論　*340*

　8-3 　本判決の判例法上の位置づけ　*341*

　8-4 　判旨の評価　*341*

　8-5 　判旨の射程　*342*

　8-6 　残された問題　*342*

　8-7 　判旨の結論自体の妥当性　*343*

　Column⑥　報告　*344*

あとがき　*347*

本書のコピー，スキャン，デジタル化等の無断複製は著作権法上での例外を除き禁じられています。本書を代行業者等の第三者に依頼してスキャンやデジタル化することは，たとえ個人や家庭内での利用でも著作権法違反です。

序　論

序論

1　誰のために？——本書の読者

1-1　若手研究者のために

■「研究」の「手引き」として　　『民法研究ハンドブック』というタイトルが示唆するように、本書は「民法」の「研究」をする人々のための「ハンドブック」として書かれている。

　長年の研究経験をもつ研究者は、明確に意識しているかどうかは別にして、それぞれに自分の研究方法を確立しているはずである。そのようなベテランの研究者にとって「ハンドブック」は無用であろう。「ハンドブック」、すなわち「手引き」となる書物——手元に置いて参照できるだけでなく手を引いて導く——を必要とするのは、まだ研究を始めたばかりで、研究方法を模索している若い研究者である。本書は、学部を卒業して大学院生（あるいは助手）となり研究生活を始めたばかりの研究者（以下「若手研究者」という。ただし、「若手」「若い」は「経験が浅い」という意味である）が、はじめて研究論文（以下「第一論文」という）を書くという場面を想定して、そのための手引きをしようとするものである（以下、「あなた」「君」とよびかけるときには、若手研究者を想定している）。

　もちろん、あなたはすでに、学部段階でさまざまな形で民法を学んでいる。民法の講義は聴いたはずだし、演習にも出たかもしれない。教科書類には目を通しただろうし、何か論文を読んだという人もいるだろう。むしろ、民法を学ぶなかで「おもしろい」と感じるものがあったので、民法の研究をしてみる気になったという人が多いに違いない。その意味では、若手研究者たちは「民法」を知っているし、関心ももっている。しかし、それにもかかわらず、研究の「手引き」は必要なのである。というのは、民法を「学習」するのではなく「研究」するというのは、あなたにとってははじめての経験だからである。

1-2 「学習」から「研究」へ

■ 学習＝学部，研究＝大学院？

では，「研究」とはどんなことか，これまでの「学習」とどこが違うか。学部段階で行われているのが「学習」であり，大学院段階で行われているのが「研究」だろうか。法学系の学部学生には，このようにいわれてもあまり違和感を覚えない人が多いかもしれない。「われわれは法曹になるために，あるいは，官庁や企業で法的な仕事に従事するために，法を学習しているのであり，研究しているのではない」というわけである。人文諸学に比べて実学の色彩の濃い法学においては，技能習得のウェイトが大きいために，日本では，ドイツ・フランスなどと同じく，学部段階では主として既存の知識の獲得と初歩的な適用の訓練が行われている。法学系の学部・学科には卒業論文を課さないところが多いという事実が，このことを端的に示している。

しかし，「研究」を志して大学院生や助手になった人にとっては，このような形式的な説明は必ずしも説得力をもたない。「学部段階でも，われわれはさまざまな学説を勉強しその優劣・当否を気にかけてきた。そういった勉強を続けようと思って，研究者になったのだ」——こう思う人も少なくないだろう。たしかに，学部段階での勉強にも「研究」の側面がないわけではない。とくに演習の場では，「研究」的な営みがなされているといえるだろう。実際のところ，演習参加者に論文提出の義務を課すという学部・学科あるいは教師も少なくない。

■ 既存の知識ではなく新たな知見を

それでも，少なくとも法学系の学部・学科に関するかぎり，学部段階の「研究」は「学習」に近く，本格的な「研究」とはいいにくい。そこでの中心的な作業は既存の知識の習得であるからであり，その批判的な検討や新たな知見の導出は付随的な作業にとどまっているからである。図式的にいえば，学生の書く「論文」においては，その大部分は既存の知識の整理にあてられており，わずかな割合を占める考察部分においても，すでに述べられている見解の一つが繰り返されている——場合により取捨選択されている，あるいは，ヴァリエーションが展開されている——にすぎないのである。

序　論

　もちろん，この種の整理ができることは「研究」の基礎能力として必要なことである。しかし，それは「研究」そのものではなく，その前段階，あるいは一部を構成するものである。のちに本論でも述べるように，「研究」の核心部分はその「新規性」にある。既存の知識を適切に理解したうえで，それを批判的に検討し，何らかの意味で新たな，意味のある知見を引き出すということ，これが「研究」にほかならない。「何か新しいもの」がなければ，それは「研究」とはいえない。そして，新たなものを求める以上，そこは前人未到の地なのであり，どの道をたどってどこに至るかは，基本的には研究者の個人的な判断に委ねられている。別の比喩を用いるならば，素材を与えられ，レシピを示されてする調理ではなく，何を用いてどう調理するかも含めて自分で決め，新たな料理を生み出すというのが本当の「研究」であるといってもよい。

　学部を卒業した若手研究者は，「学習」の世界に別れを告げて，このような「研究」の世界に足を踏み入れることになる。あなたはいまフロンティアに立っている。繰り返していうが，あなたが，これからめざすのは前人未到の地なのである。

1-3　第一論文を書くということ

　学部を卒業した若手研究者は，学位論文（博士論文・修士論文）またはそれに準ずる論文（助手論文）を書かなければならない。数年の年月を費やしてはじめての「論文」（第一論文）を書くというのが，若手研究者の最大の課題なのである。このほかに，判例評釈を書いたり書評を書いたりすることもある。しかし，若手研究者にとっては，それもまた「論文」を書くためのトレーニングとして位置づけられるべきだろう。判例や学説を分析する能力は，「論文」作成に不可欠だからである。では，その第一論文の執筆は，いったいどのような意味をもっているのだろうか。

■ 研究者にとっての第一論文　　まず，研究者個人の側から見てみよう。民法研究者の主な仕事は，民法に関する研究をすることである。多くの場合それは，各種の雑誌に公表される「論文」の

執筆という形で行われる。前述の判例評釈・書評は，ある特殊なタイプの論文として位置づけることができる。また，単行書（モノグラフ）を出版することもあろうが，それが既発表の論文によって構成されている場合はもちろん，新たに書き下ろされる場合にも雑誌論文の執筆と質的に異なるものではない。いずれにせよ，一人前の研究者として歩んでいくには，研究のための能力，すなわち「論文」を書く能力をもっていることが要請されるのである。

　それゆえ，若手研究者は論文を書く能力を獲得しなければならない。そのための教育方法として用いられているのが，学位論文を書く（書かせる）という方法である。実際に論文を書くことによって，研究者としての能力を養うのである。また，大学院生や助手は，いつまでもその身分にとどまったままで研究を続けられるわけではない。職業的な研究者になるには，大学の学部や研究所といった研究機関にポストを得ることが必要となる。そして，それには，それらの機関に対して，自分がすぐれた研究能力を有していることを証明する必要がある。学位論文はその証明の手段でもある。つまり，第一論文を書くということは，研究者個人にとっては，自己教育の手段であるとともに，能力証明の手段でもあるのである。

■ **学界にとっての第一論文**　次に，学界の視点に立って見てみよう。「学界」とはいかなるものかを厳密に定義するのは難しいが，ここでは「ある共通の学問領域を研究する研究者が構成すると想定される世界」といった程度の定義ですませておこう。国語辞典に従えば，より簡単に「学者の社会」「学問の世界」ということになるが，「学者の社会」と「学問の世界」の間には若干のニュアンスの差があり，その差は重要である。つまり，「学界」とは，単なる学者の集まり（「学者の社会」）を指すわけではなく，そこに，何らかの共通の約束や前提が存在することが含意されているのである。民法学界というのは「民法を研究する研究者の形づくる世界」であるが，そこでは，民法に関するさまざまな知識が共有されており，また，民法研究の方法についても一定の考え方が共有されている。この点は次の項でやや詳しく述べる。

　個別の研究者が日々の研究活動の中で生み出す「論文」は，学界にとって

序論

共有財産となる．本論で述べるように，研究者が新たな研究を試みようとする際には，既存の研究を探索することによって，何が既知であり何が未知であるかを明らかにするところから出発する．それを無視してはならないという意味で，先行する研究成果（論文）の存在は一種の制約条件であるが，同時に，それを手がかりとすることができるという意味では，新たな研究の手助けともなるものである．このようなものとして，「論文」は学界に蓄積されていく．以上の点は，若手研究者によって書かれる第一論文についても例外ではない．

しかし，第一論文であることによる特殊性もないわけではない．これも本論で述べることがらだが，第一論文はその性格からして，基礎研究としての部分が大きな意味をもつ．どこの誰だかわからない人の個人的な意見・見通しはそれだけでは説得力をもたない．それゆえ，第一論文では論証のための基礎的なデータの提示が大きな意味をもつ．また，前述の自己教育・能力証明の観点からいっても，これは自然なことである．そうだとすると，第一論文は学界にとっては，基礎研究の蓄積としての意味をもつことになる．したがって，若手研究者の層が厚くなればなるほど，基礎研究の蓄積も豊かなものとなる．

1-4 若手研究者とは誰のことか

ところで，本書が読者として想定しているのは，すでに述べたように，「学部を卒業して，大学院生あるいは助手となり，研究生活を始めたばかりの研究者」であり，このような人を「若手研究者」とよんでいる．そこには，①学部段階での教育はすでに修了している，②制度的には大学に属している，③将来も継続的に研究を続けようと考えている，という含みがある．確かに，本書が典型的な読者として念頭に置いているのは，このような人である．

■ 広義の若手研究者

しかし，「若手研究者」の概念を厳格に解する必要はない．①′ 学部学生であっても，「研究」に関心をもっている人（将来的な若手研究者）が，本書をひもとくことは十分に考えられる．また，②′ 大学に所属することなく独学で「研究」を行う人々（並

行的な若手研究者）を排除するつもりもない。これらの人々が本書をひもとくことを，私たちはむしろ歓迎している。とりわけ，③′継続的に「研究」に従事するわけではない大学院生（非職業的な若手研究者）——具体的に念頭に置いているのは，1990年代になっていくつかの大学に設置された職業人コース（「専修コース」「実務修士コース」等の名称でよばれる）の大学院生のことであるが——には，ぜひ本書を読んでもらいたい。

そこで，①′〜③′のタイプの読者（まとめて「広義の若手研究者」とよぼう），とくに，数として多い（今後ますます増えるだろうと思われる）③′のタイプの読者のために，本書の読み方につき若干の補足をしておきたい。

あなたが，このような広義の若手研究者の一人であるとすると，あなたの書く研究論文は，公表されることは必ずしも予定されていない。その意味では，あなたの研究成果は学界の共有財産となるわけではない。また，あなたは職業的研究者となることを予定していないとすると，あなたにとって，研究の能力，すなわち論文を書く能力を学界に示す必要はない。

■論文を書く能力の重要性　　それにもかかわらず，研究論文の執筆を通じて研究能力を獲得することは，あなたにとって重要なことだろうと，私たちは考えている。学界（より広くは法律家共同体）が知らない新たな知見を，論文という形で提示する能力を養うことは，その後の職業生活，とりわけ（広義の）法律家としての職業生活にとって，大きな意義を有すると考えるからである。あなたの書く研究論文は学界に向けて発信されることはないかもしれない。あなたの作業はオフラインの作業である。しかし，「論文」を書こうという以上は，あたかも学界に向けてその成果を問うというつもりで，作業を行う必要がある。そうでなければ，あなたは「論文」を書く能力を身につけることはできない。

あるいは，次のように言い換えた方がよいかもしれない。本書が提示しようとしているのは，（学部段階以後の）高度な法学修習の方法にほかならない。論文が公表されるか否か，職業的な研究者となるか否かにかかわらず，今後，このような能力を備えた法律家に対する需要は，ますます高まるだろう。（一定レベル以上の）法律家にとっては，研究論文を書く能力が共通の能力と

序　論

して求められることになるに相違ない。広義の若手研究者であるあなたは，このような流れのなかにあることをふまえて，研究論文に挑んでいただきたい。

2　なぜ？――本書の目的

2-1　「研究」の「手引き」は可能か

■ありうる疑念や異論　　*1-1* で述べたように，本書は若手の民法研究者の「研究」の「手引き」として書かれている。「学習」の領域から「研究」の領域へと歩みを進め，「何か新しいもの」を求めて「論文」を書くという，二重の意味で未知の領域に挑むあなたに対して，導きの糸を提供しようというのが本書の目的なのである。このようにいうと，ただちに次のような疑問が投げかけられるに違いない。研究の「手引き」というが，現在の民法学に「手引き」の対象となるような確立された研究の目的や方法があるのだろうか，という疑問である。あるいは，「研究」が「何か新しいもの」を求める営みであるならば，その目的や方法に関しても既存のものにとらわれないことが必要なのではないか，という反論もありうるだろう。つまり，「手引き」は不可能であり，あるいは，むしろ有害であるというわけである。さらに，「手引き」は可能かつ有益であるとしても，それは「ハンドブック」という形で，著者から読者に対して一方的・定型的に語りかけることによっては実現できない，との見方もあるだろう。

　本書の読者である若手研究者自身が以上のようなさまざまな疑念（不能論・有害論・無用論）を抱くことは，十分に考えられる。また，若手研究者の論文を指導する教師たち，より広く本書を受けとめる民法学界の一部にも同様の異論が生ずるに違いない。そして，これらの異論にはもっともな面も含まれている。そこで，以下においては，民法研究のための「ハンドブック」が可能かどうか，また，なぜ必要なのかを考えてみることにしたい。

2-2 「研究」の目的と方法

まず，民法研究に確立された目的や方法があるのかという問題から始めよう。これを否定する考え方にも，消極的（説明的）なものと積極的（規範的）なものとがある。

前者は，民法研究のための確立された目的や方法はありうるのかもしれないが，事実として，現時点で確立しているとはいえず，研究の目的と方法，いずれに関しても，複数のものが並立しているという見方である。このような見方——仮に「方法的多元主義」とよんでおこう——は，それ自体としてはあたっているというべきだろう。

■ 研究目的としての「解釈論」の多義性

民法を少しでも勉強した人ならば，ある制度または規範について「解釈論」の分かれる問題に関する研究者の「意見」が「学説」とよばれていることを知っているだろう。この用語法からもうかがわれるように，民法研究者の研究活動は「解釈論」をめぐって展開されることが多い。また，日本民法学の100年余の歴史をふりかえっても，さらには，フランスやドイツなどヨーロッパ（大陸）諸国の民法学史を遡っても，「解釈論」にかかわる作業が民法学者の活動の大きな部分を占めていたことは否定しがたい。したがって，「解釈論の提示」が民法学の目的である，と簡単に帰結する考え方もありうるだろう。

しかし，「解釈論」という用語は多義的である。前述のように，ある制度・規範についてその内容を明らかにすることは，たしかに「解釈論」とよばれる（民法177条にいう「第三者」とはいかなる者を指すかといった議論）。ところが，これに対して，ある種の定型的な問題を想定して「解釈論」が展開されることもある（たとえば，法律行為の取消後に現れた第三者が保護されるための要件は何かといった議論）。あるいは，個別具体的な事例において，ある者が保護されるか否かという議論——判例評釈などによく見られる——がなされることがあるが，この議論を「解釈論」とよぶことも少なくない。さらに，複数の制度相互の関係を説明する議論を「解釈論」とよぶこともある。その例としては，○○論とよばれる議論，たとえば，物権変動論，不法行為論，

序　論

法律行為論などをあげることができる。これらは物権変動ならば物権変動にかかわる諸問題を統一的に説明しようという議論である。「解釈論」には，このような体系＝原理指向的な議論を含めて考えることもできる。

　以上をまとめると，ひとくちに「解釈論」といっても，制度指向の解釈論（「基本レベル（メゾ・レベル）の解釈論」）を中心において，一方でより具体的な問題指向や事例指向の解釈論（「ミクロ・レベルの解釈論」），他方でより抽象的な体系＝原理指向の解釈論（「マクロ・レベルの解釈論」）も存在する。したがって，「解釈論の提示」が民法研究の目的である，としても，目的が一つであることにはならないのである。

■「解釈論」は研究目的のすべてか

　また，「解釈論」の位置づけにかかわる異論もありうる。「解釈論」として研究者がめざすべきは具体的な結論なのだろうか，それとも結論に至る論拠の発見なのだろうか。いったい「解釈論」は民法研究の目的なのだろうか，それともそれは民法研究の結果の一つなのだろうか。以上の点に関しては，結論指向の考え方と基礎づけ指向の考え方とが対立する。あるいは，「解釈論」は民法研究の目的のすべてなのだろうか，それともその重要な一つなのだろうか。この点に関しては，一方で立法論・立法研究の重要性が対置されるとともに，他方で，非実定法的な補助研究（歴史的・比較法的研究あるいは社会学的研究など）の必要性が説かれる。そもそも，「解釈論の提示」が民法研究の目的のすべてであるとは簡単に帰結できないのである。

■研究方法の多様性

　このように，民法研究の目的が多様であるとすれば，それに伴う方法も一様ではありえない。たとえば，解釈論のレベルが異なるのに応じて，研究において考慮すべき要素は異なってくるだろう。基本レベルの解釈論では，判例・学説の展開する一般論が重要だろうし，制度に関する立法者意思の探究や歴史的・比較法的検討も有用だろう。マクロ・レベルの解釈論においては，これらに加えて，民法の内外に存在する他の制度との関連に対する配慮が必要になるし，複数の制度を貫く思考様式や基本思想を見つけだすという姿勢も欠かせない。逆に，ミクロ・レベルの解釈論においては，対立する諸利益の精密な分析のほか，背景

の社会事情に対する関心や当事者の心理に対する感受性も要求される。さらに，解釈論を離れて立法論・立法研究ということになれば，現行制度の経済分析や新立法の費用便益分析が必要なのはもちろん，立法における合意調達の仕方，立法の前提となる法実態や法意識，立法がもたらす影響の予測・評価などが検討されなければならない。また，歴史的・比較法的研究，社会学的研究などの補助研究には，それぞれに固有の方法が伴う。

2-3 「研究」の「方法論」

■**方法的アナーキズムを超えて** 　以上のように，民法研究には確立された唯一の目的，唯一の方法は存在しない。私たちもこの点は承認しており，本書は，唯一の研究目的・研究方法を確立し，それを普及させようというものではない。しかし，方法的多元主義の承認は，研究の目的や方法の選択は研究者個人の問題であって他人が容喙すべきものではないという，より強い主張——これを仮に「方法的アナーキズム」とよぶことにする——を導くわけではない。本書は，研究の目的と方法について，多元主義を承認しつつもアナーキズムにはくみしないという立場をとる。そのためには，（目的を含む）「方法」と「方法論」とを区別すること，別の角度から見ると，「個人」としての研究者と研究者の「共同体」（「民法学界」）とを区別することが必要となる。

たしかに，研究の目的や方法は多様である。何をめざして，いかなる作業を行うかは，個々の研究者の選択に委ねられている。だからといって，目的や方法の選択は研究者個人にのみ属することがらであるということにはならない。研究者の共同体としての学界には，これまでに試みられてきたさまざまな方法のストックが存在するからである。ここでは，「技術（テクニック）」と「技術論＝工学（テクノロジー）」の対比にならって，このような諸々の方法（メソッド）の総体とそれを整序しようという試みを「方法論（メソドロジー）」とよぶことにしよう。この用語法によるならば，民法学界には民法学（民法研究）の単一の「方法」は存在しないが，「諸方法」の総体とそれを整序しようという「方法論」は存在するといえる。

序　論

　民法研究の目的・方法は唯一ではないが，現在，承認されている目的・方法が一つもないというわけではない。研究者の共同体としての「学界」において一定の意義を認められた目的・方法は複数存在するのである。そして，個々の研究者は，自己の責任において，自らの関心に合致したものを選択し，これを用いる。もちろん，研究者個人には，従来の方法を乗り越える余地も残されている。しかし，従来の方法を十分に知ったうえでなければ，新たな方法を生み出すことはできない。学問の知的伝統に従った「模倣」の段階を経ずに，自由な「創造」はありえないのである。以上のように考えるならば，方法的アナーキズムは退けられなければならない。若手研究者には，緩やかな「手引き」が必要なのである。そもそも，このように考えるのでなければ，若手研究者を養成することは——その研究環境の物的・資金的環境を整えること以外は——不可能になるはずである。

■ 方法論の存在意義　　もう少し具体的に述べよう。ある研究者が発表した研究に「何か新しいもの」が含まれているかどうか。それが研究として成り立っているかどうか。この点は，「方法論」を含む民法学の「研究状況」に照らして判断される。当該研究においては，ある対象につき，一定の目的をもって一定の方法に従った作業が行われているというとき，これまでに類似のものが存在しないかどうかを判断せずに，それが新しいかどうかを判断することはできない。つまり，「新規性」の判断は学界の知的ストックに照らしてなされるのである。また，当該研究がこれまでには存在しない目的や方法を提案しているとしても，「方法論」に照らして，それが民法研究としてまったく意味をもたないものであると判断されるならば，それは研究として承認されない。

　もちろん，現時点の「方法論」に照らすとあまりに荒唐無稽な研究も，将来においては独創的な研究と評価されることはないわけではない。それでも，およそ「研究」の名に値するか否か，時が経過しても変化しにくい最低限の基準は存在する。これにもまして注意すべきは，一見，荒唐無稽に見える研究の背後に，実はたしかな知的伝統が息づいている場合が少なくないということである。適切な例をあげるのは難しいが，たとえば所有権移転の時期に

関する「なしくずし的移転（段階的移転）説」などを考えるとよいかもしれない。この見解は単なる思いつきとして述べられたわけではない。

「方法論」は窮屈な制約として働くだけではない。新たな研究を試みようとする研究者は、現在の研究状況——それは研究方法のリスト（方法論）と研究領域のマップ（問題群）の組合せからなる——を念頭に置いて、既存の方法によって分析可能な未開の研究領域を見いだすこともできる。あるいはまた、既存の方法から出発してこれを改良・改善することもできる。まったく新たな方法を導入する場合にすら、既存の方法は手がかりとならないわけではない。たとえば、法の経済分析の存在は、隣接諸学問の知見の法への応用を促進しているといえるだろう。また、「法と経済」という問題の立て方は「法と社会」「法と政治」……といった視点を引き出すのに有益だろう。このあたりのことは、研究の着想の仕方とかかわるので、本論の該当の箇所（第1章第1節）で詳しく述べることにしよう。

2-4 「ハンドブック」の必要性

■ **個別指導の限界**　　さて、以上のように考えるとしても、若手研究者の「手引き」はそれぞれの指導教授によって個別的になされるべきであり、定型的な内容を一方的に伝えようという「ハンドブック」によっては達成されないのではないか、との疑問はなお残るだろう。もちろん、指導教授の個別指導が重要なことはいうまでもない。それぞれの若手研究者が実際に直面している問題に関して、また、各人の個性を考慮に入れて、きめの細かい指導がなされるならば、それに優るものはない。

しかし、今日では、個別指導のみに頼っていては、十分な「手引き」がなされない（なしえない）という場合が増えている。指導教授が自分の仕事ぶりを見せて（場合によっては手伝いをさせて）、暗黙のうちに論文の書き方を教えるという徒弟的な師弟像や、大学院生が自分の論文の構想をめぐって指導教授と長時間にわたって話しあうといった牧歌的な師弟像は、いまや過去のものとなった。私たちはそう思うのである。理由は、教え・学ぶ内容、教える相手方（学ぶ主体）の双方にある。

序論

■研究レベルの向上に伴う困難　教え・学ぶ内容についていえば，民法学の研究レベルの向上という——もちろんそれ自体は好ましい——事態が，従来の方法での教育を困難にしている。長年の研究の蓄積により，第一論文の執筆にあたって参照・検討しなければならない研究素材は飛躍的に増えている。そして，この膨大な情報を適切に処理する技法も単純なものではなくなっており，もはや見よう見まねで習得することは容易ではない。また，日々新たな研究方法の開発が試みられており，さまざまなアプローチによる論文が発表されている。そして，個々の指導教授はそれらを知ってはいても，そのすべてを実際に用いているわけではない。そうなると，日々の仕事ぶりを通じて伝えうる研究方法も限られたものとなる。

■大学院の大衆化に伴う困難　教える相手方（学ぶ主体）の状況については，大学院の大衆化という現象が重要だろう。1990年代になって始まった大学院教育の重視の方向性によって，程度の差はあれ法学系の大学院の門は広く開かれることとなった。すでに一言したように，いくつかの大学の大学院には職業人コースが設けられて，従前の数倍の大学院生を受け入れるようになった。教員の数を増やさないならば，学生の数の増加は，教員一人あたりの指導学生の数の増加をもたらす。そして，各教員が研究指導に費やすことができる時間が一定であるとするならば，学生一人あたりに対する指導時間は減少する。

　また，大学院は多種多様な学生を抱えるようになっている。かつての大学院は，モティヴェーション（動機）の明確な少数の学生を対象とし，職業的研究者を養成するための場であった。そこでは，研究方法の模索もまた必要な産みの苦しみであるとして，最小限の注意を与えるほかは学生の自主性に委ねるという指導方法も不可能ではなかった。しかし，今日では，研究者養成コースにも，何となく大学院に進学したという学生が増えているように感じられる。また，職業人コースの学生は，制度趣旨からして職業的研究者とはならないことを前提とされている。研究方法の自主的な模索への意欲を期待できない場合が増えているのである。

■ 教科書の必要性　もはや個別指導だけに「手引き」を期待することは困難であるといわねばならない。もちろん，私たちも，「ハンドブック」のみによって「手引き」が実現されるとは考えていない。あくまでも主は個別指導であり，「ハンドブック」は従としてその不足を補う役割を果たすだけである。ただ，大衆化された大学院教育においては，個別指導を補完する「研究」のための「教科書」が必要だと私たちは考え，そのようなものとして，この「ハンドブック」を構想したのである。

　また，この「ハンドブック」を，（研究者である）教師が補助教材として利用することも考えられる。冒頭にも述べたように，ベテランの民法学者は一定の方法論をもっているはずである。だが，それはしばしば暗黙知として体得されており，言語化することが困難なことが多い。それゆえ，内容に対する賛否とは別に，本書は，教師が指導をする際に自らの方法論を明確に意識化するためのたたき台としても利用可能なはずである。

3　どのように？——本書の構成

3-1　論文作成の過程と環境

　では，本書が伝えようと試みる「方法論」とはいかなるものか。以下の本論の全体がこの問いに対する答えとなるわけだが，ここでは，本論の叙述の順序を説明し，あらかじめ大まかな見通しを述べておくことにしたい。

　すでに述べたように，「研究」すなわち「論文」を書くということは，基本的には研究者個人の作業であるが，同時に，それは研究者の共同体としての学界が共有する「研究状況」に対する一定の認識なしには行いえない性質の作業でもある。この点を考慮に入れるならば，広義の論文作成は，学界という「論文作成の環境（あるいは場）」のなかで行われる研究者個人による「論文作成の過程」というモデルでとらえるべきだと思われる。

■ 研究者個人の作業過程　まず，研究者個人に着目して論文作成の過程を見てみると，そこには大別して，構想の段階と

序論

実行の段階があるといえるだろう。両者は論文作成の中間点をなす「構想の完成」を境に区別される。前の段階では，さまざまなアイディアが浮かんでは消えるということが何度か繰り返される。本書では，第1章「魂」——論文のアイディアがこの段階を扱う。具体的にはアイディアをとりまとめるのに利用可能ないくつかの技法の抽出を試みたい。この段階は，より具体的には，構想を固めるためにさまざまな資料を渉猟し主題を模索する段階（→第1節「遊」——主題の模索）と，論旨の展開を検討する段階（→第2節「想」——主題の決定）に分けられるだろう。

これに対して，後の段階は，獲得・確立された構想に従って，実際に論文が作成される段階である。この段階ではさまざまなテクニックが用いられるが，本書の第4章「技」——論文のテクニックでは，その主なものをとりあげて解説する。この段階は，さらに詳しく見るならば，論旨の展開に必要な資料をもれなく迅速に探すという段階（→第1節「索」——資料の検索）と実際に原稿を書くという段階（→第2節「磨」——原稿の執筆）に分けることができる。

ところで，この二つの段階の境となる「構想の完成」もまた，一つの段階としてとらえることができる。本書では，この中間段階を第3章「体」——論文のプラクシスとして独立させて，説明を加えている。このあたりが実際には難しい部分であるという認識に基づくものである。具体的には，収集された資料に分析・検討を加える段階（→第1節「練」——素材の分析），それに基づいて具体的に議論を組み立てていく段階（→第2節「塑」——論文の構成）に分けて，ポイントを解説している。もちろん，実際の作業はいくつかの段階にまたがりながら，あるいは，いくつかの段階を往復しながら行われることが多いだろう。しかし，以上のような段階分けは論文執筆過程を構造化するためのモデルとしては有用だろう。

■ 研究者共同体　このようにして論文は構想から完成に至る。では，論文の構想はどのような条件のもとで行われるのだろうか。また，完成した論文にはいかなる評価が下されるのだろうか。これらの点について考えるには，研究者共同体へと視点を転ずる必要がある。研究者個人

と研究者共同体の接触——環境としての学界の影響といってもよい——は，構想確立以前と論文完成以後という二つの局面で生ずる。

　個々の研究者は完全に自力で論文の構想を固めるわけではない。構想確立以前の段階では，どのようなスタイルで論文を書くかということが重要な意味をもつが，このスタイルは無から創造されるわけではなく，既存のもののなかから選択＝利用されることが多い。論旨の検討に際してはもちろん主題の模索に際しても，既存のスタイルは有力な導きの糸となる。それゆえ，学界に蓄積されているスタイルにどのようなものがあるかということは知っておいてよい。本書では，第2章「型」——論文のスタイルで，この点に関する見取図を提供する。もっとも，既存のスタイルは変更不能なものではない。必要ならばスタイルの修正（さらには創設）が試みられてよい。「型」はあくまでも一つの出発点にすぎない。

　論文完成以後の段階に至ると，研究者の関心は自分の論文が学界においてどのように評価されるかに向けられることとなろう。個々の研究者の研究は学界の共有財産としてしかるべき位置づけを与えられる。では，この評価＝位置づけはどのようにして行われるのだろうか。一言でいえば，論文はそれがもたらした成果の大きさによって評価される。何度も繰り返すが，論文は「何か新しいもの」を含んでいなければならない。そして，その新しい知見がもたらす影響の大きさによって論文の価値は決定されるのである。それでは，影響の大小はどのようにして判断されるのだろうか。本書の第5章「響」——論文のインパクトでは，この点に関する基準を見いだす試みを行う。なお，実際に論文に対する評価が下されるのが論文公表後であることはいうまでもないが，自分が書こうとしている論文に対していかなる評価が下されるかを想定してみることは，構想の段階においても必要なことである。学界の研究状況から大きく離れた天才的な論文を書くことは全く不可能なわけではない。しかし，研究状況を無視した論文のほとんどは単なる独善に終わる。

　以上のように，本書は，研究者個人の「論文作成の過程」を中心軸に据え（第1章・第3章・第4章），研究者共同体が構成する「論文作成の環境」を参

序　論

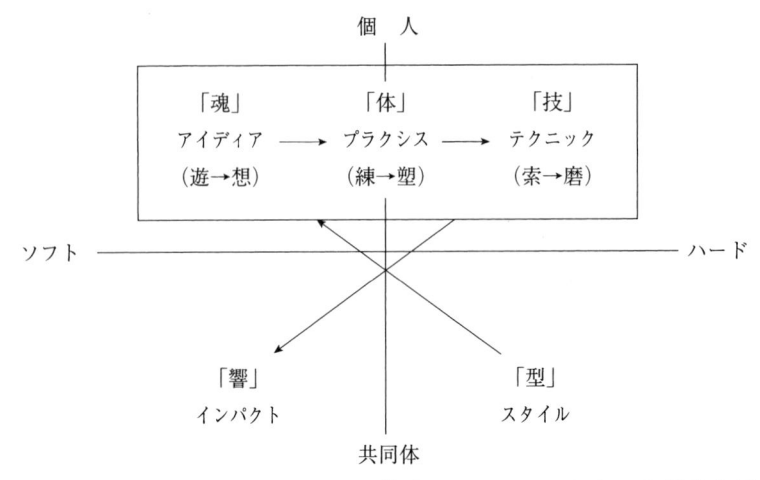

```
                    個　人
        ┌─────────────────────────────┐
        │ 「魂」     「体」      「技」  │
        │ アイディア → プラクシス → テクニック │
        │ (遊→想)   (練→塑)    (索→磨)  │
        └─────────────────────────────┘
ソフト ─────────────────────────────── ハード

           「響」          「型」
         インパクト       スタイル
                   共同体
```

照枠として配して（第2章・第5章），構成されている。なお，各部分を通じて叙述の性質は均一なわけではない。これまでの説明からもうかがわれるように，相対的に客観的な説明が可能なハ・ー・ド・な部分（第2章・第4章）と，著者による構成の側面が強くなることが避けられないソ・フ・ト・な部分（第1章・第5章）とが含まれていることに，念のため注意を促しておきたい。最後に，以上の説明を示す概念図を示しておく。

3−2　「判例評釈の書き方」の位置づけ

■若手研究者にとっての判例評釈・書評　　本書には，「判例評釈の書き方」と題する補論を付してある。

　すでに述べたように，若手研究者のなかには，第一論文の執筆とは別に，判例評釈や書評などを執筆する機会をもつことになる人が少なくない。各大学の紀要が充実してきたために，このような機会は増加の傾向にあるといえる。また，第一論文を執筆して職業的研究者としてのポストを得れば，これに商業雑誌（『ジュリスト』『法律時報』『判例時報』『判例タイムズ』『金融法務事情』『NBL』など）からの執筆依頼が加わる。

　判例評釈や書評においては，当該問題のスペシャリストの分析や熟練の大家の意見が示されることも少なくない。判例評釈が，判例法の形成に影響を

与えることも少なくないし，辛口の書評によって論争が惹起されるという例も増えている。

しかし，同時に，若手研究者にとっては，これらは教育あるいは自己教育の場でもある。これらの執筆は，①ともかくもまとまったものを書くという経験をするという意味で，また，②論文中で判例・学説を分析する際の基本的テクニックを学ぶという意味で，第一論文執筆のための予備訓練・基礎訓練としての意義をもっているのである。

■ **独立のジャンルとしての判例評釈**　この①，②は表裏一体でもあるが，同時に，①と②の間には若干のニュアンスの差があることも事実である。もし②の面を重視するならば，本書においても，判例評釈や書評の書き方は論文の書き方に還元して説明できることになろう。これに対して，①の面を強調すると，判例評釈の書き方，書評の書き方は独立に説明した方がよいことになる。この点につき，私たちは，「判例評釈の書き方」のみを独立の項目として「補論」とすることにした。

まず，ジャンルとしての独立度・特殊性という観点から見た場合，判例評釈の方がその程度が高い。次に，若手研究者にとってどちらを書くことが多いかといえば，やはり判例評釈である可能性が大きい。さらに，判例研究の方法に関しては述べるべきことがらが多く，これを本論に組み込むと全体としてのバランスを崩すことになるという事情もある。以上のようなわけで，判例評釈の書き方に関する説明を補論として独立させたのである。

3-3　本書の執筆の仕方

本書の構成について述べたので，あわせてここで，本書の執筆の仕方についても説明しておきたい。二つのことに触れたい。

■ **実用性をもとめて**　第一は，本書は「民法研究」の「ハンドブック」として執筆されているということである。

まず，対象が「民法研究」であること，より厳密にいうとその「方法論」であることは，次のような問題を生じさせる。私たちは，民法研究には「方法論」が存在すると述べた。しかし，そのすべてが直ちに観察可能な形で存

序　論

在するわけではない。多種多様な研究方法のなかには，意識化されているものといないものとがある点が，とりわけ重要である。方法として意識されたものを伝えることは相対的には容易であるが，そうでないもの——暗黙知としての方法——は，その存在に気づくこと自体が困難であるし，仮に気づいたとしてもその言語化はさらに困難である。しかし，限界があることを承知しつつも，私たちは，私たちが日ごろ無意識のうちに行っていることをできるだけ意識化・言語化するように努力した。そのためのブレイン・ストーミングにかなりの時間を費やした。

　次に，本書が「ハンドブック」であることからは，読者であるさまざまな若手研究者が，指導教授の助けを借りることなく——何度もいうが指導教授の助言を得るのが最良ではあるのだが——一人で本書を読んだとしても，内容の理解が可能であることが要請されるだろう。そのために，本書では，抽象的な方法談議に陥らないように注意し，できるだけ具体例をあげるように心がけた。もちろん，主観的な努力が客観的な結果をもたらすという保証はない。本書の実用性の判定は最終的には読者に委ねられる。

■分担部分なき共著として　　第二は，本書は，「中堅研究者」の「共同執筆」によって書かれているということである。

　まず，私たちは4名とも40歳前後で同じ世代に属する研究者である。このことは次の二つの含みをもちそうである。一つは，第一論文を書いたのはそう遠い昔ではないので，論文作成の経験を比較的鮮やかに思い出せるのではないかということ。これは本書のメリットとなるだろう。もう一つは，「ハンドブック」と題して実用性を前面に出しながら，その背後には無意識のうちに，一つの世代の「民法研究」観が通底しているかもしれないということ。4名は親しい友人であるが相互に学風は異なるというのが，私たちの自己認識ではある。しかし，それでも世代的な偏りは避けがたいようにも思う。この点は本書のデメリットともいえるが，ありうる偏差に意識的な読者には，あるいは本書の特色の一つとしてとらえてもらえるかもしれない。

　次に，本書は文字どおり共同で書かれたものである。全体をいくつかに分割して分担執筆をしたという点では，本書も他の共同執筆の書物と変わらな

い。しかし，全体の構成・内容を決める段階（構想の段階）でも，具体的な執筆の段階（実行の段階）でも，打合せを重ねて意見の交換・深化につとめた。前述した暗黙知の言語化，説明の具体化が一定の程度まで実現されているとすれば，それはこのような作業の成果である。それでもなお，各部分には草稿執筆者の個性が残っていないわけではない。私たちの同僚である研究者のなかには，たとえば，この「序論」が誰の手になるのか，いい当てることができるという人もいるかもしれない。だが，各部分は私たちの共通の認識として書かれており，そのようなものとして相互に承認されている。その意味で，本書は分担部分のない共著なのである。

第1章 「魂」
論文のアイディア

第1節 「遊」——主題の模索
第2節 「想」——主題の決定

第1章 「魂」——論文のアイディア

第1節 「遊」——主題の模索

1 主題はつくりあげられる

1-1 ある論文の出だし

■ 四宮博士の論文　　序論において，論文といえるためには，何らかの意味で「新規性」がなければならないことを述べた。「研究した」といえるためには，従来の研究に何かを付け加えていなければならない。それでは，意義のあることを従来の研究に付け加えることができる論文はどうしたら書けるのか。——この問題に答えるためには，「新規性」の意味について，もう少し考えてみる必要がある。

少し長くなるが，まず，ある論文の冒頭部分を引用しよう。

「Xの金銭が盗まれた場合，Xの金銭が錯誤に基づいて他人に交付されたり他人に騙取されたりした場合，一般的には所有名義をもたない（Xのための）受認者が，その託された金銭を背信行為によって第三者に処分した場合，こういった場合に，Xは，その金銭について，一般に所有権者に認められるような権利（第三者への追及権，返還義務者破産の場合の取戻権，その債権者の強制執行に対する異議権）を主張することができるだろうか。一般的にはそれが認められるとして，その金銭がたとえば他の金銭と混和した場合はどうか，また，銀行に預金された場合はどうだろうか。——この問題は，直接的には，金銭という特殊なそして経済上重要な役割をいとなむ財貨について rei vindicatio（以下，r.v. と略称する）を，はたして，また，どのような形で認めるべきであるか，という理論的にも実際的にも重要な問題である。

上の問題は，判例が，学説の批判に屈して，金銭を物と同視する立

場(「物」説)から金銭を価値とみる立場(「価値」説)へ移行したことによって，すでに解決されてしまった問題であるかのように見える。しかし，わたくしには，「物」説の立場に立つ判例の解決かならずしも不当でなく，逆に，「価値」説の立場に立つ判例の解決かならずしも妥当ではないようにおもえる。このことは，「物」説，「価値」説のいずれも，それだけでは妥当な結論をみちびきえないことを，示唆する。

それでは，学説はどうか。わが国の近時の学説には，「価値」説的立場に立ちつつも，そのような思考を無条件につらぬくことなく，機能的・実質的にきめ細かい解決を試みようとするものが，見られる。それらは従来の学説を越えるものではあるが，なおわたくしには満足しえないものがある。

わが国の判例・学説の解決が十分でないとすれば，どのような方向に解決の指針を求めるべきであろうか。英米法やドイツの一部の学説は，「価値」説的思考を採り入れつつ，しかも，「物」説と同じように物権的帰属割り当てを尊重する立場を採っているが，これは参考にならないだろうか。

本稿は，金銭のr.v.の問題に関し，わが国の判例・学説に対する不満とそれらからの示唆を出発点として，英米法の解決およびドイツの学説を参照しつつ，冒頭に述べたような具体的問題になんらかの解答を与えようとするものである。」

これは，四宮和夫博士の「物権的価値返還請求権について」(『四宮和夫民法論集』97頁以下(弘文堂，1990年)〔初出，我妻栄追悼『私法学の新たな展開』(有斐閣，1975年)〕)という論文の冒頭である。論文の出だしとしては一つの模範例である。

■ 出だしのマジック　　ここには，出だしに必要な三つの要素がきちんと述べられている。すなわち，①著者の扱うテーマは重要なものであること，②しかし，従来の研究は不十分であること，③その不十分さを改善するために，著者の研究方向は適切であること，である。まと

第1章 「魂」——論文のアイディア

まりのよい例を選んだので、若干説明が足りないうらみはある。もう少し具体的に「かつての判例の立場」「現在の判例の立場」を説明した方がよいし、「『価値』説的思考を採り入れつつ、しかも、『物』説と同じように物権的帰属割り当てを尊重する立場」が、「かつての判例の立場」（＝「物」説）と「現在の判例の立場」（＝「価値」説）を止揚するものでありうるゆえに参考になる、ということをはっきりさせた方がよい。しかし、短い叙述のなかで、「意義のあることを従来の研究に付け加えている論文」「新規性のある論文」である、と思わせることにかなりの程度は成功しているといえる。

　このような出だしを読んだ読者は、その問題の所在・重要性、その研究方向は必然的に定まっているように感じてしまう。そうすると、次のように考えても無理はない。すなわち、「誰だってその問題の重要性はわかるし、従来の研究の不十分な点は誰にとっても明白だ。そうなると、行うべき研究方向はおのずから決まってきて、その欠落を埋めれば一定の『新規性』が得られることは明らかだ。とくに著者が偉いわけじゃない。そうすると、あとは問題を探すだけだ。じゃあ、司法試験受験用の論点集でも読んで、問題を探すとしよう」と。

　しかし、これはまったくの誤りである。論文の「主題」とは、料理でいえば、食材と調理法との組合せによって成り立っているものであり、その組合せは料理人が「つくりあげる」ものなのである。同じ食材を使っても、調理法が異なれば、まったく違った料理ができる。調理法によって、すばらしい料理ができたり、まずい料理ができたりするのである。

1-2 瀬川論文の分析

■ 瀬川論文の構造　　「良い論文」を一つ分析してみれば、このことは簡単に明らかになる。ここでは、自ら読んで確認しやすいという点を考慮して、最近の、かつ比較的短めの論文を題材にしよう。瀬川信久教授の「危険便益比較による過失判断——テリー教授から、ハンドの定式と大阪アルカリ事件まで」（星野英一古稀『日本民法学の形成と課題（下）』809頁以下（有斐閣、1996年））である。

第 1 節 「遊」——主題の模索

この瀬川論文は，次のような構造をもっている。
- 問題の所在：
  「不法行為の成否を判断するときに，加害行為の有用性や損害回避に必要な費用を考慮すべきか」という問題は大阪アルカリ事件（大正5年）が提起し，「今日，これらを考慮して責任を否定したり制限すべき場合があることについては異論がない」状態となっているが，しかし，「これらを考慮するのが原則なのか考慮しないのが原則なのかは，依然として未解明である」し，具体的な考慮基準も明らかでないので，これを考察することが必要となっている。
- 従来の議論の不十分さ：
  上記のように，従来の議論は，原則をいずれにするか，具体的な考慮基準をどうするか等が明らかでない。また，近時，アメリカの議論から示唆を受けて，民法 709 条の過失につき，当該行為による侵害の蓋然性，被侵害利益の大きさと，当該行為を抑止した場合に犠牲にされる利益との比較によって判断すべきだと主張する学説も現れているが，アメリカの議論そのものについては，その成立過程を含め，十分な検討が行われていない。そして，アメリカで，以上のような過失判断の方法が「ハンドの定式」として定着したのは 1940 年代であるのに対し，わが国の大阪アルカリ事件判決が大正 5 年（1916 年）であることに鑑みると，「ハンドの定式」として定着する以前のアメリカ法の考え方が，わが国に影響を及ぼしている可能性があるが，この点についても研究がなされていない。
- 検討方法：
  アメリカ法において，「不法行為の成否を判断するときに，加害行為の有用性や損害回避に必要な費用を考慮すべきである」（危険便益方式）という考え方がいかにして成立・定着していくのか，その過程においてわが国の不法行為法にいかなる影響が与えられたのかを検討し，危険便益方式を考えるときの視点を整理する。

第1章 「魂」——論文のアイディア

■ **主体的な選択がある**　「不法行為の成否を判断するときに，加害行為の有用性や損害回避に必要な費用を考慮すべきか」という問題自体は，どこの教科書にも載っているものである。つまり，メインの食材は，誰でもが知っているものである。しかし，手元の教科書を見てもらえればわかるように，この問題について従来，論じられてきたのは，次のような点であった。すなわち——，

　第一に，「考慮すべきである」という立場は，場合によっては企業が操業によって他者に損害を与える自由を保障するものであり，産業保護に偏し，被害者保護をないがしろにするものではないか，という点。

　第二に，不法行為の要件構成のうえで，加害行為の有用性や損害回避に必要な費用は，「違法性の存否」のなかに位置づけられるべきものであって，「過失の存否」の判断にあたって考慮されるべき事由ではないのではないか，という点。

　これら従来の議論に対して，加害行為の有用性や損害回避に必要な費用を考慮するのが原則なのか考慮しないのが原則なのかとか，具体的な考慮基準はどうなるのかとかの問題を提起すること自体，瀬川論文は一定の「新規性」を有している。これは「論点集」には載っていない。つまり，メインの食材が決まっても，そのうちのどの部分を料理に用いるかについて，まず選択がなされているわけである。

　もっとも，そういう研究がまったくなかったわけではない。ポイントは，上記の問題についてどのようなアプローチをするか，である。ここで，瀬川教授は，一つの主体的な選択を行っている。つまり，アメリカ法を検討する，というものである。

　実は，この問題を考えるにあたっては，アメリカ法を検討するのが唯一考えられるアプローチであるわけではない。たとえば，わが国の判例をたくさん集めて，その分析によって実務的な判断基準を析出する，というアプローチのほか，いろいろと考えられる。さらに，アメリカ法の検討といっても，瀬川教授は，アメリカにおける近時の判例の分析ではなく，危険便益方式が1940年代の「ハンドの定式」として定着するまでの過程を検討している。

これも，一つの主体的な選択の結果である。

■ **選択は必然的ではない**　それでは，なぜ瀬川教授はこのような選択を行ったのであろうか。ここで問題とするのは，瀬川教授の心理過程ではない。このようなアプローチがなぜ重要であり，意義のあることを従来の研究になぜ付け加えることができるのか，その理由を瀬川教授はどのように説明しているのか，ということである。

瀬川教授は次のように書いている。

> 「アメリカ法を取り上げるのは，フランス法やドイツ法，さらにイギリス法と比べても，この問題を古くから議論し蓄積があるからである。また近時，このアメリカの議論から示唆を受けて，民法709条の過失についても，当該行為による侵害の蓋然性，被侵害利益の大きさと，当該行為を抑止した場合に犠牲にされる利益との比較によって判断すべきだと主張されているからである。」

ここでは二つの理由が説かれている。明快で疑う余地のない理由づけのようにも感じられるが，実はそうではない。

わが国の不法行為法の母法については争いがあるが，不法行為の成否を定める民法709条については，少なくとも，フランス法かドイツ法かのいずれかであるとされている。そうすると，フランス法・ドイツ法の研究を行うことを正当化することもできたはずである。たとえば，次のように書けばよい。

> 「この問題について古くから議論が蓄積されているのはアメリカ法である。しかし，フランス法やドイツ法が，わが国民法709条の立法過程においてのみならず，その後の議論にも大きな影響を与えてきたことに鑑みれば，まずもってとりあげるべきなのは，両国の法であろう。両国において，不法行為の成否を判断するときに，加害行為の有用性や損害回避に必要な費用を考慮すべきであるとされているのか，その結論は民法の条文構造との関係においていかに説明されているのかは，近時，アメリカ法の議論に基礎を置いた見解も提示されている，わが国の解釈論の現状に対しても重要な示唆をもたらすであろう。」

つまり，瀬川教授の選択は，その食材に対して決して必然的なものではな

第1章 「魂」——論文のアイディア

いのである。

1-3 本当の理由：論文成功の見込み

■ 選択の真の理由　　　以上からだけでも、①論文の主題は、組合せで成り立っているのであり、論点集からとってこられるものではないこと、②「不法行為の成否を判断するときに、加害行為の有用性や損害回避に必要な費用を考慮すべきか」という問題を立てたからといって、それで論文の主題が決定したとはいえないこと、は理解できると思う。

しかし、瀬川論文の分析は、まだ終了しない。瀬川教授の論文のテーマが、いくつもの選択の結果としてできあがっていることはすでに述べた。問題は、なぜそのような選択をしたのか、である。これは、一言でいえば、そのような選択をすれば、おもしろい論文ができあがる、論文として成功する、と瀬川教授が判断したからである。

瀬川論文は、アメリカ法において「ハンドの定式」として定着している危険便益方式が、最初、テリーという法学者によって主張され、それが判例法理に採り入れられていった過程を明らかにしている。この部分を読んで、私はおもしろいと感じた。具体的には次の2点においてである（ほかにもあるのだが、ここでは2点に絞る）。

第一は、テリーの考え方が、大阪アルカリ事件判決に影響を及ぼしている可能性の高いこと。テリーは、明治末年まで東京帝国大学で英米法を講じており、同事件に関与した弁護士・裁判官にもテリーの講義を受講した者が数人存在しているのである。

第二は、テリー自身、危険便益方式の妥当する領域を限定的に理解していたこと。

瀬川教授は性急に結論を提示することはしていない。しかし、「第一」の点によって、テリーの見解、およびそれを基礎とするアメリカ法の立場が、わが国の解釈論と直接的な結びつきをもちうることになり、その結びつきが、テリーの学説を検討することの重要性を支えることになっている。そして、「第二」の点によって、わが国の解釈論としても、危険便益方式の妥当する

第1節　「遊」——主題の模索

領域が再検討されるべきではないか，という示唆が得られる。このように，テリーの学説を検討することによって，論文として，おもしろい結論を導き出すことができる。だからこそ，瀬川教授は，テリーの学説が1940年代の「ハンドの定式」として定着するまでの過程に絞って，アメリカ法を検討することにしたのである。

■ 成功の見込みがあった　　以上のようにいうと，瀬川教授が論文を完成しえたのは偶然のように思うかもしれない。「とにもかくにもアメリカ法を判例の形成過程にまで遡ってやってみた。そうすると，おもしろい結果が出てきた。そこで，あたかもそういった研究をするのが必然的であるかのように化粧して，論文にした」というわけである。しかし，そうではない。瀬川教授は，アメリカの判例形成過程を，もととなった学説にまで遡って検討すると，おもしろい結果が出てくる，と予想したはずである。「論文成功の見込み」はもっていたのであり，やみくもにアメリカ法の勉強を始めたわけではないと思う。瀬川教授はプロの料理人である。メインの食材に対し，どのような切り口から，どのような調理法を用いて調理すれば，おいしい料理ができるか，について一定の見込みをもっていたはずである。

　それでは，プロの料理人は，どのようにして「成功の見込み」がある「食材と調理法との組合せ」を発見したのであろうか。——次に，これが問題となる。

2　主題は発見される

2-1　よく勉強すること

■ 題材を与えてもらってもダメ　　川島武宜博士の『ある法学者の軌跡』（有斐閣，1978年）を読むと，研究生活のはじめに，指導教官であった我妻栄博士から次のようにいわれた，と書いてある（28頁）。

第1章 「魂」——論文のアイディア

　「どんな問題でもいいから君の好きなテーマで研究したらいいが，参考までにぼくが思いついたものを言うとすれば，『請求権競合』という問題は，かねて民法学界では日本のみならず外国でも論ぜられてきた興味あるものだから，そういう問題をやってみるのも一案だろう」
　川島博士は，結局，請求権競合に関する論文を執筆した。
　これを読んで「うらやましい」と思った人もいるかもしれない。指導教官が論文のテーマを決めてくれたら楽だろう，というわけである。しかし，本書をここまで読み進んできた方は，別にそんなことでは楽にならないと，もうおわかりだろう。ポイントは，「請求権競合」の問題に対して，どのようにアプローチし，そのことによって，どのような意義のある何を従来の研究に付け加えることができるか，にある。
　それでは，どうすれば，意義のあることを従来の研究に付け加えうるアプローチを見つけられるか。この問いに対する究極的な答えは，「よく勉強する」ということに尽きる。
　アプローチの仕方を考えるためには，どんなアプローチがありうるかを知らなければならない。そして，それぞれのアプローチがどんな素材に適合的かを判断できる力をつけなければならない。そのためには，すぐれた論文をていねいに読み，そこで著者がどのような問題を立て，どのようにアプローチしているか，を分析することを積み重ねていくほかはない。
　さらには，知識も豊富でなければならない。瀬川論文に即していえば，アメリカの文献を読んでいて"Henry T. Terry"という名前に遭遇したとき，「日本に来ていたお雇い外国人だ」と気づかなければ，せっかくのチャンスを失う。ドイツ不法行為法を素材としてわが国の解釈論を展開する論文を読んでいるとき，「これは，ドイツ不法行為法の条文構造に特異な議論を前提としているのではないか」と気づくには，ドイツ不法行為法と日本不法行為法の違いについて基礎的なところを知っている必要がある。最近の判例を読んでいて，「以前の判例と矛盾しているのではないか」と思い至るには，以前の判例の立場を理解していなければならない。ある解釈論を読んでいて，「こんな解釈論では，現実の消費者被害は救えない」と考えられるのは，消

費者被害の実態を知っていてこそである。

　しかし，いくつかのテクニックはある。

2-2　欠落を探すこと

■ 対照関係の利用　　　まず，「意義のあることを従来の研究に付け加えることができる」論文を書くためには，従来の研究の欠落点を探さなければならない。ここで「欠落点」とは，「いままでの研究に足りない点」という広い意味である。したがって，相殺の研究がさまざまに行われていても，英米法における相殺についての研究がなければ，それはここでいう「欠落点」となる。

　それでは，どうしたら，「いままでの研究に足りない点」を探し出し，「欠落点」を埋めることができるのだろうか。その最も単純な方法は，二つの対立する手法のあるときに，一方の手法ですでに研究が行われていれば，他方の手法を用いた研究をすることである。いくつかの例で考えてみよう。

①**理論重視 vs. 結論重視**　　これまで，望まれる解決方法は何か（この「望まれる」というのも，「誰にとって」という問いを発しうる問題である），をまず決定し，それに応じた法解釈が主張されてきた領域においては，理論的な観点から出発する，という方法をとった論文が，欠落を埋めるものとして意義をもつ。たとえば，星野英一教授の「いわゆる『預金担保貸付』の法律問題——法律解釈方法論と関連させつつ」（同『民法論集第 7 巻』167 頁以下（有斐閣，1989 年）〔初出，金融法研究 3 号（1987 年）〕）がそうである。星野教授は，この論文のなかで，「預金担保貸付」の問題については，「結論とその正当化という面からのアプローチが多く，実体に即した法律構成をすることや，法律の規定，場合によっては民法の『一般理論』とされてきたもののほうから議論を進めてゆく，というアプローチが少なきに失するのではないか」と述べ，その方向での検討を進める。

　逆もまたありうる。これまで理論的な観点から中心に論じられてきた問題を，望まれる解決方法は何か，という点から検討し直すのである。鎌田薫教授の「賃料債権に対する抵当権者の物上代位」（石田喜久夫＝西原道雄＝高木多

第1章 「魂」——論文のアイディア

喜男還暦（下）『金融法の課題と展望』25頁以下（日本評論社，1990年））は，その好例である。鎌田教授は，次のように述べる。「物上代位に関する解釈論について，通俗的には，物上代位の本質につき価値権説をとるか物権説（特権説）をとるかによって自ずから結論が定まるものとの考え方が流布しているが」，「近年に至って金融関係の実務家を中心に賃料債権に対する物上代位についての関心が高まっていることの背景には，大都市部を中心に不動産賃貸料水準が著しく高騰していることがあると解され，したがって，ここでの問題も，担保目的物としての不動産賃料債権の位置づけ，あるいは不動産賃料債権をめぐる賃貸人の債権者相互間の権利調整のあり方といった観点から考察されるべきものと思われる」。

②一元化 vs. 場合分け　ある条文や制度について，これまで一つのものとして，一元的に解釈されてきたとする。このとき，その条文や制度が対象とする場面にはさまざまなものがあり，その場面ごとに考察しなければならない，とする主張が可能な場合がある。星野英一教授の時効に関する論文がその典型例である（「時効に関する覚書——その存在理由を中心として」同『民法論集第4巻』（有斐閣，1978年）〔初出，法学協会雑誌86巻6号〜90巻6号（1969〜73年）〕）。次のようにいう。「（わが国民法の時効に関する）個々の規定も，異なった，というより相反する考え方に由来し，異なった考え方からでなければ理解できないものが並存している。従って，これを，一つの原理に貫ぬかれた統一体と見ることは正しくないのである。故に，時効の規定の解釈も，この事実を直視し，その上に立って展開されなければならない。むりに一つの原理だけで説明したり，それに従って解釈しようとすると，破綻が生ずる。……従来の学説の根本的な弱点の一つはここにもあったように感じられる。」

こういった場合分けは，概念についてもありうる。平井宜雄教授の「相当因果関係」に関する議論はその典型である。平井教授は，それまで「相当因果関係」の問題とされてきたものには，三つの要素が含まれているとして，「事実的因果関係」「保護範囲」「損害の金銭的評価」の要素ないし段階を区別して議論すべきことを説く（同『損害賠償法の理論』（東京大学出版会，1971年））。

これに対しては，一つの条文や制度については一貫した説明を模索すべきである，という立場もありうるし，まさにそうすべき領域もある。したがって，場合分けのもとに考察されてきた問題に対しては，それを貫く一元的な原理・解釈を模索することが，「意義のあることを従来の研究に付け加えることができる論文」を書く手法となる。たとえば，橋本佳幸論文は，一つの条文によって規定されている過失相殺制度がその射程を広げ，さまざまな場面に適用されている現状を踏まえ，「成立要件論に加えて過失相殺制度，より広くいえば減額論を置くことによって，損害賠償法は，全体としていかなる利害調整をなし，そのような損害分配はいかなる思想・原理に依拠しているのか，成立要件を充足するにもかかわらず被害者が過失相殺の要件を充足すれば，加害者の責任が軽減され，また，被害者が損害の一部を負担するのはなぜなのか」という問題を検討する（同「過失相殺法理の構造と射程(1)～(5・完)――責任無能力者の『過失』と素因の斟酌をめぐって」法学論叢137巻2号～139巻3号（1995～96年））。

③**独立化 vs. 関連づけ**　以上は一つの条文・制度における話だが，複数の条文・制度間についても，同様の手法が存在する。複数の条文・制度を独立させて論じるという手法と，複数の条文・制度を相互に関連づけて論じるという手法との対照関係がある。この点では，「履行補助者の過失による責任」をめぐる議論が好例となる。

落合誠一教授は，履行補助者の問題につき，各国におけるその発達の差異は，「主として，不法行為責任における使用者責任規制の有効性の差異が原因となっている」とし，「我国における履行補助者の過失による責任法理の存在意義は，我国の使用者責任規定の有効性との関連において解明されなければならない」とした（落合誠一『運送責任の基礎理論』（弘文堂，1979年））。独立に論じられていた二つの制度は，ここにおいて関連づけられたわけである。

ところが，最近になって，履行補助者の過失による責任の問題を，債務不履行の帰責構造一般のなかに位置づけ直そうとする見解が現れている。潮見佳男「履行補助者責任の帰責構造(1)～(2・完)」民商法雑誌96巻2号，3号（1987年）（同『契約責任の体系』235頁以下所収（有斐閣，2000年））が最初であ

る。これは，使用者責任との結びつきを，再び弱めようとするものと評しうるだろう。もちろん，潮見論文は，仮に落合論文が存在せず，履行補助者責任と使用者責任とが独立に論じられている学界状況にあったとしても，一定の意義を有する。債務不履行責任の議論のうちで履行補助者責任を特殊なものとせず，一般論のなかに位置づけようとするのは，その意味では新たな「関連づけ」を行っているのだからである。しかし，落合教授の問題提起が広く受け入れられている最近の学界状況のなかでは，「独立化」の功績が大きいといえよう。

④沿革 vs. 実態　これまでの議論が，現時点での紛争をいかに解決すべきか，という現代的関心から論じられ，実務の要請や問題の実態が正面に出されているときや，細かい文言解釈に終始しているときには，関係する条文ないし制度の沿革を遡り，本来的な制度趣旨を示す，というのが，研究の欠落を埋める有力な手法となる。この手法を用いる論文は数多い。瀬川信久『不動産附合法の研究』（有斐閣，1981年）や，池田真朗『債権譲渡の研究〔増補版〕』（弘文堂，1997年）が，その模範例である。

逆に，沿革に忠実な議論が展開されているときは，「そうはいっても，実態はこうだ」とか，「しかし，文言はこうなっている」とかの反論が可能となる。もっとも，「文言はこうなっている」というだけでは論文になりにくい。「文言はこうなっているし，それが諸外国の近時の動向にも合致している」とか，若干の補強が必要なことが多い。

⑤日本法 vs. 外国法　日本民法上の議論しかなされていないとき，同様の問題が外国でどう扱われているのかを検討することは，従来の研究の欠落を埋める手法として，最も基本的なものであろう。日本の民法学では，古くから外国法研究が盛んであったので，さまざまな分野につき，さまざまな外国法研究が蓄積されている。しかし，最近になり，実務主導で問題が生じてきた領域などでは，外国法の紹介がほとんどなされていないところも多い。中田裕康教授の継続的売買に関する研究などその典型である（『継続的売買の解消』（有斐閣，1994年））。短期賃貸借に関するドイツ法・イギリス法について内田貴教授が行った研究も，これに属するだろう（『抵当権と利用権』（有斐

第1節 「遊」——主題の模索

閣, 1983年))。

　これに対して, 外国法の議論ばかり紹介されていて, 日本民法に即した検討が行われていない領域もある。このときは, 日本民法を正面に据えることによって, 従来の研究の欠落を埋めることができる。もっとも, 実態調査を加えるなり, 多少の色を付けないと, 論文として完成させるのは難しい。典型例としては, 米倉明『所有権留保の実証的研究』(商事法務研究会, 1977年)をあげることができる。

　いうまでもないことながら, 外国法の研究については, ドイツ法の研究はあるが, フランス法の研究はない, という場合も多い。このときは, フランス法の研究を行うことによって, いままでの研究の欠落点を埋めることができる。また, 日本民法起草時のフランス法についての研究があれば, フランス古法時代にまで遡り, そもそも当時のフランス法がいかなる歴史的基盤の上に築かれているのかを明らかにすること, あるいは, 逆に, 近時のフランス法の展開を検討することは, いずれも欠落点の補充になる。

　以上, 研究方法として対照関係に立ついくつかの手法について説明してきた。これが網羅的なものでないことはもちろんである。本書でも第2章で論文の「型」について考える際に, さらに補充する。しかし, これだけでも頭に入れておけば, 「欠落点」の探索はかなり容易になる。

2-3 類推・応用, または借用

■ 別の素材への適用　　対照関係から「欠落点」を見つけるという方法と排他的なものではないが, 「欠落点」を見つけるもう一つの重要なテクニックとして, ある素材について適用された方法を別の素材に適用するとどうなるかを考えてみる, というものがある。近時の沿革的研究の隆盛には, 多分にこの面がある。つまり, ある人が, ある制度・条文について, その沿革をたどることによって「新規性」のある論文を書くことに成功したので, 別の人が, 別の制度・条文について, その沿革をたどる手法を用いる, というわけである。これは, まったく非難に値するものではな

第1章 「魂」——論文のアイディア

い。すべての論文は，多かれ少なかれ，他の素材について用いられた方法を借用して，別の素材を分析するものだからである。

　たとえば，すでにあげた星野英一教授の論文「時効に関する覚書」で行われた裁判例の分析方法（とくに，一覧表の作り方）と，内田貴教授の著書『抵当権と利用権』（前掲）における裁判例の分析方法とを比較してみるとよい。後者が前者から大きな影響を受けていることがわかるであろう。そして，大きな影響を受けながらも，内田論文は，独自のオリジナリティーを確立している。マネとオリジナリティーは両立しうることについては後にも触れる（第2章 **6-2**）。

　また，ある素材について適用された方法から示唆を受けて，それとは異なる方法を考えつくこともある。たとえば，「法と経済学」という手法がある。これは，大まかにいえば，法制度を，均衡理論に焦点をあてたミクロ経済学を中心とする近代経済学の理論によって分析・研究する手法である。この手法によって，各国の担保制度の変遷を分析する論文があったとする。このとき，経済学の手法を用いて法が分析できるのならば，政治学・行政学の手法を用いて法の分析ができるのではないか，と考え，同じく各国の担保制度につき，その立法過程を政治学・行政学的に分析しようと試みるわけである。

2-4　もっと野心を

■ **完全に新しい方法はない**

　これまでは，既存の，しかし，いまだその素材に対して用いられていない方法を使って，これまでの研究の「欠落点」を埋めることを考えてきた。しかし，最後に述べた「ある素材について適用された方法から示唆を受けて，それとは異なる方法を考えつく」ということになると，もはやそれは新しい方法の樹立である。このように新しい方法を樹立することに成功すれば，すばらしい論文ができあがることは明らかである。

　しかし，ここで注意しておきたいのは，「完全に新しい方法はない」ということである。私たちにできるのは，既存の方法の修正，それもほとんどの場合，既存のほかの方法との組合せによる修正でしかない。「法と経済学」

第1節 「遊」――主題の模索

も，経済学の手法を法学研究に採り入れた点には「新規性」があったが，それは，経済学という私たちの知的伝統に組み込まれた学問における手法を，法学における一定の方法に組み合わせたものにすぎないのである。

新しい方法を考えることに消極的になってはならない。その意味では，野心をもつべきである。しかし，知的伝統を軽視してはならない。我妻栄教授の次の言葉は，方法に関してもあてはまるのである。

「さていよいよ筆をとってみると，疑問はつぎからつぎと起きてくる。そして，疑問を抱いて鳩山先生や末弘先生の著書を改めて味ってみると，すでに一応の解決に到着しておられるのを知って，敬服する場合が多い。また，新らしい社会事情の下で先輩の説に満足することができないから新説を唱えようと気負いながら，外国の新刊書を見ると，同じような説を発見し，わが意を得たと思いながらも，がっかりすることも少くない。先進学者の築き上げた学問の塔を登りつめて，百尺竿頭僅かながらも一歩を進めることができれば，学徒としての任務は果されるとは，とうから知っていた。しかし，いま齢六十に達して，改めて，その真理を痛感する」（『債権各論中巻一（民法講義V₂）』序（岩波書店，1957年））。

さらに，修士・博士論文，助手論文として書かれたものにおいて，著者が自らの論文に「新規性」を認めているのは，ただ著者が不勉強であるにすぎないことが，意外に多いという点も付言しておこう。

■ **より深く行う**　もう一つ強調しておきたいのは，「欠落点を埋める」ことには，「いままでも研究は存在していたが，不十分なものだったので，それをやり直す」ことを含むという点である。たとえば，いままでにもドイツ法の研究はあった，しかし，それをより深く行う，というわけである。

「より深く行う」ということの具体的な意味内容を考えてみると，このことはわかるはずである。たとえば，「ドイツ法における契約締結上の過失に関する判例」が，これまで，個々の判決の示した理論の分析を中心として研究されていたと仮定する。このとき，こんどは，それらの判例を事案に注意

第1章 「魂」——論文のアイディア

して分析してみようとしたり，学説の動向との関係を視野に入れて分析してみようとしたりすれば，欠落点を埋める論文となりうる。これは，ドイツ法，それもその判例という範囲において，視野の拡大を図るものであり，「拡大化」の一手法として位置づけられうるのである。同じ対象を，同じ切り口で分析してもダメなことが多い，というだけであり，同じ対象であってはならないというわけではない。たとえば，河上正二教授の『約款規制の法理』(有斐閣，1988年) は，ドイツ法における約款規制という人気のある，すなわちいくつかの論文がすでに存在する領域を扱っている。しかし，分析視角の鋭さ，およびその包括性によって，「意義のあることを従来の研究に付け加えている」のである（第3章第2節 **3-5** も参照）。

こういった研究は，前人未到の領域を対象とするのに比べて，研究のとっかかりは得やすいが，「新規性」を有する論文として仕上げることは難しい。しかし，「いままで多くの学者が研究してきたが，私がやれば新たな知見を加えることができるはずだ」という「野心」は大切にしたい。

■ **あえて右の道を**　「野心」をより高めると，一応きちんとした研究がなされ，共通の理解が形成されている領域に対しても，本当にそうなのか，と疑い，再検討しようとする姿勢も生まれる。これもきわめて大切である。近時の研究として，これに成功しているのは，森田修『強制履行の法学的構造』(東京大学出版会，1995年) であろう。さらに，一見確立されているように感じられる制度や理論の根本に遡って，本質を探ろうとする試みも重要である。たとえば，海老原明夫「19世紀ドイツ普通法学の物権移転理論」法学協会雑誌106巻1号 (1989年) から学びうるものは多い。

右と左の道があるとき，右の道を通っている人が見えたり，直接には見えなくても人が通った跡があれば，左の道を行った方が新発見は多い。しかし，あえて右の道を行き，見落としを探してみるという「野心」も失ってはならないのである。

第1節 「遊」——主題の模索

3 主題は模索される

3-1 手法と題材の相性

■ **素材と目的とに適した手法を用いる**

「欠落点を埋めること」を達成するために，欠落点を探すためのテクニックについて説明してきた。しかし，以上の叙述を何度読み返したとしても，どの分野の研究についてどんな欠落点があるのかがわかるわけではない。実際に欠落点を探すためには，まず，じっくりとこれまでの学者たちの論文を読むことが必要である。

さて，既存の論文を読むことのメリットは，実は欠落点を探すことができるというだけではない。

すでに説明したところだけからでも，ある素材の分析の仕方にはさまざまな手法があることがわかるだろう。そして，そのうちで，使われていない手法を使えば，一応は欠落点を埋めることにはなる。たとえば，相殺という分野に関して，ロシア法の検討を行った研究はない（と思う）。したがって，「ロシア法における相殺」という論文は，いままでの研究における欠落点を埋めるものとはなる。しかし，問題は，ロシア法における相殺について研究を行うことに，いかなる意義があるか，である。仮に目的を「わが国民法における相殺制度の理解」に置くときには，その意義はさほど大きなものではないだろう（もちろん，無意義ではない。いかなる外国法の研究も，自国法を相対化することに役に立つ。また，目的を，たとえば「国際取引の実務処理」に置くときには，ロシア法における相殺を理解する意義は大きい）。望ましいのは，たんに欠落点を埋めるだけではなく，素材と目的とに適した手法を用いることである。

■ **良い論文を読むメリット**

既存の論文を読むことのメリットは，どういう素材に対しては，どういう手法を用いれば，「良い論文」ができあがるか，を徐々に知りうるからである。

料理人は，いままでの料理をたくさん勉強し，「食材 A×調理法 b→味 γ」

第1章 「魂」——論文のアイディア

といった組合せを，たくさん頭（舌に？）に覚えさせている。そういう勉強の積み重ねによって，どういうタイプの食材には，どういう調理を施せば，どんな味になるか，を，試したことのない組合せに関しても事前に判断することができるようになる。そして，そのことによって，ある食材が与えられたとき，最適の調理法はどういうものかを判断できるのである。

これと同じように，初めて論文を書こうとする者は，既存の論文をたくさん読み，「素材 A×手法 b→結果 γ」という組合せを，多数知っておく必要が存するのである。もちろん，本書でも第2章において一定の説明は行う。しかし，そこにおける説明を充分に理解するためにも，やはり多くの論文を自分で読むことは欠かせないのである。

3−2 論文の読み方

■論文を読む際の目のつけどころ

それでは，以上のような目的を達するためには，既存の論文をどのようにして読んでいけばよいのだろうか。目のつけどころは3点ある。

第一に，著者は，既存の研究に対して，どこに欠落を発見し，その欠落を埋めるために，どんな方法を，なぜ選択したのだろうか。

第二に，その選択によって，どのような成果が生み出されたのであろうか。

第三に，成功した，あるいは失敗した原因はどこにあったのだろうか。

すでに行った瀬川論文の分析を参考にし，また，第2章ほか本書全体の叙述も参考にしながら，最初はノートをとりつつ，いろいろな論文をじっくり分析していくことを勧める。

このとき，その論文の対象題目は何でもよい。というよりも，むしろ，「自分は短期賃貸借について論文を書こうと思っているので，短期賃貸借の論文をじっくり読もう」といって，対象題目を絞らない方がよい。さまざまな題目につき，定評のある論文をじっくり読んでいくことを積み重ねるのが大切である。対象題目を絞らないことによって，対象題目と手法との相性（どういうタイプの素材に対しては，どういう手法が適合的か）を自然に身につけていくことができる。さらに，全体としての知識も増え，自分が対象とする

題目についても，広い視野からながめられるようになる。

　具体的に何を読めばよいか。いままで本章で例としてとりあげてきた論文は，いずれも定評のあるものである。また，いろいろな論文を読んでいるうちに，しばしば注で引用され，それ以降の論文の基礎となっている重要論文を知ることができよう。ただし，最初のうちは，あまり古い論文から読むことはしない方がよいと思う。もちろん，古い論文でも，現在まで価値を保っているものはいくつもある。そのような古典的な論文は，近いうちにじっくりと読むべきである。しかし，研究者になろうとする準備を始めた段階では，何が古典的なのかも十分にはわからないことが多い。最近の定評のある論文を読んでいくうちに，何が古典かもわかってくるのである。

3-3　ゼミや研究会での態度

■ **鵜の目，鷹の目**　以上のことは，ゼミや研究会でも同様である。報告者は，その素材についてどういう手法で迫ろうとしたのか，それに対して，みんなの意見はどうであったのか，報告に対して批判的な発言をした人は，どういう手法がどういう理由で適切だといっているのか，さらには報告に欠落部分はないか，に注意しておかなければならない。知識を得ようという目的（それも大切だが）だけで出席し，懸命にノートをとっているのは，せっかくの機会を無駄にしているとしか思えない。

　また，自分の研究題目が定まっているときにも，「今日の報告者の手法を自分の抱えている問題にあてはめるとどうなるだろうか」，「報告者は批判的に述べたけれど，今までの研究がとっていた手法を自分の課題にあてはめてみるとどうなるだろうか」など，考えるべき点はたくさんある。

　「鵜の目，鷹の目」といった態度が重要である。

■ **報告のチャンスを活かす**　研究報告や判例評釈のチャンスがあったときには，少しでも範囲を広げて勉強することが大切である。判例評釈についていえば，その判決の扱う問題が外国法ではどのように扱われているのかを少しでも調べてみると，おもしろい問題を発掘できることもある。また，せっかく判例評釈を担当し，民法○○○条を適用

した事件を検討するのならば，当該条文の起草過程まで検討すべきである。これは，判例評釈の内容として報告にも付け加えるべきだ，ということを必ずしも意味していない。外国法も勉強したし，起草過程も勉強したが，報告や執筆の段階ではそれにはいっさい触れない（触れるべきでない）ということもありうる。しかし，チャンスを活かすべきなのである。

「外国法に触れるチャンスだというのならば，担当している判例評釈とは無関係にドイツの教科書を読めばいいじゃないか。起草過程については，興味をもった条文につき，片っ端から梅『民法要義』や『法典調査会民法議事速記録』を読めばいいのであって，偶然，評釈を割り当てられた判決に関係する条文について読む必要はないじゃないか」と思うかもしれない。しかし，自分が具体的事件について考察を進めているときには，当該条文・制度・紛争類型に対する感度が高まっている。普段なら読み過ごしてしまうところも，現実味と広がり（応用可能性）をもった対象としてとらえることができる。

実際，現在活躍している研究者で，博士論文や助手論文のテーマが，最初に担当した判例評釈のテーマを進化させたものである人は多いのである。

3-4 論文の構成（いわゆる「プラン」）を繰り返し作成せよ

■「アイディア」がなければ論文は書けない

後に述べるように，主題が決定すると，そこから論文の構成は決まる。ある問題設定と結論の方向性が決まれば，そこから論文全体の論証過程がおのずと定まるからである。

したがって，ある主題（対象と方法）について一定の興味をもったならば，論文の目次を作成してみるとよい。論文を構成するおのおののパートについて，何をどのような目的ないし視角から分析・検討するのかを，短い文章にまとめてみることも有益である。漠然と案を練っていても，論旨は明確な形になってこない。むしろ，このような論文のプランを作成することを通して，自己が狙った論旨に具体的な形を与えていくことが肝要である。それにより，結論の論証に欠けている素材は何であるか，どの部分が論証には不要であって除かれるべきなのかがはっきりしてくるし，そもそもその主題で論文を執

筆することが可能なのかもわかってくる。この作業は，論文の完成まで繰り返しなされるのだが，早い時期に行うことは早い時期なりのメリットがある。

　同じ素材をながめていても，あるいは同じ素材を同じような手順で検討していっても，そこから何を読みとるかは，各人によって異なりうる。同じ素材から，まったく異なった論証を導くことも，場合によっては可能である。どちらの立論がより説得力があるのかは，いずれの著者に素材を読みとる目があるかによる。そして，よい目で分析できるためには，手持ちの素材からどのような問題設定をなしうるかについての一定の着想や仮説の構築が必要となる。その意味では，どんな場合でも，「アイディア」がなければ論文は書けない。

　ドイツの学説史を追っているとき，それをただ順番どおり並べることは，ある程度の能力があればできる。しかし，それではすぐれた論文にはならない。たとえば，それぞれの論者が一見，将来債権の譲渡の問題について論じているように見えるところは，それぞれの時代の物権行為概念，あるいはそれぞれの論者が前提としている物権行為概念に規定されているのではないか，と思いつくことが必要なのである。そして，そのような「アイディア」に基づいて分析していってこそ，得られるものがある。

　論文の目次をどんどん書いてみるという作業は，「アイディア」を生むためにも重要である。もちろん「アイディア」は無からは生まれないのであって，素材と分析方法の組合せについて十分な基礎的訓練を受けるべく，良い論文を多く読んでいることが必要なのは，すでに述べたとおりである。

第1章 「魂」——論文のアイディア

第2節 「想」——主題の決定

1 主題決定の前提条件

1-1 主題（テーマ）が決定するとは？

■問題領域を定めたにすぎない段階　　第1節を読んだ読者は、「論文のテーマは、『抵当権における物上代位』に決めました」というような程度では、論文の主題が最終的に決まったとはいえないことは、すでにわかるだろう。これは、「フランス法における物上代位」と対象を少し限定してみても同じことである。

　もっとも、主題が最終的に決定するプロセスにおいては、「主題の対象として特定の問題領域を定めた」という段階がある。上記の「論文のテーマは、抵当権における物上代位に決めました」という状況は、この段階にあたる。しかし、それで安心してはいけない。それが論文の主題として成り立つか否かについて、いまだ確証が得られていないとすれば、問題領域の決定は一応のものにすぎず、つねに見直しの可能性がある。

■試掘作業の必要性　　そのような問題領域で実際に論文を作成しうるか否かを確かめるためには、さらに一定の作業を行うことが必要になる。まず、この問題領域に関するわが国の学説の先行研究を検討し、「欠落点」を探すことが必要となる。そして、探しあてた「欠落点」に焦点をあてつつ、試掘作業が行われる。わが民法典に規定があるような問題領域であれば、その沿革をたどってみることが試みられ、多くの場合は、それに対応する外国法の状況について一定の調査を行う。

　この試掘作業は、当該問題領域における中心的な切込みの対象を確定し、切込みの方法を選択するために行われる。ところが、自分の確定・選択した

対象・方法が適切なもので，本当に論文へと育てることができるのか，最初はなかなかわからない。これがわかるようになるには，既存の良質な論文をていねいに読んで，素材と方法との組合せを学んでいくことが必要だということはすでに述べた。以下ではさらに，判断にあたってのいくつかのポイントを説明することにする。

1-2 論文になる主題とは何か──「テーマの決定」の要件

■研究論文の最低限の成立要件　　ある主題が，それについて論文を成立させうるものか否か，が判断できるようになるには，もう一度，そもそも「論文とは何か」という問題に遡って考え直してみる必要がある。本書が対象としている大学院生や助手の著作が，「研究論文」といえるための最低限度の要件は，そこにおいて，一定の問題意識とそれに基づく課題の設定がなされており，かつ，結論として著者の「一定の主張」が提示されていること，そして，そのような「一定の主張」を基礎づけるための論証のプロセスが示されていること，である。

■十分な論証を欠いた「私見」　　研究論文には「一定の主張」が存することが必要であることは，「私見」が提示されていることと必ずしも同義ではない。たとえば，論文の最後の結論部分で，「私見──○○説」という小見出しを付して，「結論として，私は……と解すべきだと考える」というように特定の見解が述べられていたり，特定の見解を支持すると述べられていたりしても，それが研究論文における「一定の主張」と評価できるとは限らない。それ以前の本論の部分において，そのような一定の主張を基礎づける論拠となりうる分析がなされているか否かがポイントなのである。たとえ「私見」という形で一定の結論が示されていても，その論証が十分になされていないものは，研究論文とよぶに値しない。

すでに学界において一定の評価を獲得した研究者や大家の域に達した学者が，自分自身の考え方をその機会に提示ないし敷衍したものであれば，さしたる論証が行われていなくても，一定の意義が認められることは十分ありうる。しかし，これは，その人が，これまでの研究業績のなかで一定の見解を

第1章 「魂」——論文のアイディア

示しており，別の点について表明した見解が以前に示した見解との関係において，他の研究者や実務家の学問的な関心の対象となったり，あるいは，その人がこれまで示してきた見解の妥当性について信頼性があるために，結論自体に関心が抱かれるからである。ところが，第一論文を執筆しようとしている大学院生や助手には，研究業績に対する確立した評価がなく，その見解に対して，学説としての「権威」も承認されていない。そのような人の「私見」には，だれも興味をもたない。「権威のない学説は死んでいる」のである（フランスの民法学者マロリーの言葉）。権威のない者が勝負できるとすれば，結論そのものではなく，結論に至る論証のプロセスである。一定の結論を論証するために，一定の素材・データが示され，適切な分析がなされていて，論証過程に説得力があるか否かが，論文の価値を決定する何よりも重要なポイントである。そのような十分な論証を欠いた「私見」には何らの意義もない。まず，このことを銘記しておくべきである。

■ 研究論文における「一定の主張」

次に，論文には「一定の主張」が結論として必要だといっても，ここでいう結論とは，たとえば，「ある類型の法的紛争について誰をどのような形で保護すべきか」というような結論や，「ある規定の解釈についての〇〇説をとる」といったような結論に限られるわけではない。ある法制度について，従来とは異なる理解を示したり，一定の指摘を行ったりするものであっても，研究論文として立派な主張たりうることがある。ある民法典の規定に関する判例法理の展開について分析を加えて，従来の学説が示していた理解とは異なり，そこではある特定の要素が重視されていることを論証するものであってもよい。あるいは，わが国の学説に大きな影響を与えてきたある外国の学説は，実は従来の学説が理解してきたようなものではなかったことを示すものでもよい。もっとも，さらに論文としての完成度を高めようと思えば，そのような指摘にどのような意義があるのか，それだからどうだというのか，という点についても議論を展開していくことが必要である。そうなると，もう一段高いレベルで問題設定を行うことが必要となってくる。しかし，仮にそこまで至っていなくても，研究論文として一応成立しうるのである。

第2節 「想」——主題の決定

　以上のように、研究論文には、最低限、ある問題の設定とそれに対する著者の一定の主張が含まれていればよいのである。もちろん、そこで設定された問題のもつ重要性の程度は異なりうる。どうでもいいような些細な問題について、新たな発見をしても、民法学上、その意義は小さいかもしれない。しかし、それでも何ら論証を欠いた「私見」よりは、ずっとましである。

■ 論文の主題決定の基準　　研究論文において、結論として何を主張すべきかは、以上を逆にたどってみればわかる。結論は論証されなければならないわけだから、結論は、「手持ちの素材を一定の方法を用いて分析することによって論証しうることは何であるか」によって定まる。そして、そのことから、「自分の確定・選択した対象・方法が適切なもので、本当に論文へと育てることができるのか」、あるいは、「そもそも、どのようにして対象・方法を確定すべきか」も帰結される。「その対象を、その方法によって分析することによって、論証可能な結論が導き出せるか」が、論文における主題決定の基準となるのである。

　論文の主題決定について、自分自身である程度の確証が得られたならば、論文の構成のアウトラインを示した簡単なレジュメなどを作成して、指導教授にそれを示しつつ、主題の承認を得ることになろう。そのとき、自分自身の問題意識や課題の設定、アプローチの方法などについて共感を得るべく、説得を試みるのがよいだろう。そして、指導教授に、「おもしろそうだから、それでやってみればよい」という一応の期待を抱かせることができたとすれば、それは成功である。この段階に至ってはじめて、真の意味で、「主題が決まった」ということができる。

　以下、論文における主題決定の基準について、さらに具体的に説明していくことにするが、その前に一言だけ注意をしておきたい。いわゆる「資料型論文」は許されるか、という問題である。

1-3　価値のある「資料型論文」と価値のない「資料型論文」

■ 価値のある「資料型論文」　　再び川島武宜『ある法学者の軌跡』(有斐閣、1978年) を引用しよう。

49

第1章 「魂」——論文のアイディア

　「法律学では，だれがどう言っている，かれがこう言っている，と博引傍証して，終わりに自分の考えをちょっとつけてある，というようなタイプのものが『論文』として通るかのような雰囲気が日本にまだ残っているようです。しかし，これは日本の法律学がおくれていることを示していると思います。」
　「よくこういうことが言われます。若いときのしごとは，資料的な点に価値があるのだ，独創的なことを書こうと思うな，忠実によく材料を消化して書いてあればそれでよいのだ，むしろそういうものを書くべきだ，というような意見もあるようですが，私はそういう意見に無条件には賛成はしかねるのです。能力のない人はせめてそれだけはやれ，というだけのことであって，やはり『学術論文』である以上は，そういうことは序論であるべきで，そのあとに自分の展開する議論がこなければならないと思います。」
　これに対して，本書の序章（6頁）において，私たちは次のように述べた。
　「第一論文はその性格からして，基礎研究としての部分が大きな意味をもつ。どこの誰だかわからない人の個人的な意見・見通しはそれだけでは説得力をもたない。それゆえ，第一論文では論証のための基礎的なデータの提示が大きな意味をもつ」
　川島教授の叙述と，私たちの立場は，一見すると対立しているように見える。しかし，そうではない。そして，「そうではない」ことを理解するのが，修士論文や博士論文の「あるべき姿」を理解することにつながる。
　すでに繰り返し述べているように，たとえば，はじめて論文を書く大学院生や助手が，民法177条にいわゆる「第三者」に差押債権者は含まれるか，という問題について，「私見としては，含まれないと解する」と述べたからといって，何の意味もない。意味があるのは，その結論を導く過程において，外国法を調べたり，歴史を調べたり，判例を事案ごとに分析してみたりしている，その部分である。その部分における「基礎的なデータ」は，学界の共有財産となって，受け継がれていくことになる。
　このような「基礎的なデータ」づくりは，「だれがどう言っている，かれ

第2節 「想」——主題の決定

がこう言っている，と博引傍証して」できるものではない。イギリス法の話ならイギリスの教科書を翻訳すればできると思うのは，大きな間違いである。民法177条にいわゆる「第三者」に差押債権者は含まれるか，という問題について，参考になる外国法を調べて整理する，ということの中身は，たとえば，「イギリス法においては，差押債権者はそのような『第三者』には該当しないとされている」という結論を明らかにするだけでは足りない。イギリス法における公示のシステム・理念，強制執行のシステム・理念・実態，第三者保護一般の考え方，などを歴史を遡って検討し，「なぜ，イギリス法においては，差押債権者はそのような『第三者』には該当しないとされているのか」を明らかにしなければならない。そして，わが国との結論の差異をもたらしている要因は何なのかを分析しなければならない。

　こうなれば，これは，まさに「イギリス法では，このような諸制度の歴史・理念・実態があるから，差押債権者は『第三者』に該当しないとされているのだ」という結論を，歴史的資料，諸制度の比較分析等から「論証」した論文となる。「忠実によく材料を消化して書いてあ」り，「資料的な点に価値がある」論文は，「独創的」なのである。川島教授も，そのような論文が「序論にすぎない」といっているわけではない。

■ **価値のない「資料型論文」**　これに対し，川島教授が批判したタイプの論文もたしかに多い。このような論文は二つの種類に分けることができる。

　一つは，外国法を何らの自覚的な分析視角をもたないままに，ただその国の代表的な教科書に書いてあることを，書いてある順番どおりに紹介したものである。外国語の読める人は多い。したがって，教科書を読めばわかることだけを書いても，あまり意味はない。なぜそうなっているのかを，当該外国法を広く，深く検討することによって明らかにできなければ，「基礎的なデータづくり」にさえなっていないのである。

　もう一つの方がやっかいである。これは，表面的には研究論文の形式をとり，一定の論証がなされているように見えるが，実際には論証にはなっていないものである。ところが，著者本人はしばしば自分の論文を過大評価して

第1章 「魂」——論文のアイディア

いる。

　たしかに，①まず序論で，わが国で近時議論の存する問題が示され，②次いで，本論では，その問題に対応する外国法の状況や，わが国の判例・学説の展開が一定の論理的な順序に従って並べられており，③最後に，結語の部分で，「私見」として一定の解釈論の提言がなされている。ところが，内容を読んでみると，②と③のつながりがはっきりしない，つまり，②の分析・検討のどの部分が，③で示された結論を支えるような論証となっているのか，その対応関係が明確でないのである。さらには，結論部分が「結びに代えて」で終わっていて，そもそも本論から導かれる結論があるのかないのかがよくわからない場合もある。

　このようなタイプの論文ができあがる原因はどこにあるのだろうか。多くの場合には，テーマの対象となる領域を決めて，それに対応するとみられる外国法等の素材についてとりあえず勉強をしてみたけれども，そこから何らかの結論を導き出せるほど十分な分析・検討を行うまでには至っていないことが考えられる。あるいは著者自身どのような結論を提示するのかが明確に定まっていないうちに，とにかく論文の形式にまとめてしまったことによるのかもしれない。

　以上のような論文は，一見，「資料型論文」としては価値があるようだが，実は価値がない。明確な課題の設定がなされていれば当然に問題とされるべき点について，掘り下げた分析を欠き，外国法の検討といっても皮相な紹介にとどまるからである。「資料型論文」として真に価値があるのは，やはり，一定の資料を一定の方法に従って分析することにより一定の結論を論証している論文なのである。

2　主題決定の考慮要因

2−1　大きな問題を一度に解決する必要はない

■十分に論証可能な課題の設定　　論文において設定可能な課題というのは、結論を論証することが可能な手持ちの素材との相関関係によって決まるといってよい。いまだ論証が十分にできていない着想や壮大な理論を展開しても、論証がなければ、しょせん「大風呂敷」にしかすぎない（「○○の再構成」や「○○の統一理論」というようなタイトルの論文には、このようなものが実に多い）。権威のない学説の大風呂敷は、自己満足にはなりえても、他者からは評価されない。冷笑の対象となるのみである。

　これと同じ理由から、あまりに大きすぎる課題を設定してはいけない。たとえば、「法律行為における意思の役割」や「契約の第三者に対する効力」というような大きすぎるテーマは、第一論文にはふさわしくない（もっとも、フランス法におけるテーズ（博士論文）では、このような形の主題の設定がなされることも多い。しかし、彼我では民法学の伝統や手法が異なる。そのような伝統のないわが国の第一論文としては、著者の能力に余るのが普通だろう）。そのようなレベルで一定の主張を行うことになれば、当然に分析・検討を必要とするような論点があまりにも多く含まれることになり、とても一つの論文では扱いきれない。そのような検討を欠いたまま——あるいは、そのような検討が必要であることにすら気づかずに——、短絡的に「大理論」を提示してもまったく意味がないし、問題の本質に迫ることなどできるわけがない。

■大きなテーマと第一論文　　もちろん、そのような大きなテーマに関心をもつことは、好ましいことである。しかし、それをそのまま第一論文の主題にはすべきでない。むしろ、そのような大きなテーマに将来は発展していく可能性を秘めた広がりをもってはいるけれども、より限定された問題領域を、当初の主題の候補として探すのが望ましい。

第1章 「魂」——論文のアイディア

大きな問題を一度に解決する必要はなく，それにつながる堅実な一歩を示すことの方が，得られるものは実は大きいのである。

　たとえば，「フランス革命期における農地賃貸借」というだけで，大論文はできあがる（原田純孝『近代土地賃貸借法の研究』（東京大学出版会，1980年））。限られた時間内で，土地所有権・利用権の一般理論を打ち立てようとすべきではないのである。「小さな課題」をていねいに徹底的に研究することが求められる。ただし，この「小さな課題」が，「つまらない課題」に終わってはならない。直接に扱ったのは，「フランス革命期における農地賃貸借」であっても，それが「土地所有権・利用権の一般理論を打ち立てよう」という望みに裏づけされていてはじめて，広がりのあるテーマとなる。このことの意味は，後にくわしく語ることにしよう。

2-2　学位論文の種別によって違いがあるか

■ 博士論文にふさわしいテーマ

　論文において扱うべき課題の大きさは，学位論文の種別によっても異なってくる。博士論文（または助手論文）の場合には，一定程度の論文としての完成度が要求される。そうすると，博士論文では，ある程度の包括的な対象が扱われることになり，その規模もおのずと相当な分量に達する。

　したがって，博士論文では，ある対象について論ずるうえで必要と考えられる，さまざまな観点からの分析・検討が含まれているかが問題になる。まず，論文の課題設定に対応して，わが国の判例や学説の展開が的確にフォローされていることは，どのような主題であっても不可欠な要素である。また，わが民法典に関連する規定があれば，その沿革についての検討が必要となることも多い。さらに，外国法のまとまった分析検討が含まれることになろう。かくして，著者の提示する結論ないし主張が，多角的でていねいな論証によって基礎づけられていることが要求されるわけである。

■ 修士論文にふさわしいテーマ

　これに対して，修士論文の場合には，総花的なものよりは，むしろ一点豪華主義をめざすべきである。すなわち，ある対象について，ある特定の観点から光

第2節 「想」——主題の決定

をあてた研究であればよい。博士論文や助手論文に比べて，対象の決定から論文作成までの時間的余裕が少ないのが通常であり，その扱う対象についての考察もそれほど深まっていないことも多い。そのような段階で，あれもこれもと欲張ってしまうと，結局，素材の分析が十分でなく，単に表面をなぞっただけの内容しかない論文ができあがってしまう危険性が高い。学部学生のレポートならばこのレベルでもよいが，研究業績としては評価すべきところが残らない。

　こうなるよりは，ある特定のポイントに絞って，より掘り下げた検討を行う論文の方を選択すべきである。たとえば，ある対象について，対応するある外国法の分析・検討を行っただけの論文でよい。この外国法も，判例や学説の展開を跡づけることでもよいし，著者が注目すべきと考えた特定の学説に絞って検討を行うのでもよい。その分析・検討の手堅さや切れ味において，小稿ながらも著者の力量の一端をうかがわせるような論文をめざせばよいのである。そして，研究を進めるうちに，それが良いテーマであることが判明したならば，修士論文をステップとして，次に続く博士論文へと発展させていけばよい。

　このような一点豪華主義のタイプの論文を作成するうえで，注意すべき点がある。いずれの点も第3章第2節で詳述するが，ここでは大まかに言及しておこう。

　まず第一に，論文の序論において，著者の問題意識を明確に示すことである。たとえば，外国法の分析にしても，なぜそれを行うのか，その際どのような視角から検討を行うのか，という著者の問題意識が示されていないと，その意義がよくわからない，単なる資料になってしまうからである。

　第二に，著者が将来の研究を予定する課題全体との関係において，この論文で扱った素材の検討がどのような位置を占めるのかを示すことである。具体的には，論文の結論部分において，この論文で明らかになったことは何であるか，他方で，残された課題は何か，次に続く作業として何が予定されているのか，等々を示しておくことである。

　第三に，結論部分で一定の主張を提示する際にも，当該論文において行っ

第1章 「魂」——論文のアイディア

た検討から導かれる範囲を超えて，過度の一般論を展開したり，性急に「私見」を述べたりしないことである。結論といっても，あくまでも限定された検討から導かれる暫定的なものでしかないことをよくわきまえておくことが重要である。

以上に述べたことをよく理解するために，一読に値する格好の修士論文として，五十川直行「いわゆる『事実的契約関係理論』について」法学協会雑誌100巻6号（1983年）をあげておこう（同論文については，磯村保「民法学のあゆみ」法律時報56巻6号121頁以下（1984年）をあわせて読むとよい）。

2-3 研究者としての基礎的能力を示すことができる素材を含むか？

■ **第一論文のもつ重要性**　本書が対象とする，学位論文（博士論文・修士論文）またはそれに準ずる論文（助手論文）という第一論文の作成にあたっては，研究論文一般の作成とは異なった考慮が必要な点がある。第一論文は，研究機関でポストを得て職業的研究者になるために，その著者が研究者として要求される基礎的研究能力を有していることを証明するための手段でもある，という点である。

それと同時に，第一論文は，若手研究者が，広い意味での研究者によって構成される学界において，その存在を承認される「デビュー論文」であるという意義もある。それ以降において著者が公刊する研究論文について，「この著者の行った研究ならば，信頼するに値する」というような一定の評価を獲得しうるかが，そこでは問われる。言い換えれば，第一論文は，その著者の研究能力が一定水準以上のすぐれたレベルにあることを示すものでなければならないのである。

このような観点から，第一論文がいかに重要なのかを示す，次のエピソードを紹介しておこう。ある若手研究者が，学部を卒業して研究室に入りたての頃に，その指導教授に部屋によばれて次のような訓話をされたそうである。「第一論文がいかに大切なものであるかは，第一論文に失敗した場合に，それに続く状況がどのようなものになるかを考えてみればわかる。仮にその後に論文の執筆が思うようにできず，なかなか論文を発表しえなかったときに

第 2 節 「想」——主題の決定

は，『馬鹿が遊んでいる』といわれる。反対に，その後に論文を立て続けに執筆したとしても，今度は『馬鹿が駄作を重ねている』といわれる。いずれにしても，先行きは暗そうだ。これに対して，第一論文がすぐれたものであれば，その後，仮に論文を発表できずにいても，『また，大論文の準備をしているのだろう』といわれる。」

　この話はやや誇張を含んだものだから，多少割り引いて考えた方がよいが，この指導教授がいわんとしたのは，第一論文のもつ重要性をよく認識しておくべきだということ，すなわち，第一論文に取り組む際の心構えにある。

■ 外国法研究の必要性　　　このような第一論文の意義からすれば，第一論文としては，外国法研究をその内容に含んでいることが望ましいといえよう。わが国では，伝統的に，法律学の研究一般において，外国法研究についての能力が研究者には必要とされてきたからである。したがって，第一論文の作成の過程では，本格的な外国法研究に取り組むことを考えなければならない。

　もっとも，わが民法学の研究者として，なぜ外国法研究の能力が必要とされるのか，は一考に値する問題である。欧米等の諸外国では，外国法や比較法の研究は博士論文の必須の要素とはされていない。それなのに，なぜ自分は外国法を研究するのか，という疑問は，欧米等の諸外国に留学したときに，誰しもが多かれ少なかれ直面するものである。日本法の若手研究者（一般の学生ではない）が，何ゆえに，かくも長い期間，在外研究に従事するのであろうか。日本にも多くの法的課題が山積している。留学などせずに，それに相当する期間を日本法研究に専念していれば，もっと成果をあげられたではないか，と考える者がいても不思議ではない。このような疑問に対する解答は，第 3 章第 1 節第 3 款 *1* で示すことにする。また，論文の「型」に即して，第 2 章 *2-4* でも触れる。

2-4　民法解釈学に固有な手法を含むか？

■ 法律学に固有の研究手法　　　第一論文の主題の選択に関して，伝統的な民法解釈学に固有の方法を用いた解釈学的研究

第1章 「魂」——論文のアイディア

をめざすべきか，という問題も存する。

　学問における「方法論」一般として，この点を考えるのであれば，研究の方法や目的は各人の決定すべき問題にすぎないといえよう。しかし，ここで第一論文のもつ意義について考えておく必要がある。

　民法解釈学の研究者をめざすのであれば，その備えるべき基礎的な能力として，法律学に固有の研究手法の習得が必要となる。仮に第一論文でそれに直接に結びつかないような対象をテーマとした場合には，それとは別途，あとからこのような能力を身につけるように自ら努力しなければならない。現在では多様な研究手法を用いて，幅広く活躍している中堅の研究者であっても，その第一論文においては，オーソドックスな解釈学的な研究を行って，それに習熟した経験を有している者が少なくないのは，理由のあることなのである。

　さらに，第一論文の作成について認識しておくべきことは，この時期は，1日のうち利用可能な時間のほとんどを論文作成のみに振り向けることが可能であるという点である。これに対して，大学等の研究機関に研究者として就職した時点以降は，教育のみならず，学内行政や学外の公務等の多様な仕事に従事しなければならないので，個人差はあるものの，利用可能な時間は，おのずと細切れにならざるをえない。大学院生や助手の時期にこのような現実について十分に認識している人は少ないだろう。だが，あとから振り返ってみれば，大学院生や助手の時期というのは，論文に専念することが制度的に保障された「幸福な時期」であった——そして，そのような時期は一生に一度しか存しない——ことが実感されるはずである。

　このような研究条件を考慮すれば，第一論文において採用すべき手法というのは，じっくりと時間をかけて取り組むにふさわしい本格的なアプローチであることが望まれることになる。たとえば，わが民法典の起草過程やその母法にまで遡った系譜的な研究，あるいは外国の民法典の淵源にまで遡った歴史的な研究，民法学上の基礎的な概念をめぐる学説史の展開をたんねんにたどった研究，等々のオーソドックスな手法による研究である。いずれも，この時期に取り組むにふさわしいタイプのものといえよう。そして，このよ

うな手法を用いた研究であれば，すでに述べたように，仮に問題設定が必ずしもうまくいかなかったとしても，あとに残るものは必ずある。

■「新素材」の利用　これに対して，法律学に固有な手法以外のものを用いた研究を，第一論文で行うことも，もちろんありうる。経済学，社会学，心理学，哲学等々の隣接諸科学の成果を法律学の分野に応用した研究が，その典型例である。たとえば，契約交渉過程における不当破棄の問題について，ゲーム理論を用いた分析を試みるというようなタイプの研究がありえよう。

　このような「新素材」の利用であっても，従来の民法学には見られなかった新たな観点から問題を描き出すことに成功すれば，それはそれでよい。しかし，このタイプの手法には，つねにリスクが伴うのも事実である。さらに，民法研究者として，一生これだけで研究を続けるのは難しいといえるから，「一発屋」で終わらないためには，オーソドックスな手法についても，これとは別途に習熟しておく必要があることを，再度指摘しておきたい。

2-5　民法学の現在の研究状況とどのような関係にあるか？

■「将来の展望」の考慮　ここまでは，主題を決定し，論旨を構成するうえで，最低限クリアしなければならない諸条件について述べてきた。最後に，主題を決定する際に考慮に入れておくべき，もう一つの点について触れておこう。それは，著者が作成しようとしている当該論文によって，どのような将来の展望が開けるのかについても，自覚的に考えておく必要があるということである。ここで「将来の展望」というのは，民法学の現在の研究状況にとっての展望という意味と，将来の自分の研究にとっての展望という二つの意味である。

■「民法学のトレンド」の認識　まず，前者について述べる。
　ある研究論文に対して，どのような評価が与えられるかは，それに民法学上どのような意義が認められるのかによって定まる。すなわち，この論文は，いったい何を論証した（あるいは，論証しようとした）ものであり，そのような論証には，民法学上いかなる意義が認め

られるのかということである。

　また，論文のインパクトは，そのなかで行った論証が，現在の民法学においてもつ意義によって左右される。民法学界におけるインパクトが高い論文とは，そのような意義が大きい論文を意味する。その論文が論証をなしえた一定の主張が，現在の民法学において多くの者が関心を抱いている「より根源的な問題」に響くような広い射程を有しているときには，その論文にはインパクトがあったと評価されることになる。したがって，この点からいえば，論文において問題設定を行う際には，現在の民法学において多くの者が問題意識を共有しているようなテーマは何かをおさえておくことが重要になる。言い換えれば，「民法学のトレンド」を知ることである。

　「トレンド」などというと，「流行っているもの」と思われるかもしれないが，そうではない。この点は，佐伯胖『認知科学の方法（認知科学選書10）』25～26頁（東京大学出版会，1986年）が，うまい説明を施している。

　　「時代精神に敏感であるということは『いま世の中ではどういう研究テーマが流行っているか』ということに敏感であるということではない。（中略）

　　　時代精神に敏感であるということは，過去の時代精神のいきづまりを感知して，そこからの脱皮の必要性を痛感し，その脱皮の手がかりになりそうなことは何でもやる，ということである。」

　こういった意味における「民法学のトレンド」を知ることができるようになるためには，日頃から，特定の領域に限定せず，幅広い興味・関心をもって，勉強をしておくことが必要である。民法解釈学の能力は，総合力にある。テーマの決定の良し悪し一つをとっても，結局は，総合力がモノをいう。

■「論文のコンセプト」の重要性

　そうしてみると，論文の主題とその構成（プラン）を決定する際には，著者が自分の論文を自分自身の手で，上述の観点から，民法学のなかに位置づけてみることが大切である。仮に，著者がある法制度をとりあげるとしよう。このとき，「どのような理由から，現時点において，○○をとりあげるのか」，「外国法の検討によって何を論証しようというのか」，「民法学の先行研究との関

第2節 「想」——主題の決定

係で，この論文にどのような意義があるのか」等々を自問してみることである。そして，これらの点について十分に自覚しながら，それを自ら論文のなかで示しておくことが必要である。これが，「論文のコンセプト」である。

そんなことは当たり前だと思うかもしれないが，実際に論文を執筆していると，「自分は，いったいいかなる目的で，何を論証しようとして，この研究を行っているのか」という論文のコンセプトがわからなくなることも少なくない。そして，それはけっして奇妙なことではないのである。すでに述べたように，論文における問題設定というのは，それにとりかかった最初の時点から完全に定まっているものではなく，試掘作業を進めていく過程で，たえずフィードバックをしながら，手持ちの素材から論証可能な形で設定し直し続けられるものだからである。

しかし，理由が不明確なままではいけない。著者自身が，自分の論文にどのような意義があるのかがよくわからないのであれば，他者（読者）にとっては，なおさらである。また，たとえ自分の研究の位置づけを見失ったとしても，けっしてごまかそうなどと考えてはいけない。たとえば，「本稿で行ったフランス法の検討ははなはだ不十分なものではあるが，それでも，わが民法に対して何らかの示唆を与えるといえよう」というような類のまとめ方をすることは可能である。これは，一見すると，筆者の謙虚な態度の現れであるように見える。けれども，「何らかの示唆」とはどのような示唆なのかを明確にせよといわれて，筆者自身十分に説明しえないにもかかわらず書ける文である。著者が自分の論文の意義を言語化しうる程度まで考えを詰めようとせずに，ごまかしているにすぎないのである。

2-6　将来の自分の研究にとって広がりをもった基礎的な研究であるか

■ 広がりと深みをもった基礎的なテーマ

論文の主題の決定において，もう一つ考慮すべきなのは，先に述べた（2-5）後者の意味における「将来の展望」，すなわち，そのような主題が将来の自分の研究活動にとって，どのような意義があるのか，ということである。この観点からいえば，当該研究を通じて，さまざまな問題の位相や

第1章 「魂」──論文のアイディア

関係がよく見えてくるような主題こそが，第一論文にとって良い主題である。

　一般に，ある特定の問題を検討するうえでは，当該問題だけでなく，多くのその周辺的な知識を必要とする。そして，そのような知識を獲得するためには，相当の初期投資を必要とする。たとえば，安全配慮義務について分析・検討をするためには，契約責任についてのみならず，不法行為責任を含めた民事責任一般について，相当の知識を必要とする。また同様に，債権者代位権について分析・検討するのであれば，債権差押え等の民事執行手続との関係まで視野に入れなければならない。同じことは，外国法の研究についてもそのまま妥当する。安全配慮義務に関する文献だけを，あるいは債権者代位権に関する文献だけを読めば十分だ，とはいえない。その国における，契約責任と不法行為責任の領域確定の問題一般や債権執行制度の全体像というような，それに直接・間接に関連するような法制度を含めた検討が必要になってくる。

　外国法にせよ日本法のある制度にせよ，最初にその研究を行うときは，ちょうど，見ず知らずの街に降り立った旅人の状態に近い。どこに何があるのかがさっぱりわからないままに，文献を読み進めることになる。日本法については理解しているつもりかもしれないが，けっしてそんなことはない。ところが，研究を進めるうちに，ある程度の認識地図がおのずとできあがってくる。見知らぬ街が，勝手知った住みよい街へと次第に変わってくるのである。

　このように，特定のテーマについての研究を行うことは，狭い意味での当該テーマだけでなく，それと関連性をもったさまざまな問題に出会う機会を提供する。このことは，第一論文については，そのテーマが，時間をふんだんに使って，じっくりと取り組むものであるだけに，いっそうあてはまる。そして，それは第一論文を執筆したあとに，それに続く論文のテーマを，数多く気づかせてくれるのである。第一論文において扱うテーマが，本人にとって，後続研究につながるような広がりと深みをもった基礎的なテーマであることが望ましいのは，このような理由による。

第 2 節 「想」——主題の決定

3 主題決定の制約要因

3-1 結論の論証について手持ちの素材は十分であるか

■ **手持ちの素材の点検の必要性**　　手持ちの素材をながめつつ，どのような問題設定が可能であるかについて，ある着想（アイディア）が浮かび，それがすでに述べたところに照らして妥当であると判断されたならば，次に，そのような結論に向けてどのような論証が必要になるのかを考えていくことになる。そして，何を論証したいのかを意識しながら，手持ちの素材を点検して洗い直すことが必要となる。場合によっては，この点検作業によって，主題設定そのものを問い直さなければならなくなることもでてくる。利用できる素材によって論証が不可能であれば，その結論が一見どんなにすぐれていようとも，論文作成は不可能なのである。

　たとえば，「第三者のためにする契約」という法制度に関心をもって，フランス法の文献を読み進めていった。そして，その過程で，「第三者のためにする契約」というのは，契約外の第三者に対しても契約責任としての損害賠償責任を追及することを承認するための法技術として捉え直すべきではないか，という着想を得たとする。しかし，このような観点から問題設定を行うのであれば，「第三者のためにする契約」だけではなく，契約責任と不法行為責任の領域確定に関する議論を，広く視野におさめた分析・検討が必要となってこよう。あるいは，「第三者のためにする契約」というのは，契約当事者以外の第三者に対して，契約上の履行請求権を付与するための法技術であるところに，その固有の意義があるのではないか，という着想を得たとする。そうすると，今度はその前提問題として，契約における当事者の確定の議論一般についても，分析・検討を広げる必要が生じてくる。いずれの場合も，「第三者のためにする契約」に直接に関連する文献だけを読んでいたのでは，論旨を構成するに足りないのである。

　このように，問題設定の着想が浮かび，どのような論証を展開しうるのか

をあれこれと考えめぐらす段階に至ると，手持ちの素材をどう使うのかが決まってくる。同時に，それだけでは素材が足りない部分がはっきりしてくる。企図した論証を行うために必要な素材が十分に集まっているとは限らない。したがって，主題の決定を行う際には，つねに手持ちの素材が十分なのかについての検討が必要となってくるのである。そして，補充の試掘作業を続けるなかで，あらためてそのような主題設定が可能なのか否かが明らかになってくるわけである。

3-2 手持ちの素材だけから論証が可能な立論は何であるか

■ 素材不足によるテーマの修正・変更

しかし，場合によっては，時間等の制約から，手持ちの素材だけから何がいえるのかを考えなければならないこともある。たとえば，わが民法典が規定するある法制度について，外国法を検討していったところ，そこでは，わが国では確立された判例・通説とはまったく対照的な解決がなされていることが判明したとしよう。そして，その外国法の検討を通じて，わが判例・通説に再検討を迫るような批判的な視角を獲得することができるのではないか，との見通しのもとに，当該外国法の判例・学説の展開を詳細に跡づけるべく，資料を読み進めていった。ところが，調査の過程で，この外国法における解決は，規定の沿革や構造上の制約といった，その外国法に特有の事情に起因するところが多く，また，学説においても現行法に対する批判も強いことが判明した。その結果，当該外国法における解決が日本法の解釈に直ちには参考にならないことがわかった。つまり，当初に企図したとおりに論旨を展開することは難しいことが後になって判明したわけである。このときは，設定可能な別の観点を探し求めて，さらに試掘作業を続けるか，それとも主題の候補としてはあきらめるかの決断が必要な時期がやってくる。

■ テーマの方向転換が難しい場合

もっとも，このような場合でも，論文の提出期限までに，別の主題を探すだけの時間的な余裕が，著者にはもはや残されていないこともあろう。そのようなときは，手持ちの素材だけからどのような議論を展開しうるのかを考え

て，あらためて問題設定をやり直す必要が生ずる。そのような問題設定がうまく見つかればよい。上の例でいえば，わが判例および通説に対する批判的な再検討を行うことはあきらめて，比較法的な観点から日本法との対比を論じて，日本法の判例・通説における解釈の特色を明らかにして，その妥当性を検証するという問題設定に変更して，論旨の構成全体を練り直すことが試みられるべきだろう。

しかし，最悪の場合には，そのような方向転換も難しいこともある。その外国法の背景事情に迫ろうとしても，社会制度や歴史などさまざまな要因があり，時間的にも資料的にも十分に突き詰めることができないときなどである。そうすると，ある外国法は検討してみたけれども，日本法とは背景事情がまったく異なり，あまり示唆を与えるところはないことがわかった，というようなきわめて消極的な結論でがまんしなければならないこともありうる。もちろん，このような結論とて，同じ失敗を他人が二度と繰り返さないという点では一定の意義はあるし，外国法の分析・検討それ自体のなかで，著者の研究者としての基礎的能力が証明されていれば，その限りでは一定の目標は達せられる。そんなに悲観することはない。次を期すればよいのである。

3-3 簡単にあきらめてはいけない

■「研究者としての能力」と本人の努力　以上の説明を，「できそうなことをやりなさい。できそうでないことはあきらめなさい」という消極的なアドバイスだと考えてもらっては困る。

まず，良い素材に出会えるか否かは，完全に偶然に支配されているわけではない。すでに本章第1節で述べたように，良い素材を集め，それに応じた分析視角を設定できるのは，研究者としての能力によるところが大である。そして，実は，そのような能力は日頃の本人の努力に支えられていることが多いのである。良い料理人はつねに市場で良い食材を探し，時間があれば，さまざまな料理法を勉強する。水面上で繰り広げられるシンクロナイズド・スイミングの美技には，必ず水面下のバタ足があることを忘れてはならない。

第1章 「魂」──論文のアイディア

■ **能力ある研究者は素材を選ばない**

さらにいえば，本当に能力のある研究者は，素材を選ばない。どのような素材であっても，何かしらのおもしろい問題設定が可能であることは多いのである。同じ素材をながめていても，分析視角とのハーモニーにより引き出される，その素材の持ち味に気づく者とそうでない者とがある。

たとえば，その指導教授から見込みがありそうだと勧められた問題設定のもとで論文の執筆を試みたが，あまり首尾よくいかなかったとする。本人にしてみれば，与えられた問題設定がよくなかったと思うかもしれない。また，指導教授が「おもしろそうだ」といって承認を与えた主題であるのに，最終的な論文執筆に失敗することもある。このとき，「指導教授がOKを出した主題なのにうまくいかなかったのは指導教授の責任だ」と思う者がいるかもしれない。しかし，このような場合であっても，たいていは，指導教授自身は，「自分自身がこの問題で論文を執筆していたならば，もっとおもしろい論文になったはずだ」，「あそこまで進んでいれば，いくらでもおもしろい論文は書けたのに」と思っているはずである。

諸種の事情により，良い素材に恵まれないこともあるだろう。しかし，素材不足に不満を覚えるだけでなく，料理の腕を鍛えることで乗り切ることを考えるべきである。あきらめないことが肝心である。

Column ① 指導教授

指導教授とどうつきあうか。これはなかなかむずかしい問題である。人それぞれに違うのだから，自分で答えを見つけなさいと突き放すのも，1つの指導法である。しかし，それでは途方に暮れるだけだろう。とりあえず，最低限の心構えとして，次の3つをあげておこう。

第一は，指導教授をよく観察することである。助手・院生にとって，研究者の世界は，未知の世界である。研究者というのは何をしているのか。どういう生活を送っているのか。どのような物の考え方をするのか。最初は，よくわからないものである。そうした研究者としての仕事，ライフスタイル，モラルやエートスを知るいちばん身近な手がかりが，指導教授である。もちろん，その

一から十までマネをせよといっているのではない。まずは観察することである。それを手本とするか，反面教師とするかは，次の問題である。

　第二は，指導教授をひとまず信じることである。信じなければ，何も始まらない。せっかくの助言や苦言も，生かされないまま終わってしまう。指導教授は，その道のプロである。しかも，君を何とか一人前の研究者に育てようという親心がある。指導教授のいうことには，素直に耳を傾けるべきである。「先生は自分の考えをわかってくれない」と不平をいう前に，本当に自分に問題はないか，胸に手を当てて考えてみる必要がある。また，指導教授が，自分の仕事を弟子にさせることもしばしばある。単に手足として利用しているだけなら，それは指導教授とよぶに価しない。しかし，多くの場合は，それを通じて研究者としての仕事の仕方を教えようとしているのである。その意図がわからずに，いい加減な仕事をしていると，結局何も学ばずに終わることになる。信じなければ何も始まらないというのは，このためである。

　第三は，指導教授を信じすぎてはいけないということである。何でも先生は正しいと信じ込むのは危険である。見聞を広めて，指導教授を相対化することも必要である。とくに，いつまでたっても自分の頭で考えずに，「先生ならばどうおっしゃっただろうか」などと考え続けるのは，美しい師弟関係かもしれないが，おそろしい話でもある。第一，それでは縮小再生産を繰り返すだけである。指導教授から学びつつ，指導教授を越えること。それが何よりの恩返しであることを忘れないでほしい。

第 2 章 「型」
論文のスタイル

第2章 「型」──論文のスタイル

1 「型」の重要性

1-1 論文には「型」がある

■ アイディアとテクニックだけでは足りない

論文のアイディアを固めれば、あとは論文をどう書いていくかだけである。ちまたにあふれる技法本によると、ここから先は、「資料の集め方」とか「執筆の仕方」と称して、メモの取り方や情報収集のノウハウ、文章作成の秘訣や注の付け方というようなことがらが懇切丁寧に説明されることになる。たしかに、こうしたテクニックが、実際に論文を書くうえで役に立つことは間違いない。実際また、本書でも、第4章でこのような「技」の側面を扱っている。しかし、残念ながら、アイディアとこの意味でのテクニックがいくらあっても、論文として認めてもらえるものは書けない。論文として認めてもらうためには、それが論文としてのスタイルを備えている必要がある。いくら本人は論文を書いていると意気込んでみても、それがこのスタイル、つまり「型」に従っていないと、単なる作文であり、エッセーにすぎなくなる。その意味で、論文を書くうえで、何はともあれ必要なもの、それが論文の「型」なのである。本章では、それを少しくわしく見てみることにしよう。

■ 論文内容に即した「型」

論文には「型」がある。こういうと、おなじみの起承転結のパターンとか、「序論─本論─結論」構成とかというお決まりの「型」を思い浮かべるかもしれない。起承転結のパターンが学術論文の構成として使えるかどうかはかなり疑問だが、後者の「序論─本論─結論」構成は、たしかに汎用性がありそうである。しかし、それは、いってみれば論文の構成に関する一般的な「型」である。

それに対して、ここで論文には「型」があるというときに考えているのは、もっと論文の内容に即したものである。つまり、民法についてある種の内容の論文を書こうとすると、多かれ少なかれこういう「型」になるという意味

で，論文の内容を大枠において規定し，方向づけるような「型」があるのではないか。それが，ここでの出発点である。

■**「型」と独創性**　もっとも，このように「型」があるということをあまり強調すると，眉をひそめる人も少なくないだろう。「論文の『型』？　そんなことをいっているから，金太郎飴みたいな論文が大量生産されるのだ。学問は自由であり，創造的なものだ。『型』にこだわっていて良い論文が書けるか」——年輩の大先生なら，こう一喝するかもしれない。実際，型どおり書きました，というだけの論文も少なくない。金太郎飴という批判も耳が痛いところである。ところが，そういう当の大先生が書かれる論文自体，実はしっかりオーソドックスな「型」に従って書かれていたりする。論文が独創的であることと，それが一定の「型」に従って書かれていることとは，別問題である。既存の「型」にあてはまっていても，独創的な論文はいくらでもある。本当に「型」破りな論文で成功したものは，残念ながら，ほんの一握りにすぎない。たいていは，これはまともな論文ではないとして，一蹴されるだけである。

1-2　「型」の意味

■**読み手にとっての意味**　ここでいう論文の「型」とは，少し大げさにいうと，学者の共同体のなかで，論文とはおおむねこういう形で書かれるものだという理念型として，暗黙のうちに了解されているものである。論文の読み手は，そうした「型」に照らしながら，実際に論文を読み，それを評価する。だからこそ，「型」を逸脱した論文は読みづらく，しばしば独りよがりのよくわからない論文として片づけられてしまうのである。逆に，「型」に従って書かれていれば，たとえこまごまとした検討が延々と続いても，それが何のために行われ，どうして必要なのかということを少なくとも理解できる。また，その検討が本当に成功しているかどうか，あるいは必要な検討が行われていないのではないかということも，やはり「型」に照らして判断することができる。その意味で，この「型」は，論文を理解し，評価するための準拠枠として働くのである。

第2章 「型」——論文のスタイル

　また、いくら論文を書いても、まったく読んでもらえなかったり、まともに評価してもらえなければ、意味がない。もちろん、論文を書くことには、自分の知的欲求を満たすという意味もある。しかし、それだけならば、草稿にとどめて、引き出しのなかにおさめておけばいい。それをあえて公の媒体を使って公表するのだから、そこには少なくとも学者の共同体に対して訴えかけるという社会的な意味がある。だとするならば、そうした学者の共同体で受け入れられている「型」を無視するわけにはいかない。むしろ、それをうまく利用すべきである。

■書き手にとっての意味　　実際また、この「型」は、論文の書き手自身にとっても、非常に役に立つものである。というのは、「型」を使えば、何をどう論じればよいかが大まかにではあるが規定され、どこがポイントになるかということもある程度はっきりしてくるからである。その意味で、「型」は、問題を構成し、そこで論証を行うための準拠枠として働く。これは、論文の書き手にとって、強力なナビゲーターになるはずである。

　どうだろう。論文の「型」の重要性は、おわかりいただけただろうか。といっても、その「型」の中身がわからなければ、「はい、そうですか」というわけにはいかないかもしれない。そこで次に、論文の「型」とは具体的にどのようなものかということを見ていくことにしよう。

2 「型」を決めるファクター・その１——作業

2-1 「型」を決めるファクターとは

■「型」を決めるファクター　　ひとくちに論文の「型」といっても、それはけっして単一のものではない。むしろ、いろいろな「型」がある。それでは、その「型」の違いは何によって決まってくるのだろうか。つまり、論文の「型」を決めるファクターには、どういうものがあるのか。まず最初に、この点を考えておく必要がある。

これは要するに，論文全体を構成するうえで，必ず決めておかなければならないポイントは何かということである。それを決めないと，そもそも論文を書くことなどできない。そういうポイントとして，どのようなものがあるだろうか。

■ 素材・論法・作業
　もちろん，これはそう簡単には答えられない問題である。しかし，少なくとも，「何を素材として」，「どういう論法に基づき」，「何を行うか」ということが，問題になるとみることができる。それぞれ，素材，論法，作業とよんでおこう。少なくともこの三つが，論文の「型」を決める重要なファクターだといっていいだろう。とりあえずこのことを前提として，以下では，さらにそれぞれのファクターの内容を見ていくことにしよう。

　最初に，いちばん最後にあげた「作業」というファクターから見てみよう。これは要するに，論文において「何を行うか」ということである。まさにこの点が，論文の「型」を大きく分ける第一のポイントにほかならない。

2-2　作業の類型

■ 論文において何を行うか
　論文において何を行うか。こうあらたまって聞かれても，困ってしまうかもしれない。しかし，これがわかっていないと，論文を書いているといいながら，実は自分が何をしているのかわかっていないことになりかねない。まず，この点をしっかりおさえておこう。論文において行っていることは，ごく大ざっぱにいうと，次の二つに分かれる。

■ 紹　介
　第一は，「紹介」である。これは要するに，情報をいわば事実として読み手に伝えるという行為である。紹介にとくに意味があるのは，多くの読み手にとって未知の情報をとりあげる場合である。しかし，そうした場合に限らず，次の考察の前提として，さしあたり既存の情報を整理しながらあげる場合もある。これも，情報を事実として伝えている限りで，紹介の一種にほかならない。

第2章 「型」——論文のスタイル

■ 考 察　　第二は,「考察」である。これは要するに,情報に対して評価を加える行為である。もっとも,実は紹介も,どうまとめるかというところで知的な作業が要求されるのであって,けっして情報を右から左へ流す行為ではない。その意味で,紹介と考察の区別は,どこか一点できれいに分かれるものではなく,むしろ連続的なものである。しかし,それでも,単なる伝達と主体的な評価とのあいだに違いがあることは間違いない。実際また,日常の感覚からいっても,紹介にとどまる論文と一定の考察を加えた論文とが違うことは理解できるだろう。もっとも,考察を加えた論文は,その前提として「紹介」を含むことは,後に述べるとおりである。

この「考察」は,厳密にいうと,さらに二つに分かれる。

■ 分 析　　一つは,「分析」である。これは要するに,対象となる情報の意味を明らかにする行為である。もちろん,それは考察である以上,表面的な意味をなぞるだけでは分析とはいえない。その情報の基層部分に立ち入って,表面に現れた現象の意味を明らかにし,それらの異同を整合的に説明すること。そしてまた,必要ならば,情報の意味自体を組み換えること。それが,ここでいう分析である。これは,必ずしも自分の意見を述べるものではないが,評価を伴う行為であることに変わりはない。こうした分析をあざやかに行えば,それだけで十分すぐれた論文になるといってよいだろう。

■ 主 張　　もう一つは,「主張」である。これは要するに,あることがらについて自分の意見を述べることである。これはさらに,消極的な主張と積極的な主張に分かれる。消極的な主張とは,他の意見に対して異を唱えることである。ここではそれを「批判」とよんでおこう。それに対して,積極的な主張とは,通常,私見や自説を述べるときに考えられているものである。ここではそれを「提言」とよんでおこう。

2-3　作業に応じた「型」とその併用

■ 何を行うかを意識することが必要　　このように,ひとくちに論文を書くといっても,そこで何を行うかに応

じて，違った「型」が考えられる。紹介をするのか，考察をするのか。考察をするにしても，分析をするのか，主張をするのか。主張をするにしても，批判をするのか，提言をするのか。それぞれに応じて，論文の書き方も違ってくる。

たとえば，紹介をするのなら，対象となる情報を正確かつ客観的に——この「客観的に」とはどういうことかが実は大問題なのだが，ここではとりあえず先に進むことにしよう——伝えなければならない。分析をするのなら，対象となる情報のすべてではないにしても，少なくともその主要な部分の意味を整合的に説明できなければならない。また，批判をするのなら，ターゲットとした他説が内在的に矛盾していることを示すか，別の観点からそれが不当であることを説得的に示さなければならない。そして，提言をするのなら，なぜそれが正当かを積極的に理由づけなければならない。いずれにしても，こうした違いがある以上，自分が論文でどの「型」に従って何をしようとしているのかを，つねに意識しておく必要がある。

■「型」の併用

ただ，いうまでもなく，これらの「型」は，一つの論文を書くうえで，そのいずれかの「型」のみに従って書かないといけないというものではない。それが仮に可能だとしても，せいぜい純粋な紹介型ぐらいだろう。少なくとも考察をしようとするならば，必ず何らかの紹介を前提とせざるをえないはずである。また，何らかの主張をするにも，しばしば既存の議論の分析が不可欠となる。そうすると，多くの場合，一つの論文のなかで，これらの「型」が必要に応じて使い分けられなければならないことになる。とりあえずここでは，そういうものとしてこれらの「型」を理解しておいてほしい。

3 「型」を決めるファクター・その2——素材

3-1 何を素材とするか

■素材とは　次に、第二のファクターとして、「素材」を見てみよう。これは、先ほどの「作業」と違って、どういうものか比較的わかりやすいだろう。要するに、材料がなければ、論文は書けない。その材料をどこに求めるかということである。

　この「何を素材とするか」という点については、民法の論文に関する限り、少なくとも次の三つの選択肢がある。

■法と現実　第一の選択肢は、広い意味での法を素材とするか、社会的現実を素材とするかである。要するに、前者は、制定法や判例、学説などを素材とするということである。それに対して、後者は、いわゆる実態を素材とするということである。

　民法に関する論文では、いまのところ、前者を素材とするものが圧倒的多数である。後者は、通常、法社会学の論文が扱う（べき？）ものだと理解されているようである。しかし、こういう単純な棲み分けの考え方はナイーブにすぎる。実態の解明が、民法の理解や立法に役立つことはいうまでもない。それだけでなく、できるかぎり実態に即した解釈をすることが望ましいという考え方に立てば、これは民法の解釈論にとっても直接的な意味をもつことになる。したがって、この社会的現実ないし実態を素材とすることは、民法の論文についても、有力な選択肢の一つだといわなければならない。

■日本法と外国法　第二の選択肢は、日本法を素材とするか、外国法を素材とするかである。日本法について、何らかの紹介をし、分析をし、主張をしようとするのだから、日本法を素材とする。これは、当然である。しかし、それと並んで、外国法が素材とされることも非常に多い。というよりも、これから学界にデビューしようとする者が書く第一論文では、この外国法が少なくとも主要な素材の一つとしてとりあげられるのが

つねである。

　なぜ外国法を選ぶのか。どの外国法を選ぶのか。その外国法をどう扱えばいいか。それがいちばん頭の痛いところであるが，これは主として，第三のファクターである「論拠」をどこに求めるかに応じて違ってくる。この点は，とくに第一論文の「型」を決めるうえで非常に重要なので，あとで少し立ち入って触れることにしよう。

■ 過去と現在　　第三の選択肢は，過去を素材とするか，現在を素材とするかである。ここで「過去」を素材とするとは，要するに歴史を扱うということである。そうすると，ここでいう「現在」は，厳密に現在の状況のみを指すわけではない。歴史性を捨象して，過去の状況をいわば現在の状況と同格に扱う場合も含まれることになる。その意味で，これは単に素材の問題だけでなく，それを通時的に扱うか，共時的に扱うかという視点の問題でもある。

　このうち，とくに問題となるのは，こうした「過去」を素材とすることの意味である。なぜ過去をとりあげるのか。どういう意味でそれをとりあげるのか。これもまた，実は，次の第三のファクターである「論法」に応じて違ってくる。あとでもう一度触れることにしよう。

■ 組合せの可能性　　いうまでもなく，以上の三つの選択肢は，それぞれ次元の異なるものである。したがって，それらは相互に組合せが可能である。また，それぞれの選択肢のなかでも，どちらか一方のみをとらなければならないというものではない。両者を同時に扱うことも当然可能である。

3-2　素材の組合せによる「型」の構成

　実際の論文の「型」は，これらをどう選んで，組み合わせるかによって決まってくる。たとえば，次のようなものが考えられる。

■「現実―日本法―現在」型　　これは要するに，日本における現在の社会的実態を扱う論文である。たとえば，北川善太郎『現代契約法Ⅰ・Ⅱ』（商事法務研究会，1973，76年），米倉明『所有権留保

の実証的研究』（商事法務研究会，1977年）などが――もちろん，純粋にこの型だけによっているものではないのだが――その代表例である。

■「現実―日本法―過去（＋現在）」型　これは，日本における社会的実態を（現在に至るまで）歴史的に扱う論文である。これは社会史研究に近い。最近では，瀬川信久『日本の借地』（有斐閣，1995年）がその貴重な成功例といっていいだろう。

■「法―日本法―現在」型　これは要するに，日本における現在の法状況，つまり制定法や判例，学説の状況を扱う論文である。通常の解釈論文の基本型といっていいだろう。これも「紹介」に徹すれば，学生向けの解説論文――「争点」型とよんでおこう――になる。しかし，学界にデビューするための第一論文が，これでいいわけはない。この「争点」型論文との決別が，学生から研究者へと脱皮するための第一関門である。

■「法―日本法―過去（＋現在）」型　これは，日本における法状況を（現在に至るまで）歴史的に扱う論文である。起草過程・立法過程の研究や，学説史ないし判例史研究がこれにあたる。北川善太郎『日本法学の歴史と理論』（日本評論社，1968年），星野英一「日本民法典に与えたフランス民法の影響」同『民法論集第1巻』（有斐閣，1970年）〔初出，日仏法学3号（1965年）〕以降，このタイプの研究が増えている。たとえば，星野英一編集代表『民法講座1〜7，別巻1, 2』（有斐閣，1984〜90年）や広中俊雄＝星野英一編『民法典の百年Ⅰ〜Ⅳ』（有斐閣，1998年）所収の諸論稿などが，その代表例である。

■「法―外国法―現在」型　これは，外国における現在の法状況を扱う論文である。これも「紹介」に徹すれば，外国法の動向についての紹介論文になる。明治期や大正期の論文には，このタイプの論文が非常に多かった（外国法と日本法を自覚的に区別していないのではないかと疑われるものも少なくなかったが）。とくに当面の問題について，日本の議論が乏しい，ないしは熟していないというときには，こうした論文は知識のストックを増やし，視野を広げるうえで大きな意味をもつ。最近でも，製造物責

任法が制定される過程で，この種の論文が文字どおり大量生産されたことは記憶に新しい。

このヴァリエーションとして，外国法の「紹介」に徹するだけでなく，それをもとに日本法についても一定の「主張」を行うタイプのものもある。要するに，先ほどの「法─日本法─現在」型と組み合わされて，「法─日本法＋外国法─現在」型になっているわけである。実際には，このタイプの論文が非常に多い。

■「法─外国法─過去」型　　これは，外国における過去の法状況を歴史的に扱う論文である。外国法の歴史を調べることには，もちろん，それ自体意味がある。しかし，実際には，それ以上のことがめざされている場合が多い。つまり，本来ならば，日本法の過去を遡っていくところなのだけれども，明治期にそれが切れているので，その淵源をさらに外国法に求めるわけである。その意味で，これは「法─日本法─過去」型と組み合わされて，「法─日本法＋外国法＋過去」型になっていることが多い。いわゆる沿革研究論文である。たとえば，池田真朗『債権譲渡の研究〔増補版〕』(弘文堂，1997年) などが，その代表例である。

そのほか，近代法論を前提ないしターゲットとして，その形成過程を扱う場合にも，この「型」がとられることが多い。たとえば，水本浩『借地借家法の基礎理論』(一粒社，1966年)，甲斐道太郎『土地所有権の近代化』(有斐閣，1967年)，戒能通厚『イギリス土地所有権法研究』(岩波書店，1980年)，原田純孝『近代土地賃貸借法の研究』(東京大学出版会，1980年) などが，その代表例としてあげられる。

■「法─日本法＋外国法─過去＋現在」型　　これは，日本と外国における，過去および現在の法状況を扱う論文である。本格総合論文──別名「大河論文」──といっていいだろう。これは，いわゆる助手論文に典型的に見られる「型」である。たとえば，瀬川信久『不動産附合法の研究』(有斐閣，1981年)，内田貴『抵当権と利用権』(有斐閣，1983年) から，大村敦志『公序良俗と契約正義』(有斐閣，1995年)，道垣内弘人『買主の倒産における動産売主の保護』(有斐閣，1997年)，山本

敬三「補充的契約解釈(1)〜(5・完)」(法学論叢119巻2号〜120巻3号 (1986年)) などまで, 枚挙にいとまがない。ただ, これらのどれを見ても, それぞれに性格が異なる。これは, そこで行われている「作業」とそれを支える「論法」が, それぞれ異なるためである。したがって, ひとくちに本格総合論文を書くといっても, それだけでは「型」が定まったとはいえない。むしろ, 問題はそこから先である。

4 「型」を決めるファクター・その3——論法

4-1 実質的論拠と形式的論拠

■論法と「型」　　次に, 第三のファクターとして,「論法」を見てみることにしよう。これは, 論文で何らかの結論を主張するとして, その論拠をどこに求めるかという問題である。こうした問題設定からもわかるように, この意味での論法が直接的に問題となるのは, 第一のファクターであげた主張型の論文である。それに対して, 分析型の論文や紹介型の論文では, 対象となる議論においてどのような論法がとられているかを分析し, 紹介することになる。その意味で, 論法の「型」を知っておくことは, 自分の主張を基礎づけるためにはもちろん, 分析や紹介を行うためにも不可欠である。

■実質的論拠と形式的論拠の意味　　論法は, どのようなものが論拠とされるかという観点から, 実質的論拠によるものと形式的論拠によるものに分けられる。もっとも, このように実質と形式を分けると,「ほんとうの」論拠と「うわべの」論拠の区別や,「具体的な利益に関する」論拠と「抽象的な論理に関する」論拠の区別などが, 思い浮かぶかもしれない。しかし, ここでいう実質的論拠と形式的論拠の区別は, そのような意味ではない。要するに, 内容にかかわるかどうかの区別である。つまり,「内容にかかわる」論拠がここでいう実質的論拠であり,「内容にかかわらない」論拠がここでいう形式的論拠である。

■ 動機錯誤を例として　といっても，少しわかりにくいかもしれない。たとえば，動機錯誤を顧慮すべきかどうかという問題に即していうと，こうである。

　まず，実質的論拠としてすぐに思い浮かぶのは，表意者の意思の尊重と相手方の信頼の保護ないしは取引の安全である。問題となる契約が表意者にとって非常に大きな不利益を課すものである場合には，その意思の尊重と同時に，財産その他の利益の保護も考慮される可能性がある。契約内容の不均衡という意味で，これは契約正義の一種としてとりあげられることもある。そのほか，相手方が錯誤の惹起に関与した場合には，それに対する帰責を基礎づける諸原理も問題となりうる。これらにおいてはいずれも，どういう内容の論拠かが決定的な意味をもつ。それが，ここでいう実質的論拠である。

　それに対して，形式的論拠とは，たとえば「民法の立法者は，動機錯誤を顧慮しないという決定を行った」というときに考えられているものである。その結果，動機錯誤を顧慮すべきではないという主張をするならば，その論拠は，「立法者の決定は，尊重されなければならない」というところに求められる。これは，立法者が実際にどのような決定を行ったのかという内容を問題としない。ただ，それが立法者の決定であるという形式のみを問題とする。こうした内容とは別の権威を持ち出して正当化するのが，形式的論拠に基づく論法である。

■ 形式的論拠の意義　このうち，形式的論拠に基づく論法が魅力的なのは，実質的論拠だけではどちらともいえる場合に，決め手を提供できるからである。もちろん，形式的論拠に基づいて導かれた結論が，実質的な論拠をめぐる議論によってくつがえされることは十分ありうる。しかし，ともかく形式的論拠によれば，一応の結論を導けるのは，迷える者にとってやはり心強い。では，そういう形式的論拠に基づく論法として，どのようなものがあるか。それをまず見ておこう。

4-2　実定法に基づく論法

まず最初に考えられるのが，実定法に依拠した形式的論拠に基づく論法であ

■制定法による論法　　第一は、制定法に従った解釈をすべきだという論拠によるものである。これを「制定法による論法」とよんでおこう。ただ、これは、制定法の意味自体に争いがあるときには、それだけでは決め手にならない。この論法が威力を発揮するのは、制定法の意味自体がはっきりしているときである。もっとも、そういう場合は、通常、ことさらこの論法に従った論文を書く意味はないだろう。もちろん、たとえば通説が制定法から離れた解釈をしているときに——たとえば民法416条について損害賠償の範囲は相当因果関係によって決まるとされている場合など——、この論法によって「批判」することは考えられる。しかし、それだけでは、論文にはならない。少なくともほかの論拠によって補強する必要がある。

■判例による論法　　第二は、判例に従った解釈をすべきだという論拠によるものである。これを「判例による論法」とよんでおこう。ここではもちろん、何が「判例」か、どのように「判例」を確定するかが問題となる。しかし、この点については、補論において判例研究の方法をとりあげるときに扱うことにしよう。

4-3　歴史に基づく論法

■歴史に基づく論法　　形式的論拠に基づく論法の2番目として考えられるのは、歴史に基づくものである。そうしたものとして、たとえば次のようなものをあげることができる。

(1) **立法過程による論法**

　第一は、立法過程から明らかになる意味に従って解釈すべきだという論拠によるものである。これを「立法過程による論法」とよんでおこう。これはさらに、立法過程のどこに着目するかで次のように分かれる。

■立法者意思による論法　　まず考えられるのは、立法者意思に従った解釈をすべきだというものである。これを「立法者

意思による論法」とよんでおこう。この立法者意思は，直接的には，対象となる法律の立案・制定過程の議事録，その他の立法資料をとおして確定する必要がある。しかし，それだけでは十分といえないことも少なくない。そうした立法資料の意味を理解するためには，さらにそこで参考にされた他の資料や，前提とされた制定当時の社会情勢を調べる必要もある。

■ **起草者意思による論法** 　この立法者意思による論法と密接に関連するものとして，「起草者意思による論法」がある。これは，その法律を起草した者が意図していた意味に従って解釈するというものである。民法典の場合，政府委員として起草にあたった穂積陳重，富井政章，梅謙次郎が，この意味での起草者意思の探究対象として大きな意味をもつ。この起草者意思を確定するにあたっては，先ほどの立法資料だけでなく，そのほかの著書・論文なども重要な参考資料としてとりあげられることになる。

■ **旧民法による論法** 　このほか，民法については，さらにその前身にあたる旧民法に従った解釈を行う場合もある。これを「旧民法による論法」とよんでおこう。これは，現行民法典がほぼそのまま旧民法の規定を引き継いでいる場合だけでなく，表面的な違いを超えて，実質的な価値判断レベルでは一致している場合にもしばしば使われる。

　この論法について注意すべきなのは，さらに強いヴァージョンと弱いヴァージョンがあることである。強いヴァージョンとは，とくに立法者ないし起草者が明示的に否定していないかぎり，現行民法典の規定は旧民法を引き継いでいるとみるものである。それに対して，弱いヴァージョンとは，現行民法典の規定が旧民法を引き継いでいるということは，積極的に基礎づけられなければならないとみるものである。このうち，とくに前者の強いヴァージョンをとろうとするならば，それだけ強い推定ができる理由について，少なくとも何らかの説明が必要になるだろう。

■ **ボワソナードによる論法** 　この旧民法による論法には，さらに「ボワソナードによる論法」が伴っていることが多い。これは，ボワソナードが意図したところに従って旧民法，ひいては現行民法

典を解釈すべきだというものである。これによると，ボワソナードがどういう考え方に基づいて旧民法を起草したかが問われることになる。そのためには，もちろん，Projet de Code civil pour l'Empire du Japon, accompagné d'un commentaire などのほか，ボワソナード自身の著作などが重要な参考資料となる。また，ボワソナードが影響を受けたと考えられる当時のフランスの議論も，ボワソナードの意図を理解するうえでやはり参考になるといえるだろう。

(2) 発展方向による論法

第二は，歴史の発展方向に従って解釈すべきであるという論拠によるものである。これを「発展方向による論法」とよんでおこう。これは要するに，「これまではこう発展してきた。だから今後はこうなるはずだ」という論法である。ここでは，次の二つの点が問題となる。

■ 歴史の解釈に基づく仮説形成

まず，この論法によると，「これまではこう発展してきた」ということを摘示し，そこから発展方向を読みとる必要がある。これはまさに，歴史の解釈に基づく仮説形成にほかならない。これをいかに説得的に行うかが，第一の問題である。たとえば，契約について，「身分から契約へ」，さらには「契約から関係へ」とか，「契約自由から契約正義へ」という場合にも，それを実証的に正当化できることが大前提である。そうでなければ，それは発展方向という名を借りた「かくあるべし」という規範的主張と変わりはないことになる。

ただ，この点について，ある種の発展方向がいわば法則として措定される場合もある。たとえば，マルクス主義を基礎とした近代法論の立場などが，その代表例である。これは一つの確固たる歴史観とでもいうべきものに裏打ちされているため，非常に強力である。しかし，逆にいうと，その歴史観が共有されなければ，それは法則でも何でもなく，単なる規範的主張と変わりはない。したがって，この場合は，その歴史観そのものの正当化の成否が決定的なポイントとなる。

■予測から規範的提言へ　次に，たとえそうした発展方向を示しえたとしても，「だから今後はこうなるはずだ」という提言がどうしてできるのかが問題になる。それが単なる仮説にすぎないとすると，今後はこうなるという部分は，あくまでも予測にすぎないはずである。そこから規範的な提言（「今後はこうな・る・べきだ」）を正当化できるかどうかは大問題である。もちろん，それが法則といえれば，この点はまだましである。法則は必ず成就するものである以上，現状がそれに「追いついていない」のなら，それに「追いつく」方向で解釈を行うべきだといいやすいからである。しかし，その場合でも，なぜ「いま」追いつかなければならないのかという理由を示す必要がある。このあたりが，発展による論法を採用する場合に注意すべき核心的なポイントである。

　これらの問題については，森田修「私法学における歴史認識と規範認識(1)(2・完)」社会科学研究47巻4号，6号（1995〜96年）を参照のうえ，さらに考えてみてほしい。

4-4　外国法に基づく論法

　形式的論拠に基づく論法の三番目として考えられるのは，外国法に依拠した論法である。その例として，次のような論法をあげることができる。

■模範による論法　第一は，特定の外国法を模範として解釈すべきだという論拠によるものである。これを「模範による論法」とよんでおこう。

　かつてはこの種の論法が非常によく使われた。学説継受期のドイツ法がそうである。もちろん，単純にドイツ法がすぐれているから模範にするというものも少なくなかったが，たとえば歴史の発展法則の一つの表れとしてドイツ法を模範にするという——先ほどの発展方向による論法と重なった——ものもあった。

　ただ，現在は，こうした「模範による論法」を積極的な「提言」のために使うことはできないというのが，ほぼ一致した了解事項である。歴史も文化も社会も違う以上，特定の国を直ちによるべき模範とみることは難しい。そ

のため，この「模範による論法」は，むしろ克服の対象とされている。つまり，既存の学説がこの論法に陥っていることを指摘し，「批判」を行うときに，この論法がいわば消極的な形で使われることになるわけである。

■ 母法による論法　　第二は，日本法の母法に従った解釈をすべきだという論拠によるものである。これを「母法による論法」とよんでおこう。

この論法によると，何が日本法の「母法」といえるかが決定的な問題となる。これは，民法典をながめているだけでわかる場合もあるが，そうでないことが非常に多い。しかも，表面的には似ていても，その基礎にある考え方がまったく違うこともないではない。したがって，ここではさらに，日本法の立法過程・起草過程に遡る必要がある。そうして母法を見きわめたうえで，母法自体の検討に移るというのが，典型的な「型」である。

そうすると，これは単なる外国法による論法ではなく，先ほどの立法過程による論法と組み合わされたものだということができる。したがって，ここでいう母法も，それに該当する外国法を全体として指すのではなく，厳密にいえば，日本法がそれを継受した時点までを指すことになる。つまり，その国におけるその後の発展は，「母法による論法」そのものによってはカバーされない。「母法にあたる国では，その後このように議論が展開されているので，日本でもそれと同じように考えるべきだ」とは，ただちにいえないわけである。この点はしばしば誤解があるようなので，とくに注意する必要がある。

■ 比較による論法　　第三は，比較法の趨勢に従った解釈をすべきだという論拠によるものである。これを「比較による論法」とよんでおこう。

この比較による論法では，しばしば，概念構成レベルでの違いを捨象して，同様の事態に対する価値判断レベルでの異同を比較すべきだといわれる。いわゆる機能的比較法である。たとえば，損害賠償について被害者の素因を斟酌すべきかどうかという問題に関しては，それを概念構成上どう位置づけるかは別として，そうした素因を斟酌しないという傾向が多くの国で認められ

る（くわしくは窪田充見『過失相殺の法理』（有斐閣，1994年）参照）。だとするならば，日本でも同じような方向で考えるべきではないかというのが，その一つの例である。

　もっとも，比較による論法でも，もう少し概念構成に近いレベルでの比較が行われる場合もある。たとえば，瑕疵担保を契約不履行の一種として考えるべきかどうかという問題が，その一つの例である。ここでは，従来の特定物のドグマを前提とした法定責任説が，比較法的に孤立したものであることを指摘し，むしろ世界の趨勢に従い，それを契約不履行としてとらえ直すべきだと考えられることになる（たとえば，五十嵐清「瑕疵担保と比較法」同『比較民法学の諸問題』（一粒社，1976年）〔初出，民商法雑誌41巻3-6号（1959-60年）〕参照）。

■ **比較法の趨勢**　こうした比較による論法では，単に多くの国において同じ傾向が見られるというだけでは十分ではない。同じ法系に属する国ばかりあげていては，それが「趨勢」としての普遍性をもつとはいえないだろう。したがって，法系の違いを超えて，さまざまな国で共通した傾向があることを示す必要がある。またその際，その問題に関する国際的な動向も重要な手がかりとなる。たとえば，国際条約（たとえば，国際動産売買統一法（ULIS）や国際動産売買契約に関する国際連合条約（CISG）など）やEUの指令，その他私法統一国際協会（UNIDROIT）の活動（たとえば，1994年の国際商事契約原則）やEU内での統一に向けた活動（たとえば，ヨーロッパ契約法委員会によるヨーロッパ契約法原則），さらにはそれらを参考にして行われている各国の立法動向（たとえば，オランダ民法の改正やドイツの債務法改正作業）などが，その一例である（たとえば，潮見佳男「最近のヨーロッパにおける契約責任・履行障害法の展開」同『契約責任の体系』（有斐閣，2000年）〔初出，阪大法学47巻2号，3号（1997年）〕を参照）。

4-5　実態に基づく論法

　最後に，形式的論拠に基づく論法の四番目として考えられるのは，実態に関する形式的論拠に基づくものである。これは，なぜ実態に従った解釈が行

第2章 「型」——論文のスタイル

われなければならないのかという理由に応じて，次の二つに分かれる。

■ **生ける法による論法**　第一に考えられるのは，それが規範だからという理由である。つまり，そこでいう実態とは，単なる事実ではなく，規範としての実態であり，「生ける法」にほかならない。その意味で，これを「生ける法による論法」とよんでおこう。

　この論法による場合は，実態のなかから生ける法にあたるものを抽出する必要がある。それは，団体の規則などのように，明示化されたものが存在する場合には，比較的容易である。しかし，その場合でも，書かれたものが本当に生ける法といえるかどうかは問題であるし，そもそもそうしたものがなければ，その手がかりをどこに求めるかが大きな問題となる。この点については，少なくとも法社会学の手法を参考にする必要があるだろう。

■ **現状追認による論法**　第二に考えられるのは，それに従った解釈をしておけば，現実にうまくいくという理由である。これによると，その実態が生ける法かどうかは別に問題にならない。要するに，現実にそういう処理が行われているのだから，それに従っておけばよい。静かなものは動かすなというわけである。これをさしあたり「現状追認による論法」とよんでおこう。

　この論法による場合でも，やはり，現状がどうなっているかを整合的に説明する必要がある。その説明が矛盾だらけでは，どうしてそのままで問題が生じないのかが問われざるをえなくなるからである。その意味で，これは単に事実の追認にとどまらず，現状を正当化する理論モデルの形成へとつながっていく場合が多いといえるだろう。

4−6　形式的論拠による論法の問題点

■ **論法自体の正当化と前提条件の充足**　以上が，形式的論拠に基づく論法である。繰り返しいうと，これは，内容そのものとは別の権威的な論拠に基づいて提言を正当化するものである。こうした形式的論拠は，たしかにそれに依拠できるのなら心強い味方になる。しかし，実は多くの場合，なぜそれが形式的論拠になりうるのかについて争

いがある。たとえば，すでに立法者意思による論法がそうだし，起草者意思による論法，旧民法による論法，ボワソナードによる論法に至っては，その正当化はとうてい一言ではすまない。母法による論法，比較による論法も，よく考えてみれば，どうしてそういえるのかは大きな問題である。しかも，仮にそれらに形式的論拠としての資格が認められても，上述したように，それぞれの論法を実際に使うには，さまざまな前提条件を満たす必要がある。それが満たされないと，こうした論拠によることはできない。このように，形式的論拠による論法を使うには，それなりの手順をふむ必要があることを忘れないようにしてほしい。

4－7　示唆獲得型論文について

■ **示唆獲得型論文とは**　以上は，実定法や歴史，外国法，実態を，形式的論拠として使う場合の話である。しかし，実際の論文では，これらを厳密な意味での形式的論拠，すなわち「権威」としては使っていないものも多い。つまり，そこで実際の決め手とされているのは，あくまでも実質的な論拠である。実定法や歴史，外国法，実態をとりあげるのは，そうした実質的な論拠を見つけるうえで「示唆」を得るためにすぎない。こういうタイプの論文を，さしあたり「示唆獲得型論文」とよんでおこう。

　この型の論文は，大きく分けると，二つの部分からなる。第一の部分は，示唆を得るもとになる素材を紹介し，分析する部分である。そして第二の部分は，その素材から示唆を獲得し，それを当面の——多くの場合，現在の日本における——問題に応用する部分である。前者を「示唆獲得源の検討部分」，後者を「示唆獲得・応用部分」とよんでおこう。

(1)　示唆獲得源の検討部分

■ **素材の正確な紹介と客観的な分析**　このうち，前半の示唆獲得源の検討部分については，少なくとも「論法」という観点からは特別な問題はない。ここでは，素材を正確に紹介し，客観的

に分析することが何よりも重要になる。

■注意すべきポイント　もちろん、この紹介と分析は、あとでそこから示唆を獲得するために行うものなのだから、その観点から取捨選択したり、理解し直したりする必要がある。しかし、そこで、紹介が不正確だという印象を与えたり、分析が恣意的だという疑いをもたれたりすると、あとでどんなにすばらしい示唆を得たといっても、信じてもらえなくなってしまう。

　たとえば、判例を素材とするなら、まずは事案と判旨を正確に理解する必要がある。それとかけ離れた一般論を読み込んだり、勝手に判例の傾向なるものをでっちあげたりするのは論外である。

　また、外国法を素材とするなら、外国語をきちんと読んで、かの国で説かれていることを正確に伝えなければならない。いわれてもいないことを紹介したり、自説や日本法の観点にむりやり押し込めて理解したりすることは許されない。

　あるいは、歴史を素材とするなら、データの捏造は論外だとしても、自分にとって都合のよいものばかりとりあげて都合の悪いものは排除するという誘惑に打ち勝たなければならない。肝心の部分を推測だけで塗り固めたりてごまかすことも、けっして許されない。

　これらはいわば当然のことばかりであるが、それだけに十分肝に銘じてほしい。

(2) 示唆獲得・応用部分

■示唆型と応用型　次に、後半の示唆獲得・応用部分では、そうした素材の紹介・分析を前提として、そこから示唆を獲得し、それを当面の問題に応用することになる。もっとも、実際の論文を見ると、すべてがこうなっているわけではない。むしろ、後者の応用をとくに論じないで、示唆の獲得だけで終わっているものも少なくない。つまり、以上の紹介・分析によると、こういう示唆が得られるというところで終わるわけである。これをさしあたり「示唆型」とよび、そこからさらに応用にまで立ち入

るものを「応用型」とよんでおこう。

■ 示唆型　このうち、示唆型の典型は、外国法を素材とするものである。たとえば、公序良俗などの問題について、フランスではどのような議論が行われているかを紹介する。そこでは、公序の内容について、政治的公序と経済的公序が区別され、後者はさらに指導的公序と保護的公序に区別されている。このうち、政治的公序と指導的公序は、全体の利益に関する公序である点で共通するのに対して、保護的公序は弱者である個人の利益に関する公序である点で異なる。そして、この違いは、それに違反した場合の効果の違いにも表れている。具体的には、前者では絶対無効・全部無効が原則であるのに対して、後者では相対無効・一部無効が認められやすい。こういう状況を紹介したうえで、「これは、日本において公序良俗の類型化を考え直すうえで、一定の示唆を与えるものといえよう」と締めくくる。これが、ここでいう示唆型の典型例である。

■ 示唆型と紹介型・分析型との違い　この例からもわかるように、示唆型の論文は、紹介型・分析型の論文と大幅に重なっている。実際また、紹介型・分析型の論文も、なぜその素材を紹介し、分析するかというと、多くの場合、そこから示唆が得られると考えているからである。その意味で、両者の違いは、そこから示唆が得られることをどの程度明確に述べるかの差にすぎないということもできないではない。

しかし、単なる紹介・分析にとどまらず、そこから示唆が得られると明言することには、やはり大きな違いがある。そこから示唆が得られるというかぎり、なぜそれが示唆になるのかが問われざるをえなくなるからである。仮にフランスでそうした公序に関する議論が行われているとしても、なぜそれが日本において公序良俗の類型化を考え直すうえで示唆を与えるのか。はたして日本でも、それを示唆として受けとめるに足るだけの条件が備わっているのか。示唆型の論文といっても、最低限、こうした問いに答える必要があることに注意してほしい。

■ 応用型　もっとも、そうはいっても、示唆型の場合は、あくまでもその素材から示唆が得られるというだけである。示唆は示唆であっ

て，日本でも同じように考えるべきだというところまでは出てこない。そこまで主張するためには，それなりの理由づけが必要になってくる。また，まったく同じように考えるのではなくて，日本の状況に照らせば，こう変容させて考えるべきだというのなら，なおさらその理由が要求されることになる。このように，単に示唆を得るだけではなくて，それを応用する場合には，その理由を明示する必要がある。それができるかどうかが，応用型の論文のいわば生命線にあたる。

■ 素材は実質的論拠の発想源にすぎない

その際に重要なのは，先ほども触れたように，そこでいう理由はあくまでも実質的論拠によって示さなければならないということである。示唆獲得型である以上，素材は単に示唆を得るための源にすぎない。中心は，日本でいまどういう理由からどのような主張をするかであって，それを思いつくための発想源として素材が使われているだけである。

ところが実際には，この点が非常にあいまいな形になっている論文が少なくない。たとえば，外国法や歴史を素材とする場合，それを形式的論拠として利用するのなら，なぜそれが形式的論拠として認められるかをきちんと示す必要がある。そして，さらにそれぞれの論拠の使用条件を満たしていることを明示しなければならない。ところが，その点はあいまいにしたまま，何となく外国法や歴史が「権威」であるかのように扱って，そこから得た「示唆」をそのまま結論としてしまうわけである。しかし，それでは結局のところ，なぜその結論がいま日本で妥当するのか，まったく理由づけられていないことになる。論文としては，理由不備により破棄差戻しといわざるをえないだろう。

■ 素材と示唆・応用の接合

それでは，日本でいま，どういう理由から，どのような主張をするかが明示されていればいいかというと，そうではない。それだけならば，何も外国法や歴史を見る必要もない。示唆獲得型，なかでもその応用型といえるためには，あくまでもそうした素材から示唆を得て，それを応用したというロジックが必要になる。応用型の論文にとって，ここがいちばん頭を悩ませるポイントであり，

また腕の見せどころである。

5　第一論文の基本型とチェックポイント

5-1 「型」と内容の相性

■ パーツの組合せ

　以上が，論文の「型」を決めるためのファクターである。もちろん，これらそれぞれは，いわば論文を組み立てるためのパーツであって，あとはそれらをどう組み合わせて論文をつくるかということになる。もっとも，ここで「あとは皆さんの問題ですよ」と突き放されてしまうと，途方に暮れる人も少なくないだろう。本書が直接の対象としているのは，これから研究を始めようとする人である。コンピュータでいえば，本体を買って，ディスプレーやプリンタをつなぎ，基本的なソフトウエアをインストールして，これから使いだそうという人である。マザーボードを自分で選んで，CPUを換装したり，BIOSをヴァージョン・アップできるような人は，もともと相手にしていないのである。

　パーツは，その存在，機能を一応知っているだけでは，うまく組み合わせることができない。パーツには，お互いに相性というものがある。相性の悪いものを組み込むと，それぞれがバッティングして，最悪の場合，動かなくなってしまう。しかも，それぞれのパーツの設定を誤ると，暴走することすらある。これは論文の場合にも同じである。パーツの組合せ方が，まさに論文の良し悪しに直結するのである。

■ 第一論文の基本型

　初心者にしてみると，すでに必要なパーツが組み込んであって，設定も済んでいる推奨セットがあるとありがたい。コンピュータについては，それが存在する。これに対して，論文についてはそんな便利なものはない。しかし，これから学界にデビューしようとする者が第一論文を書くときに典型的に考えられる基本型をいくつか紹介することはできる。以下では，それらを紹介し，それぞれの基本型のチェックポイントをあげておくことにしよう。

第2章 「型」──論文のスタイル

5-2　第一論文の基本型

■ 素材の限定　　まず，第一論文という限定を加えると，これまで何度も述べてきたとおり，素材の面から絞りがかかってくる。つまり，第一論文では，少なくとも何らかの形で外国法を素材としてとりあげることが要請される。したがって，先ほど「素材」のところであげた「型」のうち，外国法を含むものが第一論文の基本型をなすことになる。また，これは必然的ではないのだが，多くの第一論文を見るかぎり，社会的現実のみを素材として選ぶものは例外に属する。したがって，ここではさしあたり，法を素材とするものに絞って第一論文の基本型を考えることにしたい。そうすると，素材の面からいえば，第一論文として考えられる「型」は次の五つに限られてくる。

①「法―外国法―現在」型
②「法―外国法―過去（＋現在）」型
③「法―日本法＋外国法―現在」型
④「法―日本法＋外国法―過去」型
⑤「法―日本法＋外国法―過去＋現在」型

■ 外国法の紹介　　このうち，①②は，現在か過去かという違いはあるものの，外国法のみを素材とするものである。これは，日本法から見ると，外国法の紹介という形をとらざるをえない。したがって，この両者をさしあたり，「外国法紹介型」としてひとくくりにしておこう。

■ 外国法と日本法を素材とした分析と主張　　これに対して，③④⑤は，通常，単なる紹介に終わることはない。日本法と外国法の双方を素材とする以上，少なくとも両者を対比して分析することが行われるはずである。また，それ以上に，外国法を素材として，日本法について一定の主張を行うことも考えられる。その意味で，この三つに関しては，それぞれ分析型と主張型がありうることになる。そして，後者の主張型をとる場合には，さらに，形式的論拠を利用する型と示唆獲得型に分かれる。以下では，これを前提として，それぞれの基本型について，もう少しその内容を見ていくことにしよう。

5-3　外国法紹介型の注意点

　まず，外国法紹介型の論文を書く場合には，とくに次の二つの点に注意する必要がある。

■問題意識を明確に　　第一は，問題意識を明確にすることである。たしかに，外国における現在の法状況や過去の法状況を紹介すること自体，知識のストックを増やし，視野を広げるうえで意味があることは間違いない。たとえば，オランダで新しくどのような民法典が制定されたかということや，19世紀のドイツにおいてどのような不動産公示制度がとられていたかということは，紹介されること自体に意味がある。これは，誰でも原書にアクセスできるわけではないことを考えれば，容易にわかるだろう。しかし，第一論文は，これから学界に受け入れてもらうための通行手形としての意味をもつ。つまり，これ1本で終わるのではない。とするならば，そこでは，著者が，少なくともこれからしばらくどういう研究をするかということを示しておく必要がある。たとえこの論文自体は紹介に終わるとしても，それがどういう問題意識のもとに書かれ，将来の研究にどうつながるものかが明らかにされていなければならないのである。

■紹介に徹すること　　第二は，紹介型を選んだ以上，紹介に徹することである。主張型の論文を書いてもいいにもかかわらず，紹介型の論文を書くのは，そうならざるをえない理由があるはずである。つまり，自分なりの主張をしたいと思って調べだしたけれども，少なくともそれを公にできる程度にまでは固まっていない。しかし，諸般の事情から，とりあえず紹介型の論文を書くというのがもっともありそうなパターンである。だとするならば，妙な色気は出さずに，紹介に徹する必要がある。何らかの主張を散りばめたいという気持ちはよくわかる。しかし，しっかりした裏づけができなければ，それは自分はこう思うという信念の吐露にすぎなくなる。問題意識を明確にしたうえでなら，まずは紹介に徹し，将来を期すという選択も十分合理的だというべきだろう。

5-4 「法―日本法＋外国法―現在」型の注意点

■「法―日本法＋外国法―現在」型とは　次は、③の「法―日本法＋外国法―現在」型である。これは要するに、外国における現在の法状況を扱いながら、現在の日本法についても一定の分析なり主張なりを行うものである。

(1) 分　析　型

■分析型とは　まず、分析型として考えられるのは、外国における現在の法状況の検討から一定の分析枠組みやモデルを抽出し、それに従って現在の日本の法状況を分析するというタイプのものである。これは、外国法を参考にして、日本法でも一定の解釈論や立法論を展開する論文とは性格を異にする。あくまでも、外国法を手がかりとして、従来の議論よりも理解の深化をめざすところにこの論文の特徴がある。しかもその際、外国法はこうなっているのに対して、日本法はこうなっているというだけではなく、外国法の検討から一定の分析枠組みやモデルを抽出して、そこから日本法の特徴を分析して見せることが重要である。

■分析型の段階　この型の論文は、そのもとになる素材の広さに応じて、さらにいくつかの段階に分かれる。

いちばん単純なのは、外国のある学説をとりあげ、それを分析枠組みとして、日本法を分析する場合である。たとえば、信義則の機能について、職務的機能、衡平的機能、創造的機能を区別したドイツの学説――ヴィーアッカーの見解――を手がかりにして、日本の判例や学説を分析するといったものがその一例である。

そのほか、一人の論者だけではなく、その問題に関する外国の判例・学説をひととおり調べて、そこから一定の分析枠組みを抽出する場合もある。たとえば、契約責任に関するドイツの議論状況を調べて、そこから主たる給付義務・従たる給付義務・保護義務といった分析枠組みないしモデルを抽出し、それを手がかりとして日本の判例や学説を分析するものなどがこれにあたる。

さらに素材を広げると、複数の外国法をとりあげて、そこから一定の分析

枠組みを抽出する場合も考えられる。たとえば、錯誤法について、大陸法系と英米法系に属する国々の法状況をひととおり調べて、そこでは表意者の主観的事情とならんで、相手方の態様、契約内容といった要素があわせて考慮されているという分析枠組みを抽出し、それを手がかりとして日本の判例や学説を分析するものなどがこれにあたる。

■ **注意すべきポイント**　いずれにしても、このように対象となる素材から分析枠組みやモデルを抽出するにあたっては、素材の紹介や抽出作業自体が不正確であったり恣意的であったりしてはならない。これは、いうまでもないことだろう。問題はむしろ、そこで抽出される分析枠組みがどのようなものであり、それに従って理解することがなぜ日本でも意味があるのかである。具体的には、従来の理解と比べて、自分が提示する分析枠組みに従った理解がどの点で異なるのか。そして、それによって何を明らかにすることができるのか。それを説得的に示すかどうかが、この型の論文の価値を決定的に左右することになる。

(2) 主張型—形式的論拠利用型

次に、主張型については、外国法を形式的論拠として利用するタイプのものと、示唆を獲得する源として利用するタイプのものに分かれる。まず、前者のタイプから見てみよう。

■ **形式的論拠として利用できる論法**　外国法を形式的論拠として利用する場合は、さらにどういう論法をとるかが問題となる。この論法のリストは、すでに提示した（本章 *4* - *4*）。ただ、素材について「法—日本法＋外国法—現在」型という限定を加えると、ここで利用できるのは主として「模範による論法」と「比較による論法」に限られることになるだろう。

■ **模範による論法**　もっとも、先ほども述べたように、少なくとも現在では、前者の「模範による論法」を積極的な提言のために使うことはできないとするのが一般的な理解である。たとえば、「フランスでは、一定の場合に情報提供義務が認められている。だから、日本でも同

じように考えるべきだ」とか，「ドイツでは，事情変更に関して行為基礎論が認められている。だから，日本でも同じように考えるべきだ」といっても，説得力が認められないわけである。したがって，主張をしようにも，以上のような議論しか考えられない場合は，次の示唆獲得型に切り替えて，それに即した理由づけをする必要がある。

■比較による論法　　これに対して，後者の「比較による論法」は，現在でも十分可能である。たとえば，動機の錯誤については，契約を行う間接的な理由や目的に関する錯誤は原則として顧慮されず，それに関するリスク分配が契約にとり込まれた場合に限って顧慮されるという考え方が各国に共通してうかがわれる。そこで，日本でもこれと同じように考えるべきだと主張するのが，その一例である。

　この場合は，いうまでもなく，比較法を形式的論拠として認めるという立場をとることが前提となる。しかし，この点については，疑義もある以上，一定の立場表明が必要とならざるをえない。また，そのうえで，比較法自体が，不正確であったり，恣意的であったりしてはならないことも，当然である。とくにこの点は，機能的比較法を行う場合には注意する必要がある。これは，機能的比較法が法律構成の違いを超えて，実質的なレベルでの異同を問題にするところに由来する。構成の背後にある実質をとりだす際には，かなり大きな評価の余地が残らざるをえない。そもそも，その実質的なレベルでの異同をどういう言葉で語るかということ自体，実は大問題でもある。この点を意識しながら慎重に分析を行うことが，この論法を採用する場合には必要である。

(3) 主張型―示唆獲得型

■示唆獲得型であることを意識する必要　　これに対して，同じ主張型でも示唆獲得型の場合は，まずは自分が書こうとしている論文が示唆獲得型であることを明確に意識する必要がある。つまり，同じように外国法をとりあげていても，それはあくまでも示唆を得るための源にすぎず，いま述べた形式的論拠として利用しているわけ

ではない。これが示唆獲得型のポイントなのだが，実際にはこの点が非常にあいまいな形になっている論文が少なくない。すでに述べたように，外国法を形式的論拠として利用するときには，なぜそれが形式的論拠として認められるかを示す必要がある。また，それぞれの論拠の使用条件を満たしていることも示さなければならない。本章 *4 - 6* で説明したところを振り返ってほしい。

■ 注意すべきポイント

では，実際に示唆獲得型の論文を書くにはどうすればいいのだろうか。先ほど述べたところと重なるが，もう一度具体例に即してチェックポイントを確認しておこう。

■ 示唆型の場合

まず，とりあえず外国法を紹介・分析したうえで，示唆のみを得る場合，つまり示唆型の論文の場合は，少なくともなぜそれが日本でも示唆になりうるかを示さなければならない。たとえば，フランスの公序論が日本において公序良俗の類型化を考え直すうえで示唆を与えると主張するのであれば，なぜそういえるのかという問いに最低限答える必要がある。

もっとも，現実には，こうした問いにきちんと答えないまま，示唆と称するものを最後に羅列するだけの論文が少なくない。たしかに，これは楽な方法である。とにかく外国法をひととおり調べて，適当に目についたポイントを最後に示唆として並べれば，論文ができてしまうからである。しかし，これでは，単に「自分は示唆になると思う」という主張をしただけである。外国法を調べて，そこから示唆が得られるというのなら，それが示唆となる理由を示さなければならない。少なくとも，それを日本でも示唆として受けとめるだけの条件がそなわっていることを示す必要がある。

公序良俗の例でいうと，従来の判例や学説でも，公益的なもののほかに，個人の利益にかかわるものが考慮されていること。最近ではとくにその傾向が強まっていること。既存の枠組みではそうした傾向を適切にとらえることができないこと。効果についても，無効というのは一定の目的を達成するための手段にすぎないことが承認されていること。だとすると，どういう目的から公序良俗違反とするかによって効果も違ってくると解する余地があるこ

と。錯誤などでも，表意者を保護するという目的に照らして相対無効を認めるのが一般化していること。したがって公序良俗についても考え直す余地があること。少なくともこの程度のことが示されていてはじめて，フランスの公序論が日本でも一つの手がかりになるかもしれないといえるだろう。要するに，示唆型の論文にも作法はある。そのことをしっかりとおさえておいてほしい。

■ **応用型の場合** 次に，さらに進んで応用型になると，単にそれが日本法にも示唆を与えるというだけでは足りない。その示唆を手がかりとして，日本法でも一定の主張を行うことが必要になる。この場合，示唆はあくまでも示唆にとどまる以上，最終的には，その主張を日本法に即した実質的な論拠によって理由づけなければならない。ただ，示唆型と銘打つかぎり，そうした主張とそれを支える実質的な論拠は，外国法の示唆を受けて形成されたものであり，あるいはその応用によるものであることを示す必要がある。

たとえば，外国法を調べてみると，一定の場合には事業者に情報提供義務が認められていることがわかったとしよう。この場合は，まず，外国法から得られた示唆をさらに分析して，その示唆が妥当する前提条件を抽出する。つまり，その外国法で，事業者に情報提供義務が認められている前提には，どのような条件があるのかということを分析する。そのうえで，いまの日本法でも，この前提条件が満たされているかどうかを問題とする。それが本質的な点において満たされていることが実証できれば，この外国法からの示唆がほぼそのまま妥当する。つまり，日本でも，その外国法と同じ場合に，事業者に情報提供義務が認められると考えてよい。これに対して，前提条件が十分に満たされていないことが実証されると，少なくともその示唆をそのまま妥当させるわけにはいかなくなる。この場合は，いまの日本の前提条件のもとで，その外国法からの示唆をどうモディファイ（変容）すべきかが問題となる。多くの場合，ここが腕の見せどころとなる。しかし，それはもう「型」の問題を超えたところにあることがらである。

5-5 「法―日本法＋外国法―過去」型の注意点

■「法―日本法＋外国法―過去」型とは　それでは次に，④の「法―日本法＋外国法―過去」型に移ろう。これは要するに，外国法を手がかりとして日本法の沿革を探究し，一定の分析なり主張なりを行うものである。

(1) 分 析 型

■分析型とは　まず，分析型としてすぐに思いつくのは，日本法に対する外国法の影響を歴史的に検証するタイプの論文である。これは，実際には，あとで述べる主張型の前提として行われることが多い。しかし，明確な問題意識をもって行えば，これだけでも十分独立した研究論文になるといってよいだろう。

　このタイプの論文は，日本法のどこに照準をあてるかによって，さらにいくつかの種類に分かれる。

■影響探究型　まず考えられるのは，立法過程に照準をあてて，そこに外国法がどのような影響を及ぼしたかということを探究するタイプのものである。これをさしあたり「影響探究型」とよんでおこう。いわゆる母法の探究も，この延長線上にある。そこでは，立法過程そのものの綿密な調査が必要であることはいうまでもないが，さらにその当時の外国法の状況もあわせて調べる必要がある。その当時の外国法の状況がわかってはじめて，そのどこがどう受容されたかも判断できるようになるからである。

■学説史に照準をあてた影響探究　このほか，学説史に照準をあてて，そこで主要な学説がいつどのような時代の外国法によって影響を受けているかということを探究するタイプの論文も考えられる。たとえば，学説継受期をとりあげて，その時期において，ある規定や制度が学説によってどのような変容を受けたかということを確定する論文などが，その代表例である。ここでも，そうした日本の学説の主張内容ならびに相互関係を検討する必要があることはもちろんである。さらに，そこで参考とされた，その当時の外国法の状況を幅広く調べることも，当然の

前提となる。たとえば，損害賠償に関する相当因果関係説がドイツ法を参考にして形成されたということを確定しただけでは，あまり意味はない。ドイツの損害賠償法において，相当因果関係説がどのような意味をもっていたか。その意味に照らして，相当因果関係の内容がどのように考えられていたか。そうしたドイツ法そのものの正確な理解があってはじめて，日本の相当因果関係説の性格も的確に判断できるようになるのである。

■ 人に照準をあてた影響探究　同じような作業は，こうした具体的な問題についてだけでなく，人について行うことも可能である。たとえば，起草者である梅謙次郎はフランス法をどのように理解していたか。富井政章の考え方に，フランス法とドイツ法がどういう形で影響しているか。末弘厳太郎において，アメリカ留学の前後でドイツ法から受けた影響にどのような変化が見られるか。我妻栄はナチス法学をどう理解し，そこからどのような影響を受けたか。その気になって探せば，このようなテーマはいくらでも見つかるだろう。もちろん，この種の研究は，いわゆる民法解釈学そのものの論文からは少し離れるかもしれない。しかし，学界の共有財産となるものであることに変わりはない。こうしたタイプの研究も，もう少し開拓されてよいだろう。

■ モデル構成型　以上は，日本法に対する外国法の影響に照準をあてたものである。このほか，同じ分析型でも，これとは少し違ったタイプのものもある。それは，同じテーマに関する外国法の歴史と日本法の歴史とを対比することを通じて，両者を説明できるモデルを構成するというタイプの研究である。そうしたモデルに照らしてみることによって日本法をよりよく理解できるという意味で，これもまた日本法の理解を深めることに役立つ。これをさしあたり「モデル構成型」とよんでおこう。

■ 物権変動論を例として　こうしたタイプの代表例として，物権変動論に関する星野英一教授の一連の研究をあげることができる（「フランスにおける不動産物権公示制度の沿革の概観」同『民法論集第2巻』1頁以下（有斐閣，1970年）〔初出，江川英文編『フランス民法典の150年（上）』（有斐閣，1957年）〕，「フランスにおける1955年以降の不動産物権公示制度の

改正」同『民法論集第 2 巻』107 頁以下（有斐閣，1970 年）〔初出，法学協会雑誌 76 巻 1 号（1959 年）〕，「日本民法の不動産物権変動制度」同『民法論集第 6 巻』87 頁以下（有斐閣，1986 年）〔初出，国民と司法書士（臨時増刊号）（1980 年）〕，「物権変動論における『対抗』問題と『公信』問題」同『民法論集第 6 巻』123 頁以下（有斐閣，1986 年）〔初出，法学教室 38 号（1983 年）〕）。それによると，フランスも日本も，意思主義―対抗要件主義を採用しているけれども，その歴史的な経緯は異なる。つまり，フランスでは，1804 年のフランス民法典において意思主義が採用されたあとに，1855 年法によって対抗要件主義が付加された。それに対して，日本では，1898 年の民法典によって両者が同時に採用されている。こうした違いの結果，同じく意思主義―対抗要件主義といっても，両者の結合の仕方に違いが見られる。つまり，フランスでは，意思主義が原則であり，対抗要件主義が例外であるのに対して，日本では両主義のウェイトが同じである。二重譲渡において双方未登記の場合，フランスでは第一譲受人が優先するとされるのに対して，日本では双方とも相手方に優先しないとされるのも，そのためである。このように，意思主義―対抗要件主義の結合に関するモデルに照らしてみれば，フランス法も日本法もよりよく説明できるようになるというわけである。

■ **共有法を例として**　このほか，共有法に関する山田誠一教授の研究も，このタイプに近い（「共有者間の法律関係(1)～(4・完)」法学協会雑誌 101 巻 12 号～102 巻 7 号（1984～85 年））。それによると，母法であるフランス法で共有法がどのように形成され，その後どう展開したかを背景として見れば，日本民法典の共有規定には，フランス法に由来する基層部分とそれ以外に由来する第二層部分が含まれていることがわかる。この両者は，さらに分析すると，それぞれ異なる共有類型，つまり分割による換価を主とする分割型と持分処分による換価を主とする持分処分型に対応している。こうしたモデルに照らしてみれば，日本法を――そしてまたフランス法も――よりよく理解できるようになるのではないか。それが，山田論文の核心的主張の一つである。

第2章 「型」——論文のスタイル

(2) 主張型—形式的論拠利用型

次に，主張型については，ここでも日本法の沿革や外国法の歴史を形式的論拠として利用するタイプと，示唆を獲得する源として利用するタイプに分かれる。まず，前者のタイプから見てみよう。

■ 形式的論拠として利用できる論法

日本法の沿革や外国法の歴史を形式的論拠として利用する場合は，さらにどのような論法をとるかが問題となる。もっとも，外国法という限定と過去という限定を加えると，ここで利用できるのは，前に述べた「母法による論法」と「発展方向による論法」に限られる。

■ 母法による論法

まず，「母法による論法」をとる場合には，①立法過程の検討を通じて日本法の母法を探究し，②その母法の内容を調べたうえで，③それに従った解釈をすべきだと主張することになる。このうち，①，②は，先ほど述べた分析型のなかの影響探究型と大幅に重なる。したがって，母法による論法の特徴は，それに加えてさらに③の主張を行うところにある。

この「母法による論法」をとる代表例は，債権譲渡に関する池田真朗教授の研究である（前掲・『債権譲渡の研究〔増補版〕』）。それによれば，まず，債権譲渡に関する民法467条の沿革を検討すると，それは旧民法よりも，むしろボワソナード草案を継受しようとしたものであることがわかる。そこで，このボワソナード草案，さらにその母法であるフランス民法に照らしてみると，467条の1項と2項の関係についても，むしろ2項が対抗要件主義の原則を定め，1項はそれを対債務者の関係に限って緩和したものとして解釈すべきだと考えるわけである。池田教授の場合，とくにボワソナードが要になっているところに特徴があるが，母法による論法を意識的に採用している点でも，このタイプの論文の代表例だということができる。

■ 実際には影響探究型・示唆獲得型が多い

このほか，とくにフランス法を素材として，「母法による論法」をとるように見える論文は，かなり存在する。しかし，子細に見ると，それらの多くは，母法を扱っていても，「母法による論法」をそのままとってい

るわけではない。実際には，先ほどの影響探究型にとどめていたり，次の示唆獲得型になっているものが多い。これはおそらく，なぜ日本法をいま現在において解釈するうえで母法に従わなければならないのかという前提問題について，必ずしもコンセンサスが得られていないためだと考えられる。

■ 批判のための消極的利用　　ただ，同じく「母法による論法」でも，積極的に自説を主張するためではなく，既存の見解を批判するために消極的に使うことは，一般に承認されている。とくに学説継受期において，ドイツ法を模範として形成された通説を批判する場合などがそうである。民法典の規定の母法はフランス法やイギリス法であるのに，それをドイツ法に従って解釈するのはおかしい。あるいは，少なくともそのように解釈する必然性はないとして，従来の解釈を相対化するわけである。平井宜雄『損害賠償法の理論』（東京大学出版会，1971年）が，「母法による論法」をこのような形で使いはじめた代表例だといっていいだろう。

■ 発展方向による論法　　次に，「発展方向による論法」をとる場合には，①日本法および／または外国法の歴史の検討を通じて歴史の発展方向に関する仮説を提示し，②それに従った解釈をすべきだと主張することになる。

　この「発展方向による論法」をとる代表例は，契約観念に関する広中俊雄教授の研究である（『契約とその法的保護〔増補版〕』（創文社，1987年），『契約法の研究』（有斐閣，1958年））。そこでは，まず，主としてローマ法を素材として，諾成契約に拘束力が認められる経緯がたどられ，諾成契約の拘束力およびそれに対する法的保護はその有償性を契機として認められるに至ったことが明らかにされる。そのうえで，給付と反対給付以外の諸事情——契約の背後にある人的信頼関係——を捨象した関係こそが，近代法における契約のあり方であるという主張が導かれ，それに即した解釈論が展開されている。

■ 発展方向に基づく積極的提言　　こうした「発展方向による論法」については，仮に①がいえたとしても，そこからなぜ②がいえるかという大問題が控えていることは，すでに触れたとおりである。歴史の発展方向に基づいて積極的な提言をする場合には，こうした

問題があることをつねに意識しておく必要がある。ただ，だからといって，歴史の発展方向を問題とすることを最初から敬遠してしまうのでは，過剰反応といわざるをえない。われわれが歴史を扱う場合，断片的な事実をいくら積み重ねても，それだけでは歴史を理解することはできない。歴史を理解するには，それらの事実に意味を与え，相互に関連づけるための分析枠組みがどうしても必要になる。歴史の発展方向というものも，実はそうした分析枠組みの一つにほかならない。つまり，これもまた，日本法および外国法をよりよく理解するために提唱されたものの見方なのであって，そこから学ぶ姿勢を忘れてはならないのである。

■ 批判のための消極的利用　　そのほか，この「発展方向による論法」は，②のような積極的な提言を行うためではなく，既存の見解を批判するためにいわば消極的に使われることもある。その代表例が，強制履行に関する森田修教授の研究である（『強制履行の法学的構造』（東京大学出版会，1995年））。それによると，強制履行について従来の通説を支配してきた執行史観——直接強制の拡充こそが進歩であるとする見方——およびそれを前提とした間接強制の補充性論——間接強制は直接強制または代替強制の認められる債務には認められないという考え方——は，一定の歴史認識に立脚して形成されている。つまり，なす債務について債務者が不履行をした場合に損害賠償のみを認めるフランス民法 1142 条は，債務者の人格の尊重というイデオロギーに基づいて立法されたものだが，その後フランスでは，ドイツ法の影響のもとに，アストラント（間接強制）がそれを制約するものとして展開されてきたという歴史認識が，それである。これはまさに，「発展方向による論法」を採用したものにほかならない。しかし，フランス法およびドイツ法の歴史を詳細にたどってみると，こうした歴史認識は必ずしも実証的な裏づけをもつものとはいえない。したがって，従来の通説が歴史の発展方向を論拠とするかぎり，それは理由のないものであり，克服されねばならない。それが，森田教授の核心的な主張である。

(3) 主張型―示唆獲得型

■ 示唆獲得型であることを意識する必要　これに対して，同じ主張型でも示唆獲得型の場合は，やはり自分が示唆獲得型であることを明確に意識する必要がある。つまり，同じように母法や歴史をとりあげていても，それは形式的論拠としてではなく，あくまでも示唆を得るための源としてにすぎない。このことをはっきりと意識し，論文のなかでもその旨がわかるように論じることが，何よりも重要である。その点をあいまいにしていると，「母法による論法」や「発展方向による論法」をとっているとみなされて，その正当性に関する批判が投げかけられたり，その使用条件が満たされていないという指摘を受けたりすることになっても仕方がない。

■ 示唆型と応用型　そのほか，母法や歴史をとりあげる場合でも，そこから単に示唆のみを得る示唆型と，それを手がかりとして一定の主張を行う応用型があることは，先ほどの外国法の場合と同様である（本章 5 - 4(3)）。それぞれについて注意すべき点についても，そこで述べたことが基本的にそのまま妥当する。

■ 示唆型において注意すべきポイント　まず，前者の示唆型については，なぜ母法や歴史の検討から日本法に対して示唆が得られるのかという問いに答える必要がある。これはとくに，必ずしも母法とはいえない外国法の歴史をとりあげる場合にあてはまる。そこでは，少なくともそうした歴史が日本法とどうつながるのかを示さなければ，そこから示唆を得ることも正当化できない。それに対して，母法をとりあげる場合は，そこから示唆を得ることは比較的簡単である。もともと日本法は母法の影響のもとに形成されたことが前提となっているので，日本法には母法からの示唆を受け入れる素地があると考えられるからである。たとえば債権者取消権について，フランス法，さらにはその起源であるローマ法にまで遡ってその生成過程を検討し，そこから一定の示唆を引き出すことが認められるのも，そのためだということができる。

■応用型において注意すべきポイント

もっとも，これはあくまでも，単に示唆を得る段階にとどまる場合の話である。そこから進んでさらに一定の主張を行う場合は，それではすまされない。外国法のところでも述べたように，この場合は，示唆はあくまでも示唆にとどまる以上，最終的には，その主張をいまの日本法に即した実質的な論拠によって理由づける必要がある。ただ，その論拠と主張は，あくまでも母法や歴史の検討を通じて得られた示唆を参考にして形成されなければならない。それが，この型の論文の特徴である。そこでは，外国法から日本法への接続というハードルに加えて，過去から現在への接続というハードルをクリアすることが必要になる。たとえば債権者取消権について，フランス法あるいはローマ法の沿革に従った解釈をいま日本でもとるべきだと主張するのなら，少なくとも当時のフランス法やローマ法でこの解釈を支えていた基本的な前提条件がいまの日本法でも満たされていることを説得的に示す必要があるだろう。

■「モデル構成型」の有用性

そうした基礎づけを行ううえで，分析型のところで触れた「モデル構成型」の手法が使えるならば，非常に効果的である。検討の対象とした母法や歴史と日本法とを対比することによって，両者を説明できるモデルを構成すれば，前提条件の共通性を説得的に示すことができるし，示唆の獲得に理論的な裏づけを与えることが可能になるからである。実は，これは示唆型に限ったことではないのだが，こうしたモデル構成を適切に行っている論文が，学界ではとくに高い評価を受けることは覚えておいていいだろう。

5−6 「法―日本法＋外国法―過去＋現在」型の注意点

■「法―日本法＋外国法―過去＋現在」型とは

それでは最後に，⑤の「法―日本法＋外国法―過去＋現在」型に移ることにしよう。これは要するに，日本法の沿革を遡り，外国法の歴史と現在の状況を手がかりとして，現在の日本法について一定の分析なり主張なりを行うものである。

■ **全体のコンセプトの重要性**　この型の論文は，基本的には先ほどの③と④を組み合わせたものである以上，それぞれの部分についてはすでに述べたことがそのままあてはまる。したがって，ここでは繰り返さない。ただ，それではそうした個々の点に注意すればこの型の論文が書けるかというと，必ずしもそうではない。この型の論文にとって最も重要なのは，全体のコンセプト——いかなる目的で，何を論証しようとして，この論文を書くか——である。もちろん，これはどの論文にとっても必要なものである。しかし，単発型の論文なら，素材が限定されているために，おのずとコンセプトも絞られてくるという面もある。それに対して，この種の総合型の論文では，コンセプトが明確化されていないと，なぜそこまで素材を広げて論文を書かなければならないのかがそもそもわからなくなる。実際また，とにかく全部調べて順番に並べただけという論文も少なくない。論文を書くからには，やはり本格論文を書きたいという気持ちはわかる。しかし，その前に，自分のいいたいことは何であり，そのためにはどこまでの素材を扱えばよいかを冷静に見つめ直すべきだろう。

■ **作業と論法の選択**　全体のコンセプトを決めるうえで問題となるのは，そこでどのような作業を行い，そのためにどのような論法を採用するかである。しかも，この型の論文では，現在に加えて過去，日本法に加えて外国法を同時にとりあげる以上，それにふさわしい作業と論法が選択されなければならない。こうした観点からいうと，少なくとも次の二つをチェックポイントとしてあげることができる。

■ **過去をとりあげる理由**　第一のチェックポイントは，なぜ過去をとりあげるかである。この点については，大きく分けて次の三つの可能性が考えられる。

　第一の可能性は，従来の議論を分析するためである。それによって，従来の議論をよりよく理解し，現在の議論を行うための前提を形成することが，そこで過去をとりあげる理由だと考えるわけである。

　第二の可能性は，従来の議論を批判するためである。それによって，従来の議論の正当性を否定し，現在の議論を新たに行う余地をつくりだすわけで

ある。この場合には，すでに触れたとおり，「母法による論法」や「発展方向による論法」などが消極的に利用されることが多い。

　第三の可能性は，現在の提言を導くためである。この場合は，「母法による論法」や「発展方向による論法」を積極的に利用する可能性のほか，過去の議論から示唆を得るという可能性も考えられる。

■ **過去に加えて現在の外国法をとりあげる理由**　第二のチェックポイントは，なぜ過去に加えて現在の外国法をとりあげるかである。この点についても，大きく分けて次の二つないし三つの可能性が考えられる。

　第一の可能性は，日本法の議論を分析するためである。この場合は，過去だけでなく，現在の外国法までとりあげることによって，日本法の議論をよりよく理解できるといえることが必要となる。

　第二の可能性は，日本法について一定の主張をするためである。この場合は，消極的に批判する場合と，積極的に提言する場合が考えられるが，この点に関するかぎり大きな違いはない。むしろ重要なのは，現在の外国法をそうした主張を基礎づけるために使うか，それとも示唆を獲得する源として使うかである。

　前者の場合は，すでに述べたように，現在では「比較による論法」によることが考えられる。したがって，この場合は，少なくとも異なる法系の外国法をとりあげることが必要になる。

　後者の場合は，とくにそのような必然性はないが，先ほど示唆獲得型について述べたところをおさえる必要があることに変わりはない。ただ，この場合はさらに，過去だけではなく，現在の外国法を見ることによって，日本法に重要な示唆が得られることを積極的に示す必要がある。この点については，なぜ過去をとりあげたかということと整合的な説明が要求されるだろう。

　もちろん，これらはあくまでも，「型」を決めるという観点から見たチェックポイントであって，これだけで論文のコンセプトが決まるわけではない。この点は，すでに第1章でも触れたとおりだが，以下の章でもまたあらためてとりあげることにしたい。いずれにしても，この型の論文を書こうとする場合は，とくにコンセプトが問われる。そのことを忘れないでほしい。

6 「型」を超えて

6-1 「型」とオリジナリティー

■「型」の重要性　以上，論文の「型」について，かなり立ち入って述べてきた。「型」の重要性は，最初に強調したとおりである。それは，論文の読み手にとって，論文を理解し，評価するための準拠枠として働き，論文の書き手にとっては，問題を構成し，論証を行うための準拠枠として働く。その意味が，ここまでのところで何とかわかってもらえたのではないだろうか。論文を構想し，実際に書いていくうえで，「型」をつねに意識するようにしてもらえればと思う。

■オリジナリティーの喪失？　ただ，あまりこのことを強調すると，疑問が湧いてくるかもしれない。みんなが同じ「型」を使うようになったらどうなるのだろう。たしかに，基本型というのは役に立ちそうだ。しかし，どの論文もそのような「型」で書かれていると，それこそ金太郎飴になってしまうではないか。はたしてそれでオリジナリティーを出すことができるのだろうか。第一，この本の著者自身，論文の命は「新規性」にあるといっているではないか。

　問題は，オリジナリティーというものをどう考えるかである。ここではさしあたり，「型」とオリジナリティーの関係に限って，次のように答えておこう。

6-2 マネをおそれるな

■補充的契約解釈を例として　まず，「型」を守ることと論文のオリジナリティーとは別問題だということをとくに強調しておきたい。一つ，具体例をあげてみよう。

　山本敬三「補充的契約解釈(1)～(5・完)」(法学論叢119巻2号～120巻3号(1986年))という論文がある。これは，補充的契約解釈という問題について，

最初にドイツの議論を概観している。そこでは，まず，ダンツという学者からゾンネンベルガーという学者まで，ほぼ時系列に沿って延べ12人の学者の見解を紹介し，そのうえで補充的契約解釈の位置づけと役割，その前提要件と限界，方法と基準を詳細に分析している。ところが，慧眼の読者なら，この構成は，それに先行する磯村保「ドイツにおける法律行為解釈論について⑴〜⑷・完）」（神戸法学雑誌 27 巻 3 号〜30 巻 4 号（1977〜81 年））のそれに非常に似ていることがわかるだろう。磯村論文も，ドイツ民法典の該当条文の成立過程の紹介に続いて，ダンツからバイラースに至るまで，ほぼ時系列に沿って延べ 11 人の学者の見解を紹介し，そのうえで法律行為解釈の諸類型が整理している。なんだマネじゃないか。そう思った人もいるかもしれない。たしかに，山本論文の場合，学説紹介のあとの分析が磯村論文より分量的に多く，それに続けて日本の学説が分析されているという点が違う。しかし，それでも両者が似ていることは否定できない。

　では，山本論文にオリジナリティーがないかというとそうではない。少なくとも，この論文が現れるまで，「補充的契約解釈」という問題領域があること自体，少数の例外を除いて意識されていなかった。しかし，よく考えてみると，契約中にとくに定めがない場合にどうすればよいかということは，日本でも問題となりうる。そこではさらに，任意法規をはじめとした法の適用と契約解釈の関係をどう理解すればよいかという——狭義の法律行為解釈ではほとんど意識されていなかった——問題が，核心的な論点となる。それを明らかにし，しかもドイツ法を手がかりとして，基本的な考え方と問題構成，方法，基準を提示しているのだから，少なくともオリジナリティーは十分あるといっていいだろう。あとは，それを支持するかどうかの問題である。

■ **マネをおそれるな**　このように，どのような「型」によるかということと，オリジナリティーの有無とは，別問題である。だいたい，狭義の法律行為解釈——磯村論文が扱っているのはこれである——と補充的契約解釈とは，密接に関連した問題である。ドイツでも，同じ学者が両者を同時に扱うことが多い。とするならば，それを論文にまとめるための「型」が似てきても不思議ではない。ほんとうにその「型」が，自分

の主張を基礎づけるうえで最も適切だと思うのなら，それによるべきである。マネをおそれてはいけない。

6-3 「型」から「響」へ

■「型」だけではオリジナリティーは生まれない

しかし，それと同時に，「型」はあくまでも「型」であって，それだけではオリジナリティーは生まれてこないことも強調しておかなければならない。「型」さえ守っていれば，良い論文が書けるという幻想は捨ててほしい。それでは，仏をつくって魂を入れないのと同じである。

たとえば，契約解釈の方法について，これまで十分な比較法的研究がなかったと考えたとしよう。そこで，「第1章　はじめに」に続いて，「第2章　日本」「第3章　フランス」「第4章　ドイツ」「第5章　イギリス」「第6章　アメリカ」「第7章　その他」とし，「第8章　若干の検討」「第9章　今後の課題」という構成を考える。そして，第2章では江戸時代以来の歴史，第3章から第6章ではローマ以来の歴史をそれぞれとりあげる。これはもう，壮大な大河論文である。本人も，目次をながめては悦に入ることだろう。しかし，問題は「それで？」である。いったい何のためにこうした研究を行うのか。何を明らかにしようというのか。こうした歴史研究，比較研究にどういう意味があるのか。「若干の検討」として，いったい何を行うのか。目次を見るだけで，むしろ疑問が山のように出てくることになる。

■「響」の問題へ

これはもはやオリジナリティーだけの問題ではない。学界に向かって何を訴えるのか。学界からどう評価されるのか。そういう論文の意味の問題である。しかし，これはもう「型」の領分を超えている。この点については，第5章「響」——論文のインパクトで扱うことにしよう。

113

第2章 「型」──論文のスタイル

Column ② ノートの作り方

　論文執筆の過程ではノートを作ることが不可欠である。ノートは作業の性質に応じて複数のものを持つことが必要となる（物理的に複数のノートが必要なわけではなく，観念的な区別がなされていればよい。ただし，ペーパーベースの場合にはルーズリーフの紙の色を変えるなど区別を容易にする工夫はした方がよい。コンピュータの場合には，異なるファイルを設ければ足りる）。それらは，次の3つぐらいに大別されるだろう。

　①構想用のノート。これには研究の構想が書き込まれる。こんな論文を書いてみたい・書いたらどうかというアイディアを，数語または数行でメモする。もう少し考えが進んだら，全体の構成を書いてみる（目次を作り，内容の関連図を作る）。さらに進めば，それぞれの部分で何を論ずるかを5〜6頁にまとめる。そんな用途に用いるノートである。なお，このようなノートのエクステンションとして，アイディア用のメモ帳を持ち歩き，折に触れて考えたことを書き付けるというのも有用である。②資料用のノート。これには論文執筆のために，必要な文献・資料のリストおよびそれらの文献・資料の内容に関するメモやコメントが記入される。これについても，文献用のメモ帳を持ち歩くと，使える文献の所在に気づいた時に忘れずに記入することができる。どこかで見たのだけど，という文献を後で探すのには，思わぬ時間を要することがあるので，試みる価値はある。③手順用のノート。論文を実際に書くのに，現在までに何ができており，何ができていないのか。残された作業を，どのような順でいつ行うのか。こういった事項を書き込むノートも必要である。

　①〜③のノートは作業の進展に応じて，その内容が増補されていく。特に，①の中核をなす目次（プラン），②の中核をなす文献表，③の中核をなすスケジュール表は，頻繁に更新される。この3つの文書を中心にして，つねに君自身のノートの全体を見渡しながら作業を進めることが必要である。論文執筆を行う研究者はいわば「一つの企業体」である。君自身の中に，①の企画部，②の調査部，③の総務部を持ち，それぞれの部長を通じて，全体を管理・運営するというわけである。

第 3 章 「体」
論文のプラクシス

第 1 節 「練」——素材の分析
　第 1 款　学説
　第 2 款　判例・裁判例
　第 3 款　外国法
第 2 節 「塑」——論文の構成

第3章 「体」——論文のプラクシス

第1節 「練」——素材の分析

第1款 学　　説

1　学説分析の心得

1-1　素材の分析

■素材分析の重要性　　論文のアイディアも固めたし，どういうスタイルで論文を書くかもだいたい見当がついた。しかし，それでいきなり論文を書こうと思ってもダメである。繰り返し述べているように，論文は，ただ単に私はこう思うという信念を開陳する場ではない。そこには，客観的な裏づけ（論証）が必要である。そのためには，関係する素材を徹底的に分析しなければならない。論文を書くうえで，これが最も時間と労力のかかる作業である。ここで手を抜いてはいけない。ただ，これは単なるお勉強とは異なる。あくまでも論文を書くための準備作業である。したがって，素材を検討しながら，自分の論文のなかで議論をどう組み立てればいいかということをつねに考える必要がある。これができたとき，はじめて「いける」という確信が得られることになるだろう。論文を書くうえで，ここがまさに正念場なのである。

■素材をどう分析するか　　まず問題になるのは，素材をどう分析するかである。もっとも，これは，素材の種類ごとに違ってくる。論文で扱う素材の代表的なものは，学説，判例・裁判例，そして外国法である。以下では，それぞれについて順に見ていくことにしよう。まず，本款では学説を扱う。

1−2　学説分析の必要性

■学説を抜きにして論文は成り立たない

第2章で見たように，論文にはさまざまな「型」がある。論文の素材として何をとりあげるかも，それぞれの「型」ごとに違ってくる。ただ，どのような「型」の論文でも，必ずとりあげなければならない素材がある。それは，学説である。学説を抜きにして，およそ論文は成り立たない。当たり前のことなのだが，そのことをまず肝に銘じてほしい。

■学界における議論への参加

では，どうして学説を抜きにして，論文は成り立たないのだろうか。それは，そもそも論文というものが，学界における議論に寄与するために書かれるものだからである。学界では，すでに数多くの先人たちがさまざまな問題をめぐって議論を積み重ねている。そこへ自分もまた参加し，新たな知見を付け加えるために書かれるのが，論文なのである。学界におけるこれまでの議論，つまり学説を知らずに，そこに参加することなどできない。第一，それでは，どこがどう新しい知見なのかを示すこともできない。学説を抜きにして論文が成り立たないのは，このためである。

■巨人の肩の上で

いや，これまで学界では見るべき議論はない。だから自分が新しい道を切り開くのだ。そう信じて疑わない人もいるかもしれない。本当にそうなら画期的なのだが，残念ながら多くの場合，それは幻想である。意気込んで指導教官に話してみたら，自分が見落としていた文献をいくつも指摘されて終わることも少なくない。この問題については，あの議論もこの議論も関係するが，きちんとフォローしているかと尋ねられて，返事に窮することもあるだろう。もっとも，それだけなら，単なる不勉強である。それ以上に重要なのは，自分が「発見した」と思っている知見は，ほとんどの場合，それと直接・間接に関係した先人たちの業績から示唆を受けたものにすぎないことである。実際また，見かけは斬新そうでも，よく見れば，既存の議論の組み換えや，別の領域における議論の応用だったりすることはしばしばある。自分で一から「発見」することなど，ほとんど不可能だといっていいだろう。

第3章 「体」——論文のプラクシス

　自分はほかの人と違って，こんなに遠くまで見えるぞと自慢したい気持ちはよくわかる。しかし，それを口にする前に，その程度のことはみんなもう知っているのではないかと疑ってみる必要がある。そして，自分がそこまで見えるようになったのは，実は学界の遺産という巨人の肩の上に立っているからだということに思いを致してほしい。本当に論文を書いていいのは，それからである。

1-3　謙虚に理解すること

■学説に接する態度
　もっとも，わざわざこのように力説しなくても，たいていの人は，論文を書く前にひととおり学説を調べてみるだろう。問題はむしろ，そこで学説に接する態度にある。
　学説を検討するときには，何よりもその学説をきちんと理解しなければならない。「何を当たり前なことを」と思われるかもしれないが，これができない人があまりにも多いのである。その原因は，いろいろある。物事を理詰めに理解する力が弱いのでわからないということもあるだろう。しかし，これは手の施しようがない。理解力はあるのだけれども，知識が足りないので理解できない。これが最もありそうだが，しっかり勉強すればいいだけである。問題は，理解力もあって，知識もそこそこあるのだけれども，はじめから理解するつもりがないので理解できないという場合である。実は，これが非常に多い。「偉い」といわれている先生でもよくやる過ちである。

■論文を書こうとする人間の心理
　しかし，どうしてそのようなことになるのだろうか。それは，これから論文を書こうとしている人間の心理を考えてみればよくわかる。先ほども述べたように，これまでの議論に新しい知見を付け加えるのが論文の目的である。したがって，何も付け加えることがなければ，その問題について論文は書けない。それを恐れる人間は，知らず知らずのうちに，これまでの議論をできるだけ過小評価しようとする。たとえば，すでに議論があるのに，見るべき議論はないと言い切ってしまう。決まり文句は，「この問題については，いまだ十分な検討が行われているとはいいがたい」である。ひどい場合は，こ

の一言でプライオリティーのある研究を抹殺してしまうのだから，恐ろしい話である。

また，既存の学説を鵜呑みにしたのでは，教科書にはなっても，論文にはならない。そこで，これまでの学説を批判することになるわけだが，その際，あらかじめ批判しやすいように主張内容を整形してしまうことがしばしばある。本当はそんなことをいっていないのに，あたかもいっているかのようにまとめる。あるいは，自分の考え方と同じ部分は触れないでおいて，問題のある部分のみをわざわざピック・アップする。こうなると，理解というよりは，曲解に近い。しかし，程度の差はあれ，これが実に多いのである。

■謙虚に理解すること　もちろん，批判的な態度は必要である。それがなければ，学問にならない。しかし，だからといって，自分に都合のよいように既存の学説を曲解するのでは，批判的態度の名のもとに暴力をはたらいたに等しい。まずは謙虚に理解すること。これが，学説分析にあたっての第一の心得である。

1-4　内在的に理解すること

■謙虚に理解するとは　もっとも，謙虚に理解せよというだけでは，単なる掛け声に終わりかねない。問題は，その意味である。つまり，学説を謙虚に理解すると簡単にいうけれども，それはいったいどういうことなのだろうか。

■評価をまじえず客観的に理解する？　学説を謙虚に理解するといわれた場合，多くの人は，次のように考えるのではないだろうか。「謙虚に理解するとは，要するに，自分の評価をまじえずに客観的に理解することだ。恣意的に何かを付け加えたり，何かを省いたりすることなく，そのまま正確に記述する。それが，学説を謙虚に理解することの意味だ」というわけである。実際また，このような態度で学説を紹介している論文は少なくない。極端な例では，自分の言葉はできるだけ使わずに，原文の引用だけでまとめているものもある。それによって正確さが担保され，忠実に紹介したことになると考えているのだろう。これは，と

第3章 「体」——論文のプラクシス

くに外国文献を紹介するときによく見かける態度である。

■実は何もわかっていない　　ところが，こうした態度をとっている書き手は，実は何もわかっていないことが多い。「この学説はこう述べています」ということはいえるけれども，その意味が理解できていないのである。そのため，その学説からすると，この問題は具体的にどう扱われることになるのかと聞かれても，まともに答えられない。字面だけを追って，内容を学んでいないので，応用がきかないのである。

これは，たとえは悪いが，受験生の態度に似ている。長文を要約せよという国語の試験問題で，とにかく重要そうな文をいくつか抜き書きしてつなぎあわせる。それで，何となくそれらしい解答にはなっているのだけれども，とても内容がわかって書いているとは思えない。そういう答案と変わらないのである。とくに原文の引用のつぎはぎは，理解不足とそれに由来する自信のなさの隠れ蓑になっていることが少なくない。

■理解と主体的な評価　　しかし，もっと根本的な問題は，およそ評価を伴わない客観的で正確な記述は不可能だというところにある。これは，実際に学説の主張内容をまとめてみようとすれば，すぐにわかるだろう。同じ学説でも，視点をどうとるかによって，まとめ方もかなり違ってくる。原文の引用だけにとどめるときでも，どの部分を選んで引用するかというところで，やはり評価が入ってこざるをえない。そこでは，一定の視点からする取捨選択がどうしても必要になってくる。というよりもむしろ，そうした視点を設定して，そこから全体をとらえ直すことこそが，理解することにほかならない。その意味で，理解とは，すぐれて主体的な評価を伴う作業なのである。

■内在的な理解の必要性　　ただ，主体的な評価といっても，勝手にこうだと決めつければいいわけではない。あくまでもその学説を内在的に理解することが必要である。その学説は，問題をどうとらえているか。それに対して，どのような考え方に基づき，どう答えようとしているのか。そうしたものの見方，考え方を抽出し，それをいったん共有してみることが何よりも重要である。そうすることによって，その学説がな

ぜそのような主張をするのかがわかり，明示的に述べていない事柄についても，どう答えるか推測できるようになる。これは，俳優が登場人物になりきることに似ている。登場人物のものの見方，考え方が共有できていれば，セリフに命がかよい，台本にない場面でも，本物のように振る舞うことができる。それと同じように，その学説を自分も演じてみる。それができてはじめて，その学説を本当に理解したといえるのである。

1-5 内在的に理解するためには

■共感しようという用意　では，そのように学説を内在的に理解するためには，具体的にどうすればよいのだろうか。残念ながら，これさえ守れば理解できるというお手軽な方法はない。共感しようという用意があるかどうかがすべてだといっても過言ではない。ただ，少なくとも次の二つの点には注意すべきだろう。

■整合性があると想定する　第一に，対象となる学説は整合性をもっているものと想定する必要がある。実際にはそうした整合性がないケースもあるのだが，はじめから矛盾していると決めてかかったのでは，内在的に理解することなどできはしない。たとえば，契約解釈について，通説は，契約は客観的に解釈すべきだとしつつ，その解釈にあたっては当事者の企図した目的を第一の基準とすべきだと主張している。これだけを聞くと，客観的に解釈することと，当事者の企図した目的を考慮することとのあいだに，ある種の矛盾が感じられるかもしれない。しかし，だからこのような学説はおかしいと批判する前に，これは矛盾なく説明できるのではないかと考えてみる必要がある。当事者の企図した目的というのは，一方当事者が意図していた主観的な目的とは違うのではないか。それは，契約自体から読みとることのできる客観的な目的なのではないか。その意味で，当事者の内心の意思を考慮せず，客観的に解釈するという態度は一貫している。ただ，個々の条項や文言の意味は，そうして客観的に判定された契約の目的に照らして解釈すべきだといっているだけなのではないか。こう理解すれば，この学説は整合的に説明することができる。もちろん，そのうえでこ

第3章 「体」——論文のプラクシス

れに賛成するかどうかは次の問題である。しかし，ともかく，一見したところ矛盾しているように見えるときでも，それを整合的に説明しようと試みる。まずはそういう態度で学説に接することが必要である。

■ **理由があると想定する**　第二に，対象となる学説がある主張をするのには必ず理由があると考える必要がある。もちろん，実際には，結論のみを主張して，理由をあげていない場合や，理由をあげていても十分とはいえない場合が少なくない。そのような場合に，理由は不明であるとか，理由になっていないと批判することはたやすい。現にそれは，学説を批判する際の常套的な方法だといっていいだろう。しかし，それだけでは，単なる揚げ足とりに終わりかねないし，何よりその学説から学ぶことはできない。むしろ，そこでそのような主張が行われなければならないのはいったいなぜなのかを考えるべきである。たとえその学説自身は明示していなくても，このような主張をするからには，こういう考え方をとっているのではないか。そこまで考えてはじめて，その学説を内在的に理解したといえるのである。同じ批判をするにしても，そうした理解を前提としていれば，単なる揚げ足とりではなく，核心をついた批判になるだろう。

2　論文分析の方法

2-1　論文の分析と学説全体の分析

■ **具体的に学説をどう分析するか**　以上はあくまでも，学説分析を行ううえでの心構えにすぎない。問題は，それを前提として，具体的に学説をどう分析するかである。これは，さらに二つの問題に分かれる。一つは，個々の論文をどう分析するかである。もう一つは，そのうえで学説全体をどう分析するか，つまり，一つ一つの論文を分析したうえで，それらの学説を全体としてどう位置づけるかである。いうまでもなく，この両者はそれぞれ密接に関連している。しかし，以下ではひとまず両者を区別したうえで，順に見ていくことにしよう。まずは，個々の論

文の分析からである。

2-2 論文の読み方

■ 特定の情報を集めるために読む場合

論文を分析するためには，とにかくその論文を読まなければならない。しかし，同じ論文を読むにしても，目的によって，読み方も違ってくる。ある特定の情報，たとえば契約締結上の過失責任に関するドイツの議論状況や，債権譲渡に関する立法過程を知りたいと思って読むときには，とにかくそれが書かれている部分を読めばよい。関連部分のみを読んで全部わかった気になるのは危険だが，現在のように情報の洪水のなかを渡っていかなければならない時代には，こうした読み方も許されるだろう。とくに，実際に論文を書いていると，付随的に関連してくる問題について情報を補わなければならない場合がしばしば出てくる。そこでは，こうした読み方をすることが避けられないし，むしろその方が目的にかなっている。要は，自分がしていることの意味をわきまえていればいいだけである。

■ 効率的な論文の読み方

もちろん，普通は，その論文を通読することになる。この場合，はじめから順番に読んでいかなければ気がすまない人も多いだろう。しかし，これはあまり効率的な読み方とはいえない。たしかに，最後まで話がどう展開されるか楽しみにしながら読み進んでいくのが，読書の醍醐味である。そこで効率的な読み方などといいだすと，邪道だと叱られるかもしれない。しかし，論文は，小説などと違って，あくまでもその主張内容を理解するために読むものである。要は，どうすれば迅速かつ的確に理解できるかである。そのための論文の読み方を考えておくこともやはり必要だろう。

2-3 準備作業——予備知識の収集

■ 予備知識の重要性

理解は，予備知識があると，はるかに容易になる。これは，経験的にもわかるだろう。その意味で，論文を読むにあたっては，まず準備作業として，予備知識を仕入れておくこと

が望ましい。では，その予備知識はどのようにして仕入れればよいだろうか。他人がまとめたものを参考にするのが簡単そうである。実際にそうしている人も多いかもしれない。しかし，それでは視野が限定されて，それ以外の理解の仕方が難しくなるという危険がつきまとう。場合によっては，予備知識というよりも，単なる先入観になりかねない。やはり，予備知識は，その論文自体から得るのが最もよい。そのためには，次のような方法が考えられる。

(1) 論文の構成と注のチェック

まず，最初に論文の構成と注をチェックしておくことである。

■論文の構成　　論文の構成は，目次を見ればわかる。もっとも，昔の論文には，目次がないものも多かった。一，二，三と項目立てはされていても，表題がついていないのである。これは，読み手としては大いに困る。読んでみないと，そこに何が書いてあるかわからないからである。しかし，最近の論文では，この種の項目立てはかなりしっかり行われるようになっている。これをひととおり確認していけば，その内容はもちろん，論旨の展開がだいたい予想できる。これは，内容を理解するうえで大いに役立つ。

■注のチェック　　また，あらかじめ注をチェックしておくことも，予備知識を得るのに役立つ。どういう論文がどのようなウェイトで引用されているかを見れば，著者が議論状況をどう理解し，どのような方向をめざそうとしているのかがある程度予想できる。事情変更の原則に関する論文を例にとると，そこでたとえば勝本論文（勝本正晃『民法に於ける事情変更の原則』（有斐閣，1926年））や五十嵐論文（五十嵐清『契約と事情変更』（有斐閣，1969年））などが重点的に引用されているときは，その論文は，どのような場合に裁判官が事情変更を理由に契約の解除や改訂を認めることができるかという観点からアプローチしていることが予想される。それに対して，たとえば山本論文（山本顯治「契約交渉関係の法的構造についての一考察(1)～(3・完)」民商法雑誌100巻2号～5号（1989年））や内田論文（内田貴「契約プロセスと法」『岩波講座・社会科学の方法Ⅵ』129頁以下（岩波書店，1993年））など

が重点的に引用されているときは，当事者が契約を行うプロセスに着目して，当事者自身が再交渉によって事情の変化に対処していく可能性を視野に入れた議論をしていることが予想される。そのほか，注を見れば，どの時点までの議論をフォローしているかということもわかるし，とくに外国法に関する部分では，その外国法の調査・検討がどのような資料に基づいて行われたかということなどもチェックできる。その意味で，注は，論文の内容——さらにはその価値——を映す鏡といっても過言ではない。それだけに，自分で論文を書くときは，注の付け方にも最大限の注意を払う必要がある。この点は，また後に述べることにしよう。

(2) 序論と結論のチェック

次に，序論と結論の部分をあらかじめチェックしておくのもいい方法である。

■ **序論のチェック**　最初に序論の部分を読むのは，いわれるまでもなく，誰でもすることだろう。よくできた論文では，序論の部分で著者の問題意識が示されるとともに，何をどのような意味で検討するかが書かれている。これをおさえておけば，本論でどれだけ細かな検討が行われていても，その意味を理解することができる。逆にいうと，問題意識もあいまいなままで，論述の手順も示さずに，いきなり本論に入っているような論文は，非常に読みづらい。読者がよほどがまん強くないと，この種の論文は最後まで読んでもらえない可能性が高い。とくに長い論文を書こうとする場合は，この点に気をつけるべきである。

■ **結論のチェック**　これに対して，最初に結論の部分をチェックすることには，違和感をもつ人も多いかもしれない。しかし，その論文が到達しようとしているゴールがあらかじめわかっていれば，本論の細かな論述の意味もはるかに理解しやすくなる。また，それと同時に，本論の論証が最終的な結論にきちんとつながっているかどうかを吟味しながら読み進むことも可能になる。その意味で，最初に結論の部分に目を通しておくことは，論文を効率的に読むのに大いに役立つ。

第3章 「体」——論文のプラクシス

2-4 本論の分析

　以上の準備作業によってだいたいの見通しをつけたうえで，本論を分析していくことになる。読み方は，もちろん，各人各様だろう。ただ，漫然と読んでいては，結局あとに何も残らなかったということになりかねない。ポイントをチェックしながら読んでいくことが必要である。

■「型」の腑分け　では，どういうポイントをチェックすればよいだろうか。ここで参考になるのが，第2章で論文の「型」として述べたことである。なかでも，論文において何が行われるかという点に関する「型」は，論文を分析的に読むうえで重要な手がかりになる。

　もう一度確認しておくと，まず，論文で行われることには，大きく分けて「紹介」と「考察」がある。情報を事実として読み手に伝えるにとどまるのが「紹介」であり，そこに付加的な評価を加えるのが「考察」である。このうち，「考察」は，さらに「分析」と「主張」に分かれる。前者は，対象となる情報の意味を明らかにすることであるのに対して，後者は自分の意見を述べることである。そして，この後者の「主張」は，さらに消極的な主張である「批判」と，積極的な主張である「提言」に分かれる。

　第2章でも述べたように，個々の論文は，このどれかの「型」のみに従って書かれるというよりは，これらを適宜組み合わせて書かれるのが普通である。つまり，一つの論文のなかには，「紹介」の部分もあれば，「考察」の部分もある。「考察」のなかでも，「分析」の部分もあれば，「主張」の部分もある。「紹介」しながら，そこに「分析」が加えられ，「批判」が行われていることもあれば，「分析」と「提言」が密接に結びついている場合もある。いずれにしても，実際に論文を読むにあたっては，これらの各部分を腑分けしながら読んでいくことが望ましい。論文に没入してしまうのではなく，一歩退いて，この部分は何をしている部分かということを確認しながら読んでいくわけである。この意味で，まずは徹底的に分析することが，論文を理解するための大前提である。

　そのうえで，論文を読む際のチェック・ポイントとして，さらに次の二つの点を付け加えておく必要がある。

第1節 「練」——素材の分析 第1款 学説

■ 前提とされている問題のチェック

第一は，以上の「紹介」にしても「考察」にしても，ある問題に対して行われるものだということである。したがって，それぞれの箇所で前提とされている問題を必ずチェックしておく必要がある。そうした問題の典型例は，「法令違反の取引を私法上どのように扱うか」とか，「結果債務と手段債務を区別することの意義はどこにあるのか」といった一般的な問題設定である。しかし，それ以外でも，たとえば，「法令違反行為の効力について末弘論文はどのような考え方を提示したか」とか，「フランスの通説は結果債務と手段債務を区別する実益をどこに求めているか」とかという，より具体的な問題設定も考えられる。さらに，「法令に対する見方の変化」とか，「契約上の債務のとらえ方」とかという項目だけでも，十分に問題設定となる。要するに，「紹介」ないし「考察」を行う対象が，ここでいう問題設定である。

■ 結論と論拠の分析

第二は，とくに「主張」にかかわることである。この「主張」は，さらに結論と論拠に分かれる。したがって，「主張」にあたる部分を読むときには，何が結論で，何が論拠かを分析する必要がある。そのうち，とくに論拠の分析にあたっては，同じく第2章で述べた論法に関する「型」が参考になる。それによると，論拠には大きく分けて「形式的論拠」と「実質的論拠」があり，とくに前者については，「実定法に基づく論法」「歴史に基づく論法」「外国法に基づく論法」「実態に基づく論法」などが考えられる。個々の論文の「主張」についても，このいずれの論法を採用しているのかを分析する必要がある。それが確定できれば，その「主張」がそれぞれの論法の作法を守っているかどうかを判定することも可能になる。これもまた，論文の「型」を考える効用の一つである。

2-5 論文の理解

(1) 核心的主張の確認

■ もう一度読み直す

以上で，論文をひととおり読んだことになる。これで，その論旨が理解できればいうことはない。しかし，分析的に読み進んでいると，木は見えても，森が見えなくなることも少

なくない。そこで，いったん読み終わった段階で，もう一度全体をとらえ直してみる必要がある。一見，二度手間のように思えるかもしれないが，この作業が実は非常に重要である。もちろん，もう一度全部をべったり読み返す必要はない。最初に読んだときにチェックしておいた点を重点的に見ていけば足りる。その際，とくに問題設定の部分と「主張」に関する部分をまとめて見ていけばいいだろう。最初にラインマーカーなどでチェックしておけば，これは簡単である。

■ 主張の論理構造の確認　　ただ，ここでもやはり，漫然と読み返すだけではダメである。あくまでも，その「主張」の論理構造を確認しながら読み返す必要がある。とくに，論拠については，どこに核心的な論拠があるのかを分析しなければならない。その際，とりわけ重要なのは，それ以上の理由づけが行われていない命題を探すことである。その命題をいわば公理的論拠として，全体の論拠を組み立て直すことができれば理想的である。これはもちろん，相当に頭を使う作業だが，これができていれば，的確な論評と批判が可能になることは間違いない。

(2) 背景知識の必要性

■ 背景知識の重要性　　もっとも，こうした理解を行うためには，背景知識が不可欠である。最初に述べたように，論文は，通常，その問題に関する議論状況をふまえて書かれるものである。したがって，従来の経緯を知らなければ，どうしてその論文がある特定の問題にこだわりをみせ，もってまわった言いまわしをしているかはわからないだろう。その意味で，ある論文を理解するためには，できるだけ多くの関連文献を読まなければならない。最初読んだときはわからなかったけれども，あとでもう一度読んでみるとわかったということはよくあるが，それは多くの場合，その間に背景知識が蓄えられたためである。

■ 同じ著者が書いている他の文献　　そうした関連文献のなかでも，とくに同じ著者が書いている他の文献は，理解のための重要な手がかりになる。直接隣接する問題に関する文献が役に立

第1節 「練」——素材の分析　第1款　学説

つのはいうまでもない。しかし，一見したところあまり関係なさそうな文献でも，より深く理解するための手がかりになることが少なくない。

■意思自治・私的自治の原則の理解を例として　たとえば，星野英一教授は，意思自治の原則と私的自治の原則の関係について，両者は次元を異にする観念としてとらえるべきだと主張している。意思自治の原則は，フランスで説かれるものであり，「人がなぜ契約によって拘束されるかという，契約の拘束力の基礎づけの理論」である。それに対して，私的自治の原則は，ドイツで説かれるものであり，「契約の自由，団体設立の自由，遺言の自由等の諸自由の上位概念」，つまり法律行為自由の原則と同じ意味で用いられる。後者は実定法上の原則であるのに対して，前者はその根拠を問題とする哲学的観念である。その意味で，両者はひとまず区別しておくべきだと主張するわけである（星野英一「契約思想・契約法の歴史と比較法」同『民法論集第6巻』210頁以下（有斐閣，1986年）〔初出，『岩波講座・基本法学4』（岩波書店，1983年）〕，同『民法——財産法』106頁以下（放送大学教育振興会，1994年）などを参照）。

　これだけで，「そうか，わかった」と思うのは早計である。たとえば，そこでいう「哲学的観念」とは何を意味するのだろうか。次元を異にするというのは，哲学と法というレベルの違いなのだろうか。とすると，意思自治の原則は法の問題ではないのだろうか。これに答えられなければ，本当にわかったとはいえない。ここで参考になるのは，星野教授が自然法を認める代表的な論者だという知識である。これは，民法解釈の方法論に関する論文のなかで明らかにされている（たとえば，星野英一「民法の解釈の方法について」同『民法論集第4巻』89頁（有斐閣，1978年）〔初出，書研所報26号（1976年）〕を参照）。このことを知っていれば，意思自治の原則が「哲学的観念」だというのも，実は自然法を指しているのではないかと理解することもできる。それは，もう一方の私的自治の原則が「実定法上の原則」だとされていることからも容易に想像がつく。要するに，自然法と実定法の区別を前提として意思に関する原則を見ると，意思自治の原則は前者の側に，私的自治の原則は後者の側に属する。背景知識があれば，このような理解が可能になるわけであ

第3章 「体」──論文のプラクシス

る。

3 共時的な学説分析の方法

3-1 学説分析の作法

■**学説全体の分析** 以上は、あくまでも個々の論文の分析方法である。次に問題となるのは、そのように一つ一つの論文を読み込んだうえで、それらの学説を全体としてどう分析するかである。この意味での学説の分析と整理は、論文はもちろん、体系書や注釈書を書くときでも、いわば必須の作業である。研究会報告や学生のレポートといったレベルでも、この点は変わらない。しかし、その際、多くの人は、既存の分析を参考にしながら、だいたい見よう見まねでこの種の作業を行っているのではないだろうか。もちろん、人それぞれ、違った分析方法があってかまわないが、それでもやはり、最低限守るべき作法はおさえておいた方がいいだろう。以下で述べるのは、その意味での基本的な分析方法である。ただ、同じく学説分析といっても、そこに学説史の視点を入れるかどうかで分析の仕方も違ってくる。以下では、最初に、そうした視点をひとまず捨象した共時的な分析方法をとりあげることにしよう。

3-2 内容に即した分析の必要性

■**主張内容に即した分析** まず、学説を分析するにあたっては、その主張内容に即して分析しなければならない。これは、当たり前のことである。ただ、このことは、学説を特定し、整理するときにも徹底した方がいい。

■**人ではなく内容に即して整理する必要** この関連で問題になるのは、学説をその主張者の名前で特定する方法である。たとえば、違法性と過失の関係について、我妻説、平井説、前田説、星野説、沢井説、四宮説等々というような名称でよぶのがその典型例で

ある。このように人名で学説を特定する方法は、かつては非常に多かった。以前の方が、学説の属人性に対する感覚が強かったのかもしれない。しかし、最近では、このような呼び方は相対的に減ってきている。これは、望ましい方向に向かっているというべきだろう。というのは、人の名前を聞いただけでは、その主張内容がわからないからである。実際また、先ほどの例で、それぞれの説がどのような立場を指しているのかすぐにわかる人は、よほどの専門家である。誰にもわかるように説明するためには、やはり内容に即した整理が必要である。

このように内容に即した整理をするためには、当然のことながら、それぞれの学説の意味が理解できていなければならない。学説を人名だけで特定して紹介するのは、この点から見ても、非常に楽な整理方法である。主張内容の相互関係がわかっていなくても、とにかく順に並べていけばよいからである。しかし、それではとてもその学説を理解したとはいえない。やはり学説は、内容に即して分析する必要がある。

■学説史の視点から分析する場合　もちろん、これに対して、主張者が誰であるかが特別な意味をもつ場合もある。たとえば、後で述べる学説史の視点から分析する場合がそうである。それは、学説史においては、主張内容とともに、誰にプライオリティーがあるかが同じ程度に重視されることによる。その意味で、以上に述べたことは、あくまでもそうした特別な理由がない場合にあてはまる一般論にとどまる。

3-3　構造化の必要性

■学説全体の構造化　学説を主張内容に即して分析するにあたっては、見解の分かれ目となる分岐点を確定し、それに即して全体を構造化する必要がある。間違っても、単純に羅列してはいけない。学生のレポートなどではこの種の羅列をよく見かけるが、ひととおり全部調べてきたというだけで、そもそもそこでいったい何が問題になっているかがわかっていない場合が多い。それでは、およそ分析をしたとはいえないだろう。それぞれの学説がどこまで一致し、どこから対立するのか。それを読みとり、

第3章 「体」――論文のプラクシス

相互の関係を明らかにすることが，学説分析の最大の課題である。これがきちんとできていれば，それだけでも十分評価に値する。

■ 違法性と過失を例として　　たとえば，先ほどの違法性と過失の例でいうと，第一の分岐点は，違法性と過失の二元論をとるかどうかである。二元論をとらない場合は，両者をどう一元化するかが問題となる。そこでは，過失に一元化する考え方と，違法性に一元化する考え方が対立する。それに対して，二元論を維持する場合には，それぞれの意味をどう理解するかが問題となる。そこでは，違法性といわれてきたものを権利侵害に限定し，過失を行為義務違反の意味で理解する考え方と，両者をドイツ流の違法性と有責性の区別として理解する考え方が対立する。そして，さらに後者では，そこでいう違法性の意味を，結果不法の意味で考えるか，行為不法の意味で考えるかで立場が分かれてくる。

もちろん，子細に見ると，本当にこのような整理でいいかどうかについては，異論があるかもしれない。しかし，ここでいいたいのは，学説を単に並べるのではなく，このような形で構造化するよう努力すべきだということである。少なくとも，こうした整理をすることによって，理解が深められるし，何より議論の手がかりが得られることになる。立場の分かれ目を突きとめて，それに即して全体を構造化すること。これをつねに心がけてほしい。

■ 結論のみに目を奪われないこと　　ただ，その際注意する必要があるのは，学説の結論のみに目を奪われてはいけないということである。同じ結論を主張していても，その論拠がまったく異なることがある。

■ 法令違反行為の効力を例として　　たとえば，法令違反行為の効力について，川井健教授と磯村保教授は，履行段階論という考え方を主張している（川井健「物資統制法規違反契約と民法上の無効」同『無効の研究』26頁以下（一粒社，1979年）〔初出，判例タイムズ205～206号（1967年）〕，磯村保「取締規定に違反する私法上の契約の効力」民商法雑誌93巻臨時増刊号(1)（民商法雑誌創刊五十周年記念論集Ⅰ・判例における法理論の展開）1頁以下（1986年））。それによると，契約が取締法規に違反している場合でも，

その契約を無効と評価するかどうかについては，履行がどこまで進んでいるかによって区別すべきだとされる。たしかに，その限りでは，川井教授も磯村教授も同じである。ただ，その基本的な考え方については，両者のあいだに大きな違いがある。川井教授は，公法と私法を峻別する立場から，とくに違反行為がすでに行われてしまったあとは，私法に固有の観点を重視してその契約の効力を維持すべきだとする。これに対して，磯村教授は，違反行為がまだ履行されていない段階では，契約を有効として違反行為の履行請求を認めることは，法秩序内部における自己矛盾だと考える。つまり，その限りで公法も私法も，同じ法秩序を構成する同質のものとみているわけである。そのため，違反行為が履行されてしまった後の段階でも，磯村教授は，公法の目的を達成するために必要であれば，契約を無効にすべきだとするわけである。

履行段階によって区別するという結論は同じでも，その考え方は両者で大きく異なる。安易に結論のみでひとくくりにしていると，きちんと理解しているのか疑われるもとである。注意する必要がある。

3−4　学界内での格づけ

■ **どう格づけするか**　　内容そのものの分析とは別に，その学説を学界全体のなかでどう格づけするかという問題もある。その学説が通説なのか有力説なのか，多数説なのか少数説なのかといった問題である。

■ **多数説・少数説**　　このうち，後者の多数説と少数説という区別は，比較的理解しやすい。これは，基本的には，量的な区別である。つまり，主張している論者の数が多くなれば多数説になり，少なければ少数説になる。その問題に関係する文献をひととおり調べれば，それが多数か少数かはだいたい判断できるだろう。その意味で，この区別は，ある程度実証的に行うことが可能である。

■ **通説・有力説**　　問題は，通説と有力説の区別である。これは，量の問題ではなく，質の問題に属する。

まず，通説とは，学界のなかで，その問題について妥当すべき法の内容を示すものとして一般的に承認されている学説を意味する。単に多数の者が主張しているだけでは，通説にはならない。自分の考え方とはひとまず別に，これが一般に妥当すべき法の内容だと意識されているものが，通説なのである。その意味で，何が通説かを判断するためには，そうした学界構成員の共通の意識を読みとらなければならない。これは，議論が安定しているときには比較的判断しやすいが，変動期になると，非常に難しくなってくる。たとえば，かつては通説だったことが間違いないけれども，いまも同じようにいえるかどうかあやしいときには，「伝統的通説」という形でそのあたりのニュアンスを示すことが少なくない。まだ通説といい切ってよいかどうか自信がもてないときには，「通説的見解」とか「通説と目される見解」などとあいまいにいうこともしばしばある。

次に，有力説という格づけも，やはり質的な評価に基づくものである。多数か少数かと聞かれれば少数であることが多いだろうが，そうした量の問題とはひとまず別の次元の問題としてとらえておいた方がいいだろう。これは，通説のように一般的に承認されているとはいえないけれども，それに対抗する学説として一定の価値が認められた見解を意味する。その問題について論じるうえで無視することは許されない。そう意識されている見解が，有力説とよばれることになる。したがって，ある見解を有力説とよぶかどうかは，それが学界内でどう受けとめられているかによって決まってくる。内容的には特異な見解でも，その主張者が学界ですでに一定の評価を確立している人である場合は，有力説とよばれることが多いのも，この意味で理解できる。

■ **質的な格づけを行う方法**

以上の説明からもわかるように，とくに質的な格づけは，まだ学界情勢に通暁していない人間が行うのは難しい。どこかに格付機関でもあればありがたいが，そんな便利なものは存在しない。ただ，その問題について，体系書や注釈書のほか，すでに評価が確立した論文がある場合には，そこで行われている格づけを参考にすることができる。さしあたり，それが最も間違いが少ない。ただ，その文献がかなり古いものである場合は注意を要する。「近時の有力説」とい

いながら，実は 20 年以上も前の学説だったりすることがあるからである。あくまでも参考程度にとどめるべきだろう。ただ，いずれにしても，そうした判断に迷うのは，学説の議論状況が揺れているときである。そのような場合は，この種の格づけをすることが難しいし，無理にすればかえってミスリーディングになるだけである。どうしても格づけをしないと気がすまない人は別として，このあたりはあまり神経質に考える必要はないだろう。

4　通時的な学説分析の方法

4-1　発表年の確認とプライオリティーの尊重

■ **通時的な視点の重要性**　以上を前提として，次に学説史の視点から通時的に分析する場合の留意点を考えておこう。もっとも，これは，何も実際に学説史を論文のなかに書く場合だけに関することではない。学説は，その先後関係を見ることによって，よりよく理解することができる。その意味で，学説分析にあたっては，つねに通時的な視点をもつべきだろう。以下で述べるのは，そのための方法である。

■ **発表年のチェック**　学説史の視点から分析する場合には，何よりもまず，その学説が最初に発表された年をチェックしなければならない。これが，出発点である。学生時代にはその種の習慣はなかったと思うが，これからはつねに心がけるようにしてほしい。かつては，文献を引用する際に発表年を書かない論文も少なくなかったが，最近ではほぼ例外なく書かれるようになっている。学術論文の最低限の作法だといっていいだろう。

■ **プライオリティーの確認**　それと同時に，学説を調べるときには，どの論者にプライオリティーがあるかを確認する必要がある。誰かがすでに主張していることを繰り返しても，学界に新しい知見が加えられたわけではない。人まねではなく，いままでにない新たな知見をこの世にもたらすのは，学界に対する最大の貢献である。だからこそ，

最初にその知見をもたらした者に、私たちは最大限の敬意を払うわけである。たしかに、自然科学の領域ほど厳格なものではないが、それが知を扱う世界での作法であることに変わりはない。

■ 取消と登記を例として　　たとえば、取消と登記に関する問題について、最近では、無権利の法理を貫いたうえで、民法94条2項の類推適用によって処理すべきだとする見解が有力である。AからBに不動産が譲渡されたが、あとでAが詐欺を受けていたことが判明する。この場合に、Aが取り消せば、Bは無権利者になるけれども、Bに登記が移転されていれば、Bが所有者であるかのような外観がある。Aがその外観を放置しているうちに、Bがその不動産をCに譲渡した場合は、まさに虚偽表示と第三者の関係に関する民法94条2項と類似した状況にある。いわれてみればそうかと思うが、これを最初に思いついたのは卓見というほかない。この見解のプライオリティーは、幾代通博士にある（『法律行為の取消と登記』『不動産物権変動と登記』（一粒社、1986年）〔初出、於保不二雄還暦『民法学の基礎的課題（上）』（有斐閣、1971年）〕）。もちろん、幾代博士自身は、細かな点についてその後も変遷しているし、そのほか下森定教授や四宮和夫博士など、有力な学者がさらに立ち入った見解を主張している。しかし、ともかくここで民法94条2項類推適用説を紹介するときには、必ず幾代博士の業績を引用しなければならない。それが作法というものである。

■ 引用にあたっての注意　　なお、念のために述べておくと、論文等の発表年を記すべきだという点は、共時的な分析を行うときも同様である。また、論文集に収録された論文を引用するときには、初出の典拠・刊行年をきちんと調べて書くことも心がけてほしい。もちろん、これは面倒な作業だし、場合によっては不要なときもあるのだが、慣れないうちは勝手な判断を下すべきではない。少なくとも、初出まできちんと引いてあれば、ていねいな仕事ぶりが感じられて、それだけでもプラスの評価を受けることになる。とくに第一論文を書くような場合には、心すべきことがらである。

4−2　影響関係の分析

次に，学説史という以上，時系列に従って学説相互の影響関係を分析しなければならない。

■先後関係の確定　そのためにはまず，個々の学説を発表年の順に並べ，その先後関係を確定する必要がある。量が多い場合は，文献リストをつくるといいだろう。きちんとしたリストがあれば，それを見ているだけでもいろいろなことが想像できるものである。

■引用のチェック　もっとも，それはあくまでも準備作業にとどまる。実際に学説相互の影響関係を調べるための最大の手がかりは，それぞれの論文でどのような先行業績が引用されているかである。先行業績のどの部分をどう評価し，批判しているか。注のなかでさりげなく触れられていることまで含めて，それを徹底的に分析する必要がある。

■一般的なレベルでの影響関係　このほか，必ずしも論文自体のなかに明示されていなくても，そのなかに先行業績からの影響を読みとることができる場合も少なくない。もちろん，同じ問題に関する先行業績から影響を受けていながら，それを引用しないことは，まずありえないし，あってはならない。見落としがちなのは，より一般的な問題に関する既存の考え方からの影響である。とくに，方法論レベルのそれが重要である。たとえば，同じ損害賠償法に関する論文でも，利益考量論の影響を受けているものもあれば，法の経済分析の影響を受けているものもある。そうしたレベルでの影響関係が確定できれば，その学説を理解するうえで非常に役に立つ。学説の影響関係の分析にあたっては，幅広い視野をもつ必要があるというべきだろう。

■学説史に関する一般的な知識の重要性　なお，この分析にあたっては，背景的な知識として，学説史の一般的な知識をおさえておくことが望ましい。民法制定後の注釈・解説の時代，学説継受期，そこからの転回期，戦後しばらくの法解釈学不振の時期，その後の法解釈学の復興期というような区分とそれぞれの時期の特色に関する知識がそれである（たとえば，星野英一「日本民法学史」同『民法講義総論』37

第3章 「体」——論文のプラクシス

頁以下（有斐閣, 1983年）〔初出, 法学教室8～11号（1981年）〕を参照）。もちろん, これはあくまでも一般的な学説史であって, 個々の問題につねに直結しているわけではない。しかし, それでも, それぞれの学説の意味を理解し, 相互の影響関係を確定するうえで, こうした知識が直接・間接に役立つことは間違いない。とくに, 学説継受とそれに対するリアクションは, 日本の学説史を理解するうえで, 必要不可欠な知識だということができる。

4-3　全体の流れの探究

■学説史全体の流れの探究　このように, 学説相互の影響関係を検討することは, 同時に, 学説史全体の流れを探究することでもある。そして, まさにこうした流れを明らかにすることが, 学説史研究に求められているといわねばならない。それは,「学説史」と称して, 個々の論者の主張が年代順に羅列された場合を考えてみればわかる。多くの人は途中で嫌気がさして読むのをやめてしまうだろう。忍耐強く最後まで読み通したとしても, そこに何が書かれていたのか, 結局思い出すこともままならない。これは, 人間の情報処理能力の限界という問題と密接に関係している。つまり, 人間は, 複雑で大量の情報を同時に処理できない存在である。個々の学説を脈絡なく並べられても頭に入らないのは, このためである。そこで理解を促進するためには, 個々の情報をいくつかにまとめて, 全体の配置図（マトリックス）をつくる必要がある。そうすることによって, 個々の情報をそのまま頭に入れる必要はなくなり, その意味と全体の位置づけを理解すれば足りるようになる。学説史全体の流れとは, まさに個々の学説を位置づけるマトリックスにあたる。もちろん, 流れと称するものを安易につくりあげることは, 厳につつしまなければならないが, こうした全体の流れを探究することが学説史研究の目標だということはおさえておく必要がある。

■法令違反行為の効力を例として　たとえば, 先ほども触れた法令違反行為の効力を例にとって考えてみよう。この問題については, ごく初期の段階では, 違反行為の効力を原則として無効とする考え方が見られた。それに対して, 1929年に, 末弘論文が現れ,

第 1 節　「練」——素材の分析　第 1 款　学説

公益的見地から法令違反行為を機械的に無効とするのではなく，法令の目的と同時に，それを無効とすることによって生ずる私益的不公正も考慮する必要性が強調された（末弘厳太郎「法令違反行為の法律的効力」同『民法雑考』154頁以下（日本評論社，1932年）〔初出，法学協会雑誌47巻1号（1929年）〕）。これは，公法と私法を区別する考え方をこの問題にも導入したものだと見ることができる。その後，この末弘論文で示された考え方は，通説を形成することになる。この延長線上で登場したのが，前述した履行段階論である。つまり，同じく法令の目的と私益的不公正を考慮するにしても，それぞれの重要性は履行段階によって違ってくる。そう考えるならば，これも通説の一つのヴァリエーションとして位置づけられる。その限りでは，川井教授も磯村教授も一致している。ただ，両者は，そのうえで公法と私法の関係をどう考えるかという点で違いを見せている。川井教授は，公法と私法の区別をより徹底すべきだと考えるのに対して，磯村教授は，とくに履行前の段階については両者を同じ法秩序に属するものとみている。この違いは，前者は1967年，後者は1986年と，両者の論文の発表年の間にほぼ20年の開きがあることと考えあわせれば，示唆的である。磯村論文から7年後の1993年に，大村敦志「取引と公序（上）（下）」（ジュリスト1023号，1025号。その後，『契約法から消費者法へ』（東京大学出版会，1999年）に所収）が登場し，その3年後の1996年に，山本敬三「取引関係における公法的規制と私法の役割(1)(2・完)」（ジュリスト1087号，1088号。その後，『公序良俗論の再構成』（有斐閣，2000年）に所収）が現れている。これらはいずれも——論拠はかなり異なるとはいえ——公法と私法の相互依存関係を認めようとするものである。かつての公法と私法を峻別する考え方に対して，両者の関係を見直す方向が有力になりつつある。そう理解するならば，磯村論文は，その変化のきざしを示すものとして位置づけることもできるだろう。

■ **時代背景の探究**　もちろん，今後の議論の進展によって，流れの理解の仕方も当然変わってくる。しかし，ここで問題にしているのは，以上の分析の当否ではない。学説史の検討にあたっては，こうした全体の流れを探究することが必要だということである。そして，この例か

第3章 「体」——論文のプラクシス

らもわかるように，それぞれの学説は，それぞれの当時の社会情勢と時代思潮を背景として成り立っている。末弘論文と川井論文，磯村論文，大村論文，山本論文では，それぞれ答えようとした問題にも違いがあるし，前提とされたものの考え方も異なる。そうしたレベルにまで立ち入ってはじめて，それぞれの学説の意味がわかり，全体の流れが見えてくることもある。学説史研究は奥が深い。そのことを，ここではとくに強調しておきたい。

第2款　判例・裁判例

1　判例・裁判例の有用性と分析方法

1-1　最上級審判決と下級審判決

■判例としての判決　　第一論文においては，もちろん，「ドイツにおける○○」とか，「フランスにおける○○」とかのように，日本法にいっさい言及しない論文もありえないではないが，何らかの形で日本法が扱われ，そこにおいては，最高裁判決（決定を含む。以下とくに断らないかぎり同じ）や下級審判決について一定の検討がなされていることが多いだろう。ところが，こういった判決（決定）を検討するはなぜなのか，が十分に吟味されていない論文も多い。しかし，なぜ検討するのかを明らかにしなければ，その検討方法も明らかにならないはずである。

　まず注意すべきなのは，最上級審の判決を扱う場合と，下級審の判決を扱う場合とでは，その意味がまったく異なることである。

　「判例は法源か」という問題には，学問上はいまでもさまざまな見解がありうる。しかし，最上級審判決の形成するルール（規範）が，その後の判決を少なくとも事実上は拘束するのはたしかであるし，企業等の実務もそれを前提として行われている。したがって，最上級審判決の形成するルールを分析する作業は，現在，わが国で通用している法的ルールを分析する作業にほ

かならない。

　ここでいうルール，すなわち判例法は，最高裁の判決そのものではない。判決自体は一定の事案に対する判断であり，必ずしも抽象的な法命題を示すものとは限らないから，その事案に対する判断から帰納されるのはどのような法命題かが検討されるべきことになるし，逆に，抽象的な法命題の形で判示されていても，その射程いかんなど，特定の事案に対する判断であることを前提として独自の検討を必要とする（民法の個々の条文についても，「〇〇条は，Ａという場面を想定したものであって，Ｂという場面には適用がないと考えるべきである」といった議論がなされる）。

　この作業は，論文のなかで重要な位置づけを与えられることも多いが，判例評釈という独自の形態をとって行われることもある。そして，その双方で用いられるルール析出の方法は基本的に同様のものである。そして，判例評釈は，大学院生や助手が最初に与えられる課題であることも多いし，研究者・実務家になった後も取り組むことが多いものである。そこで，本書では判例評釈について第5章のあとに「補論」を設けて，最上級審判決からのルール析出方法についてはそこで述べることにした。

　本款で述べるのは，下級審裁判例の検討方法である。

■**下級審判決の検討目的**　下級審の判決には，後の判決を拘束する事実上の効力もない。当該事件の解決としても，上級審で変更される可能性があるし，また，いくら多くの下級審判決が積み重なっても，最高裁が別の趣旨の判決を出せば，それ以降，その最高裁判決で示されたルールが通用することになる。

　したがって，理論的に突き詰めて考えると，下級審判決の示した結論や法律論は，ある人（裁判官）の考え方の表明にすぎず，それには学説と同じ位置づけしか与えられないというべきなのかもしれない。そして，そのような位置づけのもとに下級審裁判例を扱うこともあるし，そのときには，学説の分析方法と同じ方法が下級審裁判例の分析にも妥当することになる。しかし，実際上，下級審裁判例に対して，学説とは異なる位置づけを与えていると思われる論文も多い。これはどうしてなのか。事実としてどのような特殊な位

第3章 「体」──論文のプラクシス

置づけが与えられているのか。また，特殊の位置づけを与えることを論理的に支持しうるのか。これらの点にどう答えるかは，下級審裁判例の分析方法にも影響を及ぼす。

網羅的ではないかもしれないが，さまざまな論文において与えられている下級審裁判例の位置づけには，次のようなものがあると思われる。

まず，多数の下級審裁判例を集合体として見る場合と単体としての下級審判決を見る場合とに大きく分けることができる。

1-2 多数の下級審裁判例を集合体として見る場合

■ 法律構成の適合性を示す　　網羅性をも企図している長大な論文においては，多数の下級審判決を集合体として分析することがしばしば行われている。比較的最近のものをあげれば，池田清治『契約交渉の破棄とその責任──現代における信頼保護の一態様』（有斐閣，1997年）がその代表例である。このときの下級審裁判例に対する位置づけには，およそ四つのものがあると思われる。

第一は，適合的な法律構成を示していると位置づけるものである。たとえば，契約締結上の過失責任の法的性質について議論があり，不法行為説，契約上の債務不履行説，信義則上の債務不履行説があるとしよう。そして，ある論文が，「この三説は択一的・排他的なものではなく，事案の類型ごとに適合的な法律構成が異なるのである」という主張をしようとしているとする。このとき，従来の多数の下級審判決を事案ごとに整理し，それぞれ支配的な法律構成が異なることを明らかにしたならば，その主張に一定の説得力を加える要素となる。

あるいは，最高裁や学説が一定の法律構成を示し，一見，異論がないように思われるにもかかわらず，実際にはそれに従っていない下級審判決が多い，あるいは，事案類型によっては別の法律構成をとる下級審判決が多い，という事実は，最高裁や学説が示している法律構成のそもそもの妥当性やその妥当範囲を再考するきっかけとなるとともに，従来の法律構成への批判に一つの根拠を与える。

■ 落ち着きのよい解決・結論を示す

第二に，落ち着きのよい解決・結論を示していると位置づけるものである。同じく契約締結上の過失責任を例にとれば，事前の交渉がどこまで進むと，一定の信頼関係が形成され，その後の契約交渉破棄が違法と評価されうるか，という問題を考えるとき，従来の多数の下級審判決を整理し，実際の裁判例では○○という事情が存するか否かがポイントとなっている，ということを示しえたならば，具体的な分岐点を主張する一定の根拠となる。

あるいは，最高裁の諸判決によって，民法177条にいわゆる「第三者」には背信的悪意者は含まれない，という判例法理（ルール）が確立されているとき，従来の多数の下級審判決が，具体的にどのような者を「背信的悪意者」であるとしているかを整理し，抽象的基準では「単純悪意」としかいえないと思われる者も広く「背信的悪意者」の範疇に取り込まれていることを示しえたならば，悪意者排除説を主張する一定の根拠となる。

■ 生成中の判例法理を示す

第三に，以上とも関連するが，生成中の判例法理を示していると位置づけるものである。もちろん，大方の下級審判決に反して，最高裁が別個の見解を示したり，下級審判決が対立しているとき，最高裁が一方を採用することを明らかにしたりすることも多いが，最高裁判所の判決により判例法理が確立する以前に，同様の法理を述べる下級審判決が集積していくことはよくある。これは考えてみると当たり前のことである。下級審は，他の領域における確定した判例法理を前提にして判決を下している。最高裁判所が新たな問題について判例法理を明らかにするにあたっても，他の領域における自己の判断と矛盾しないようにする。同じ拘束条件のもとでの判決なのである。したがって，大方の下級審判決が同一の見解を示しているという事実は，最高裁判所の判決が存在しない領域における判例法理を予測するにあたって重要な意味をもつ。

■ 実際に生じている紛争を明らかにする

第四は，実際に生じている紛争を明らかにしているものと位置づけるものである。たとえば，譲渡担保に関して学説が一定の主張をするとき，動産譲渡担保が意識的または無意識的に念頭に置かれていたとする。こ

第3章 「体」——論文のプラクシス

のとき，多数の下級審判決を検討し，そのほとんどが不動産譲渡担保に関するものであることを明らかにすることによって，「論ずべきなのは不動産譲渡担保である」という主張を基礎づけることができる。

　また，Aという学説は広い支持を受けているが，aという事案では不都合が生じる。これに対して，Bという学説はbという事案で不都合が生じるとされ，必ずしも支持者が多くない。このようなときに，「B説を支持すべきである」と主張したい。しかるに，従来の下級審判決を網羅的に検討してみると，実際にはbという事案はごくわずかであり，aという事案は予想に反してかなりの頻度で生じていることが明らかにできれば，上の主張に一つの根拠を与えることができる。

1-*3* なぜ根拠となるのか

■ 学説とは別種の説得力　　下級審裁判例に対する以上のような位置づけは，さまざまな論文に見られるところであり，実際，そのおかげで当該論文は説得力を増している。しかし，それぞれの場合，どうして一定の根拠となっているのかをきちんと説明しようとすると，かなり難しい。

　まず，「第一」「第二」「第三」の位置づけについて考えよう。

　下級審判決が30件積み重なっているとする。たしかに，それらは，適合的な法律構成・落ち着きのよい解決・予想される判例法理を示していると思われる。それでは，30人の学者が同じ主張をしている場合と異なるのか。裁判官の法律構成・結論提示を，プロの法律家が行っているがゆえに尊重するのならば，民法学者30人や弁護士30人が主張していても同じはずである。学者も弁護士も法律のプロである点では，裁判官と同じである。しかしながら，下級審といえども，裁判例には学説にない何かがあり，それが学説とは別種の説得力を形成していると感じている研究者は多い。これは何なのか。

　一つは，具体的な事案に即した判断だということだろう。実際の事件に立ち会うことの少ない学者と違って，裁判官の書く判決は，社会の現実に基礎を置いており，その点で学説とは異なる。頭の中で考えた妥当な法律構成・

結論よりも，現実的な妥当性が高いと予想される，というわけである。

もっとも決定的な理由ではない。学説の中にも現実に基礎を置いたものはいくらでもある。また，下級審判決こそが現実に基礎を置いているというのならば，法律審である最高裁判決よりも妥当性の高いものと予想しなければならないはずであるが，そうは考えられていない。しかし，一定限度は正当なものを含んでいるといえよう。

もう一つは，下級審判決が，判決である限りにおいて公権力・強制力と結びついているということだろう。判決は，上訴があったとしても，少なくとも判決時においては強制力の付与が予定された形で存在しているものである。そして，上訴されないかぎり，強制力をもつものとして当該紛争を法的なレベルでは終結させることになり，わが国の社会の法的ルールとして機能することになる。このような強制力は，ある意味では言いっぱなしの学説とは異なり，判決に独自の権威を与えることになる。

もっとも以上の点は議論が分かれうるであろう。そのような権威は仮の権威であり，我妻説の方がよほど事実上の拘束力をもたらし，権威が高い，という反論もできる。

■ 何を目的とするのか　　結局，以上の二つはそれぞれ独立には疑問点もあるが，双方相まって，下級審裁判例には，学説とは別個の位置づけが与えられ，別種の説得力を形成している，ということであろう。ただし，突き詰めて考えればいろいろ問題があることは認識しておくべきである。深く考えずに下級審判決を並べたのでは，方法論的自覚を欠くものと評されることになる。『判例体系』や『リーガルベース』というような，いわゆる判例データベースがCD-ROMで供給されている現在，並べるだけならば誰でもできる。何を目的にするのかを考え，どのように分類して並べれば，その目的に適するのかを，十分に考えなければならない。

以上に対して，「第四」の位置づけ，すなわち「実際に生じている紛争を明らかにしているものと位置づける場合」は，結局，実態調査よりも簡単にできる，ということに尽きるように思われる。後に述べるように，この位置づけにはかなりの問題点があるが，しかし，実際には行われているし，一概

第3章 「体」──論文のプラクシス

に排斥すべき方法ではなかろう。ただし，後に述べるような限界を十分に認識したうえで，行わなければならない。

1-4　単体としての下級審判決を見る場合

■ 導入としての意味　　論文の冒頭に下級審裁判例をあげる例は多い。これは，実際の紛争例を紹介し，自分の問題提起の現実性を示すイントロダクションとしての意味しかない。ただ単に，「こういう判決がある」，「こういう紛争がある」というだけである。

それはそれでよい。何らかの問題提起をしたいとき，論文の読み手に当該問題提起の現実性を理解させ，論文に引き込むためには，現実の紛争例としての下級審裁判例の提示は有用である。しかし，それだけで論文が完成すると思ったり，それだけで解釈論的な帰結の根拠になると考えたりしてはならない。あくまで，問題提起にすぎないのである。

2　分析にあたっての注意点

2-1　限界認識の必要性

■ 公表された下級審裁判例のバイアス　　下級審判決を多数収集して分析するにあたっては，公表された裁判例の傾向は現実に下された全裁判例という母集団の傾向を反映していないことが多いことに，まず注意しなければならない。『判例時報』や『判例タイムズ』は，全下級審裁判例から無作為に抽出して登載裁判例を決めているわけではないのである。これらの雑誌は実務に参考になる判決を紹介する，という立場をとっている。そうすると，これまで現れなかったような事案類型についての判決は掲載されやすく，いつも多数係属しているような事案についての判決は紹介されにくい。これまでと同じ法律構成をとった判決は載りにくく，一風変わった構成をとった判決は載りやすい。むしろ母集団の傾向を反映していないところに特徴が存するのである。

欠陥商品だといって契約解消を求めていく事件，医療過誤だといって損害賠償を求めていく事件，これらはきわめて多いが，ほとんどの訴訟においては原告が簡単に敗訴している。しかし，そういう例は当たり前すぎて雑誌には載らない。そのようななかで，かなり薄い根拠しか存在しないにもかかわらず，たまたま原告の主張を認めた判決が下されると，雑誌に掲載される。

さらに，この特殊な傾向が，一種の「運動」によって加速されることもある。一定の運動と結びついている雑誌は，自らの運動にプラスの方向を与える裁判例は，なるべく雑誌に載せようとする。そして，たとえば，その判決が地方裁判所のものであるとき，高等裁判所で結論が逆転した場合でも，控訴審判決は雑誌に載せないようにする。そうすると，ある事案において，原告を勝訴させた判決が1件存在し，被告を勝訴させた判決は存在しない，という状況が生まれるのである。

もっとも，こういう「有意選出法」（「無作為抽出法」に対比される統計学上の用語）によっても，標本をセレクトする主体の数が十分に多く，その主体の標本選出傾向が十分にばらついているならば，全体として無作為標本抽出に近い状態が生まれることもある。しかし，以上のことは十分に注意しておかなければならず，下級審裁判例の分析がもつ意味の限界を認識しておかなければならない。

■ **判決にまで至る事件の特殊性**　公表された裁判例は十分にばらついているものであっても，判決に至ったという点で当該事件はかなりの特殊性を有しているといえる。「日本の裁判官は和解が好きだ」というのは聞いたことがあるだろう。各年度の『司法統計年報』を見てみればわかるが，地方裁判所に民事訴訟が提起されても，最終的に判決にまで至るのは，そのうち半数以下である。3分の1は和解で終わり，6分の1は取下げとなる。

和解が成立しない理由はさまざまである。しかし，判決にまで至った事件の傾向が，提起された事件全体の傾向を反映しているとはとても考えられない。判決に至った事件であるということ自体が，その事件の特殊性を表しているのである。

第3章 「体」——論文のプラクシス

　和解や請求の全面的な認諾によって，判決に至らないうちに訴訟を終了させるという方法をうまく用いることによって，判決の傾向を意図的にコントロールすることもできる。たとえば，一定種類の金融機関がバブル期に行っていた一定の業務につき，損害賠償請求訴訟が多数の顧客から提起されていたとする。金融機関側は「負けそうだ」と思えば，原告の主張をかなり認める形で和解に応じたり，場合によっては請求を全面的に認諾する。「勝てそうだ」と思えば，終局判決にまで至る。そうすれば，判決を見ているだけの者には，金融機関の連戦連勝だと思わせることができる。そして，連戦連勝ムードをつくることによって，その後の訴訟においても，有利に事を進めることができるようになる。「負け」の形で確定した判決は残したくないという考慮は，多数の訴訟をかかえる大会社においてはつねになされる。

　さらに，訴訟に至ったこと自体が，当該紛争の特性を表しているともいえる。訴訟で負けそうな事案については，顧客からの要求にすみやかに応じていることは容易に推測できる。たとえば，使用者責任に基づき訴訟外で損害賠償を請求されているとき，顧問弁護士に相談しても，社内で検討しても，訴訟になったら勝ち目がないとされれば，その時点で賠償金を支払うのである。

　以上の点も十分に認識しておかなければならない。

2-2 事実認定という変数

■ 取捨選択の基準の自覚　　限界についてばかり述べていると，下級審裁判例の分析には何らの意義も認められないと主張していると思われるかもしれないが，そうではない。ただ，いわゆる「下級審裁判例の分析」とは，「公表された下級審裁判例の分析」であって，いくら網羅性を期してみても，「下級審全裁判例の分析」ではありえないし，「現実の法的紛争の分析」でもない。このことの限界を認識すべきだ，というだけである。

　それでは，以上の限界を認識したうえで，下級審裁判例を分析するにあたっては，どのような点に注意すべきであろうか。判例集の読み方という，よ

り具体的なテクニックについては後回しにして，ここでは，事実認定と法律構成との関係，さらには事実認定と結論との関係について注意を喚起しておきたい。

　たとえば，「契約締結上の過失」責任に関する下級審裁判例を分析・検討しようと考えたとする。ところが，実際の訴訟において，相手方が契約交渉を一方的に打ち切ったことに対して損害賠償を求めていこうとする当事者は，けっして最初から「契約締結上の過失」責任を主張したりはしない。まずは，「契約は成立している」と主張し，被告の債務不履行責任を追及していくことになる。「契約締結上の過失」責任の主張は，せいぜい仮定的主張，つまり「仮に契約が成立していないとしても」という主張にとどまる。したがって，裁判官は，「この事案ではいくらかの損害賠償責任を認めるのが妥当である」と判断したとき，「契約締結上の過失」責任を肯定するという途をとらなくてもよい。裁判官は，「契約が成立している」と認定するという構成をとることもできるのである。

　逆に，「損害賠償責任を認めるべきでない」と裁判官が判断したとき，裁判官は，「いわゆる『契約締結上の過失』責任については実定法上の根拠がなく，認めることができない」というように，真正面から議論を展開する必要はない。もちろん，そうしてもよいのだが，事実認定にあたって，契約交渉の進展度合いを低く認定して，被告の責任を否定する方法もあるし，「本件において，被告が一方的に契約交渉を打ち切ったと主張している時点においては，いつにても契約交渉を打ち切ってもよいというのが両当事者の黙示の意思であった」と認定してもよい。

　要は，事実認定を動かすことによって，判決の書き方はさまざまなものとなりうるということであり，法律構成の取捨選択は，いかなる事実を認定するかということと切っても切れない関係にある。そうすると，「『契約締結上の過失』責任を取り扱った下級審裁判例を網羅的に分析する」ときに，どこまでその範囲に入れるかが大きな問題となる。この点で，『判例体系』などのデータベースが完備してきた現在，かえって安直な論稿が増えているような気がする。データベースにキーワードを入れ，ヒットしたものだけが関係

判決だという態度である。しかし，それではダメである。まずはかなり広く射程をとって判決を収集し，それらを読み込んでいく過程で，取捨選択の基準を自覚的に形成していかなければならない。そして，その基準は論文中で明確に述べられていなければならない。この点でお気楽な論文は価値がない。

3　判決を読むための具体的なテクニック

3-1　最高裁判所判例集の読み方

■ 判例集冒頭部分の読み方

ここからは技術的な話である。

現実に裁判例の整理・分析を行う際には，実際の判決を自分で読まなければならない。学生時代は，『判例百選』などに，〈事案〉と〈判旨〉がきれいにまとめられているもので勉強したことが多かったと思うが，論文を書くにあたっては，自分で判決の中から〈事実〉（以下，判例集から摘出し，整理した事実関係，言い換えれば，論文において事実関係として示されるところを意味するときには，〈事実〉とする）を抽出し，整理していくことになる。しかし，そのためには一定の技術が必要である。

まず，公式判例集である『最高裁判所判例集』の読み方から始めよう。民事部分が『民集』とよばれているものである。以下は，手元に『民集』を置き，参照しながら，読んでほしい。

まず，冒頭から読む。事件名が書いてあるが，これは当事者の請求との関係で定まってくる。大体どんな事件かをイメージするのに参考にはなるが，あまり意味はない。

次に，事件名の後のかっこ内や，当事者の記載を一応見る。このあたりは，事件がどんな経過をたどっているかを示すものである。本書の執筆者の一人は，学生時代，この部分から事件の法的な難しさがわかると教わった記憶がある。第1審から最高裁に至るまで勝敗が二転三転している，つまり控訴人が被上告人となり，さらには破棄自判や破棄差戻しになっているならば，「これは微妙な事件だぞ」という予想がつく。これに対して，控訴人が上告

し，上告棄却になっているのならば，第1審から勝訴者は変わらなかったわけだから，「まあ，結論には問題ないんだろう」と一応考えることができる。こういうわけである。これはたしかにそうなのだが，あまり予断をもつのも禁物である。また，代理人欄に記載がなく本人訴訟であることがわかったりもする。あまり重視してはならないが，一定の参考にはなる。

その後，判示事項および判決要旨を，ざっとだけ見る。これらは，最高裁判所の判例委員会という組織が，編集上付したものであり，判決文そのものではない。もちろん，最高裁判決をうまくまとめたものであることが多い。しかし，そうであっても，最高裁のレベルで争われたことのうち，さらにその一部だけを対象としているものであって，第1審レベルからの争点すべてがそこに表れているわけではない。

事件をきちんと理解するためには，第1審から順に見ていくことが必要である。そこで，ページをずっととばして，「○参照　第一審判決の主文，事実及び理由」という欄に移る。

3-2　裁判所によって認定された事実関係

■「事実」の読み方　　そのうち，「事実」をまず読む。ここにいう「事実」とは，「どういった事実関係があったと裁判所で認定されたか」という意味で使われる〈事実〉とは異なる。当事者の主張が書いてあるところである。「事実」は，原告の主張，それに対する被告の主張，場合によってはさらに原告の再主張，被告の再主張，という順序で書いてある。

さて，第1審判決をとりあげるとき，論文において〈事実〉として書けるのは，「当事者間に争いがない事実」および「当事者間に争いがあるが，裁判所がその存在を認めた事実」である。

前者は，当事者の主張をていねいに読んでいくことによってわかる。訴訟当事者の一方が主張した事実を他方が争わない場合は，その事実は他方によりその存在が自白されたものと見なされ（民事訴訟法159条1項），裁判所はその事実が存在するものとして，そのまま判断の基礎にしなければならない

(弁論主義からの帰結)。したがって，それは「裁判所によって認定された事実関係」の一部を構成する。

これに対して，争われている事実は，裁判所が証拠に基づいてその存否を判断して，それが存在すると判断されてはじめて，「そういった事実関係があった」ことになる。つまり，その判決の〈事実〉としてとりあげることができるものになるのである。裁判所によってその存在を認められないかぎり，それは「存在しない」ものなのである。

一方当事者がその存在を主張しているからといって，「たぶんそういう事実があったのだろう」と考えてはならない。これはよく取り違えられている点なので，注意を喚起しておく。当事者はあることないこといろいろ主張する。「あれだけいうのだから，たぶん存在したのだろう。裁判所は証拠がないといって認めなかったけれど」というのは，人がよすぎる読み方である。

■「理由」の読み方　「争いのある事実」のうち，裁判所が，どれを存在するものと認めたかは，「理由」のところに書かれている。もっとも，第1審判決の「理由」は，『最高裁判所判例集』においては省略されることも多い。しかし，裁判所名および判決年月日はわかるのだから，『判例時報』などに載っていないかを確認することは怠ってはならない。

論文における判決紹介の〈事実〉のところには，原告が何を請求したかも，はっきりと書かなければならない。これは，「請求した」ことが争うべからざる事実だからではない。判決の結論や法律構成をどのように理解するかに関係してくるからである。

判決の結論や法律構成は，「主文」および「理由」の記載で知ることになるが，たとえば説明義務違反の問題となる事例において，仮に原告が損害賠償だけを請求しているとすると，裁判所が自分のイニシアティヴで詐欺による取消しを認める判決を下すことはない。これが弁論主義である。したがって，原告が損害賠償のみを請求しており，裁判所がそれを認めたという判決を，「詐欺・錯誤を認めず，損害賠償請求を認容した判決」と分類することは誤りである。詐欺・錯誤が成立する可能性は判断の対象とならなかったの

である。

3-3　控訴審，上告審

■控訴審判決における事実認定の重要性　　控訴審判決の読み方は，第1審について述べたところと同じである。もっとも，事件が最高裁まで至ったとき，控訴審判決における事実認定は，第1審判決におけるそれよりも重要な意味を有することは指摘しておきたい。民事訴訟法321条1項が，「原判決において適法に確定した事実は，上告裁判所を拘束する」としているが，ここにいう「原判決」とは，控訴審判決のことなのである。したがって，最高裁判決までまとめて紹介するとき，〈事実〉として書くべきなのは，第1審判決の認定事実ではなく，控訴審判決の認定事実である。

　もっとも，両者の違いに意味がある場合もある。たとえば，第1審判決は，契約の成立を認め，債務不履行に基づく損害賠償を被告に命じたところ，控訴審判決は，契約の成立を否定し，しかし，契約交渉の不当破棄があり，これは信義則違反であるとして，被告に損害賠償を命じた。しかるに，損害賠償の範囲が問題となって上告され，最高裁は，損害賠償の範囲は信頼利益に限られるという判決を下した。こういう場合である。

　そのときには，以上のように，第1審判決と控訴審の事実認定の差がわかるように説明しなければならない。しかし，上告審の前提とするのは，控訴審判決による事実認定なのである。

　最高裁判決を読む前に，上告理由を読む。上告理由は，民事訴訟法312条で制限されているが，現実の上告理由では，その制限が守られていないことがしばしばである。事実認定を問題としたり，はては激情に満ちたアジテーションのようなものもある。これらを本気で相手にしてはならない。最高裁判決で相手にされた上告理由だけをとりだし，「上告理由は多岐にわたるが，最高裁でとりあげられたのは次の点である。すなわち，……」と書けばよい。

　最高裁判決の読み方，そこからのルール抽出方法については，先に述べたように「補論」に譲る。

153

第3章 「体」——論文のプラクシス

3-4 『判例時報』『判例タイムズ』等の読み方

■「コメント」はくせもの　　ここまで『最高裁判所判例集』を例にして判決の読み方について述べてきた。しかし、とりわけ下級審裁判例を紹介・検討するときには、『最高裁判所判例集』によることよりも、『判例時報』『判例タイムズ』などの商業的判例雑誌や、『下級裁判所民事裁判例集』などによることの方が多い。

このときも、読み方は同じである。ただし、とりわけ初期の『判例タイムズ』などは、事実関係部分の記載が乏しく、判決文の中からわかるだけの事実を書き出していくという方法によるべきことが多い。判決理由中にまとまった形で事実認定が書かれるようになったのは、比較的最近のことである。

そして、とくに商業的判例雑誌には「くせもの」がついている。判決の直前に、囲み記事の形で載っている「コメント」である。「コメント」が、これまでの裁判例などを整理してくれているだけならば、ただありがたく参考にすればよい。ところが、とりわけ事実関係の記載が少ない判決に付されている「コメント」には、事実関係が補足として記載されていることがある。

これはたぶん正確なのであろう（実際にその判決を書いた裁判官が、「コメント」を書いていると思われる）。しかし、判決における事実認定ではない。したがって、「コメント」に記載されている事実関係は、本来、論文中にとりいれてはならないものである。ただし、そうはいっても、とくに下級審裁判例を事案ごとに分類して整理しようとしているときなど、どうしても「コメント」に頼りたくなる。ある程度仕方がないともいえるが、そのときには、事実関係は「コメント」によった旨をきちんと書いておかなければならない。

3-5 補足的な注意

■古い判決の読み方　　比較的最近まで、商業的判例雑誌に載っている下級審判決には、事実関係がわかりづらいものが多かった。もっと以前、大正時代初期や明治時代の判決は、大審院のものであっても事実関係がわかりにくい。また、判決の書き方も整備されておらず、どこまでが原判決認定事実で、どこが上告理由で、どこからが大審院の判断なの

か，最初はなかなかわかりにくい。しかし，漢文調とはいえ，日本語で書かれているのであるから，ていねいに読んでいくほかはない。

技術的なことをいえば，いくつかの色のラインマーカーで区別を施していくとよい。

■ **新様式による判決** 1989年1月，東京高・地裁民事判決書改善委員会と大阪高・地裁民事判決書改善委員会合同で，「民事判決書の新しい様式について」という改善案が公表された。その後の判決では，ここで示された新様式に従うものも増えてきている。この新様式に従う判決に対しては，ここまで説明してきた読み方がそのままの形ではあてはまらない。とくに，当該判決における〈事実〉を確定するにあたっての方法が異なってくる。すなわち，旧来の記載方法のように，「請求原因」（＝原告の主張），「請求原因に対する認否」（＝被告の主張），「抗弁」（＝被告の反論），「抗弁に対する認否及び再抗弁」（＝原告の再反論）という形になっておらず，何が争いのない事実で，どこに争いがあるのか，を直截に記載する方式となっているのである。

もっとも，この新様式は，判決における旧来の記載方法がわかりにくいという声に対処する目的をもって考案されたものであるから，とくに心配する必要はない。詳しくは，「民事判決書の新しい様式について」『判例タイムズ』715号（1990年），「特集・民事判決書の新しい様式をめぐって」『ジュリスト』958号（1990年）を参照されたい。

第3章 「体」──論文のプラクシス

第3款 外 国 法

1 外国法分析の有用性

1-1 外国法研究の現況

■論文の氾濫　「フランス法における瑕疵担保制度」「19世紀ドイツにおける暴利規制の発展」「イングランド法における信認義務の拡張過程」……。図書館で法律雑誌の2，3冊を手にとって目次をながめれば，この種の表題をもった論文に必ずお目にかかる。雑誌の種類によっては，このような論文が多数を占めるということすらある。それが，外国法研究の専門雑誌（たとえば，『日仏法学』『アメリカ法』など）ならば，驚くには及ばない。しかし，一般の法律雑誌（各大学の紀要類や『ジュリスト』『法律時報』などの商業雑誌など）を見たとしても，結果は同じである。

　実際のところ，日本では，民法（広く実定法）に関する「研究」として書かれている論文のうち，かなりの割合のものは外国法に関する分析を，その中心に据えている。フランスやドイツなどに比べて，民法研究における外国法分析のウェイトは格段に大きいのである。この点は，日本民法学の大きな特徴の一つであるといえる。その原因はどこにあるのだろうか。ごく簡単にいえば，それは，外国法に関する情報が日本法の研究にとって有用であるということである。

1-2 外国法分析は有用であった

■ドイツ学説の参照　日本民法学の歴史を振り返ってみると，法典の成立した19世紀末から1921年の末弘批判（末弘厳太郎『物権法・上巻』（有斐閣，1921年）の「序」で展開された）まで，すなわち20世紀最初の四半世紀においては，ドイツ法学全盛の時代が続いた。この時期に

は，ドイツにおける議論はそのまま日本にも通用する（すべき）ものとして導入されたが，そこには日本法とドイツ法を同視することができる（すべきだ）という暗黙の前提が置かれていた。この前提が承認されるならば，ドイツの最新学説の参照が有益なのは当然のこととなる。

■ **母法・継受法の研究** また，1965年の星野論文（星野英一「日本民法典に与えたフランス民法の影響」同『民法論集第1巻』69頁以下（有斐閣，1970年）〔初出，日仏法学3号（1965年）〕）は，日本民法典の基層にはなおフランス法の影響が残されていることを指摘し，ある制度の原型としてフランス法の対応制度を検討するという方法を提案した。「母法研究」「継受法研究」とよばれるこの方法は，1990年代に入り，池田真朗「指名債権譲渡における異議を留めない承諾(1)〜(3・完)」法学研究（慶應大）62巻7号〜9号（1989年）〔後に，同『債権譲渡の研究』（弘文堂，1993年。増補版1997年）に収録〕をめぐる論争（道垣内弘人「民法学のあゆみ」法律時報62巻10号（1990年）を嚆矢として複数の研究者によって展開された）が生じるまで，やはり四半世紀にわたって支配的な外国法研究の方法として，多くの論文において用いられてきた。この方法は，沿革における関連性に着目して，有用な情報を引き出すことができる外国法を特定しようという方法であった。

■ **機能的比較法** ある外国法と日本法を比較しても，制度の関連性は稀薄である場合も少なくない。しかし，このことは，その外国法の参照には意味がないということを意味するわけではない。外国法との比較をする場合，規範レベルでの比較ではなく問題レベルでの比較も可能だからである。ある特定の問題についてある外国法が与えている解決は，日本法の解決とは異なる制度によるものであるとしても，いかなる解決が与えられているかという観点からは大いに参考になるのである。たとえば，「事情変更の原則」について考えるにあたって，フランス法の不予見理論だけでなくイギリスのフラストレーションの法理を参照することには十分に意味がある（五十嵐清『契約と事情変更』（有斐閣，1969年））。このような考え方——機能的比較法とよばれることもある——に基づいて，日本法とは大きく異なるシステムをもつ英米法を参照することも可能になったのである。

第3章 「体」——論文のプラクシス

1-3 外国法分析はこれからも有用か？

■ 情報の稀少性　　以上のように，外国法研究の利点は，そこに含まれている情報の有用性に求められてきた。しかし，いくら有用な情報があるとしても，それへのアクセスが容易であるならば，その価値は必ずしも大きなものとはいえない。たとえば，日本民法典の規定（条文）は，研究にあたっての最重要の情報であるが，誰でも容易にアクセスできる情報であるために，条文を示すということだけでは，通常は「何か新しいもの」を含む「研究」にはならない。言い換えるならば，外国法に関する情報は，有用なだけでなく稀少であるがゆえに価値があるのである。外国法研究においては，いままでに学界が知らなかった情報を提供するという点に「何か新しいもの」が求められるのである。

■ 外国法情報の氾濫　　ところで，このようにいうと，次のような反論が予想される。国際化・情報化の進んだ今日，ゆっくりとしたスピードで行われる学者の外国法研究などに情報としての価値はあるのだろうかという批判である。たしかに，外国旅行が特権であった時代，外国語を解することが特殊な能力であった時代は，はるかかなたに過ぎ去った。今日では，必要な外国法情報は簡単に入手できる。事実，官庁や業界団体は外国法情報の収集のための海外視察を頻繁に行っているし，外国の支店や弁護士事務所を介して刻々と最新情報を集めている企業も多い。わざわざ外国に出向くまでもなく，インターネットなどによって入手できる情報も急速に増えている。学者の外国法研究はもはや無用の長物だというわけである。

■ 断片的な情報ではなく基本的知識を　　本当にそうだろうか。ある特定のことがらについてイエスかノーかで答えが出るような問題については，そうかもしれない。しかし，そのようにして集められた情報はきわめて断片的なものであり，偏ったものである。より広く深い知識を取得すること，あるいは，実務が必ずしも関心を寄せない問題を対象にすることによって「何か新しいもの」を付け加えられる可能性は，なお大きいといえる。

1-4　もはや学ぶものはない？

■ 自国法への関心　　より根本的に，外国法のことなど知ってどうなるのかという批判もありえないではない。外国法に関する新しい情報は集められるかもしれない。しかし，もはや日本が欧米に追いつき追い越すという時代ではない。有用な情報を外に求めるのではなく，自らつくり出すことこそが必要ではないかというわけである。この批判には聴くべき点も含まれている。外国法に正解はもちろんヒントも求められないような新しい問題もあることは確かである。その場合には自前の検討が必要だろう。また，外国法研究に腐心する前に国内になすべきことがあるともいえる。外国の最新理論は知っているが，日本の判例の状況は知らないというのは，日本の実定法学者として健全な状態とはいえないだろう。

■ 実定法の相対化　　とはいえ，一見したところ新しい問題に見える問題も，実は，古くからある問題の延長線上に考えられるということは少なくない。たとえば，電子商取引について考えるには既存の証拠法に関する再検討が有用だろうし，人工生殖に関して親子や婚姻の概念との関連を無視してはそもそも議論ができない。また，日本法の特色を知り，その将来を考えるにあたっては，外国法との比較対照が大きな武器になる。自国法にしか関心を示さないように見える欧米の研究者たちも，実は，外国法に無関心なわけではない。フランスのように自国中心の国においても，たとえば，20世紀の前半にはドイツ法に強い関心が寄せられた。そして，そのことがフランス法学の発展の一つの原動力ともなった。また，大陸法諸国においては共通に見られるローマ法に対する関心は，日本の民法研究者が母法（フランス法やドイツ法など）に対して有する関心とパラレルなものとして理解できる。

　「いま，ここに」ある問題について考えるに際しては，「いつか，どこかに」あった問題を参照することが役に立つし，「自分自身」について考えるには「他者」の存在を鏡にすることが欠せないのである。

第 3 章 「体」——論文のプラクシス

1-5 第一論文にとっての外国法研究

■ 研究能力を養うために

すでに述べたように，第一論文では，多くの場合，外国法研究がそこに含まれていることが要求される（第1章第2節 2-3）。それは「どうしてなのか」という問いに対する答えは，ここまで留保してきた。以上述べたところから，「有用なので」という答えはできる。しかし，第一論文における外国法研究の意義は，どうもそれだけに尽きないように思われる。

研究者としての基礎能力を養ううえで，外国法を素材とした研究を行うことは，現在でもなお有用であると思われる。端的にいえば，ドイツやフランスの方が，日本の民法学よりも伝統が古く，そこに豊かな学問的な蓄積がある。わが国の先行業績を洗ってみるだけでは，直面する問題を解明するに十分な素材は見いだし難いが，外国法の分析を通して，豊かな議論の素材が得られるといった局面は，現在でもかなり多いであろう。これらの素材と向き合い格闘することを通じて，あなたは研究能力を磨くことができるのである。別の言い方をすると，たしかに，研究の対象である法現象そのもののレベルで見れば，欧米と日本との間の差はほとんどなくなったのかもしれない。しかし，法現象にアプローチする法学（民法学）のあり方というレベルで考えると，日本民法学にはなお不十分な点が残されているといわざるをえないのである。

■ 日本民法学の従属性？

あるいは，もしかするとこれは，民法学だけでなく，日本における知識のあり方一般にかかわるような理由と結びついていることなのかもしれない。この点については，平井教授が指摘される，民法解釈学における「漢意（からごころ）」と「倭意（やまとごころ）」の問題が示唆的である（平井宜雄「『法的思考様式』を求めて——三五年の回顧と展望」北大法学論集 47 巻 6 号 129 頁以下（1997 年））。すなわち，仮に外国法の影響（漢意）を徹底的に排しようとしたとしても，「知識を体系化・理論化するのには，所詮別の『漢意』（もはや『洋意』かもしれませんが）の力を借りなければならないのが日本における知識のあり方」であって，法律学もその例外ではないというわけである。

もっとも，注意すべきなのは，以上のような説明をしたとしても，それは，日本における民法学を，外国の民法学に従属的なものとして考えることを意味しないということである。フランスやドイツもまた，先行する中世ローマ法学を出発点として，自国の民法学を形成してきた。ローマ法学の成果を自国の法学の状況に重ね合わせることによってはじめて，それぞれの国の民法学を樹立することができたのである。今日では，そうしてできあがったフランス法学やドイツ法学を指して，ローマ法学のコピーにすぎないとしてこれを貶める者はないだろう。私たちもまた，外国法を素材としてそこから学ぶことによって，自分自身を鍛え，そして，自国の民法学を鍛えればよいのである。

1-6 外国法の参照と日本法の独自性

■ 日本からの出発　　ところで，実定法の研究を行う民法学においては，外国法を研究するといっても，その際の問題意識ないし分析の視角は，つねに日本における民法学（あるいは法律家共同体）に内在的なものに由来しているはずである。つまり，外国法の議論を追いながらも，たえず日本民法学上の課題を意識しながら，考えをめぐらしているわけである。外国法から着想を得て，日本民法について一定の主張を論文で展開することがあったとしても，その主張は，もはや外国法そのものではありえない。法は，文化や歴史と同じく社会の分かち難い一部を構成するものであり，外国法をその文化から切りとって日本法（つまり，日本の社会）にとり入れるときには，つねに，法的な意味での「文化変容」が生じているのである。

これは，純粋の意味での（換言すれば，それ自体を目的とした）外国法研究を行っている場合でも同様である。当該外国法の理解の成果は，わが国の法律家共同体に向けられているのであって，その成果においては，わが国の法律家共同体が当然に発するであろう疑問，当然に陥るであろう誤解を予想し，配慮しつつ，その点をクリアに提示することが求められるのである。

■ 能動的な外国法研究を　　したがって，たとえば，わが民法に直接対応しそうな外国の法制度を検討するにあたっては，

わが民法には存しないが外国法においてこれを補完する機能を営んでいる別の制度や，外国法には存しないがわが国には存する別の制度についても，あわせて分析・検討を行わなければならない。そうしないで一つの制度のみを切りとって比較してみても，対応関係の存否自体が問われることになってしまう。

また，外国法研究にあたっては，当該外国では発せられていない「なぜ？」に答える必要もでてくる。たとえば，英米法では，動産売買契約において，目的物の引渡し後，買主に代金債務の不履行があっても，売主には契約解除権が存在しない。これがなぜなのか，について直接に答えてくれる英米法圏の文献は少ない。少なくとも代表的な教科書類においては，「なぜできないのか？」という問いが立っていないのである。このとき，当該外国法で問いが立っていなければ，問いを立てて答える必要はない，と考えてはならない。わが国の法律家共同体は，当然に「なぜ解除できないのか？」という疑問を発するのである。日本民法学に内在する問題意識ないし分析の視角に従って，外国法を研究することが求められるのであり，そのためには，日本民法学についての深い見識と洞察とが必要である（そのような目配りがなされた外国法分析の一例として，道垣内弘人『買主の倒産における動産売主の保護』（有斐閣，1997年）を読んでみるとよい）。

以上のように，対象に働きかける能動的な外国法研究を行うことによって，それを行う研究者の研究能力は高まる。また，日本民法学が，外国からの借物を脱して固有の特徴をもつに至るには，このような研究の蓄積が必要だろう。

2 外国法分析の前提

2-1 外国法分析の目的

■「新しいもの」を求めて

外国法には「何か新しいもの」がありうる。したがって，外国法の分析は日本の民法研究

の大きな潮流となっているのは，理由のあることである。しかし，実際に外国法の分析を行うに際しては，より明確な目的が意識されていなければならない。ただ，漠然と外国法の資料を読んでいるだけでは，意味のある「新しいもの」を見いだすことは期待できない。

では，どのような目的をもって外国法分析に向かうべきだろうか。これは最終的には，論文ごとに異なるといわざるをえない。しかし，どのような形で外国法が利用可能かは第2章の「型」のところで述べた。外国法の利用の仕方にはパターンがあるので，それを心得ていることは重要である。ただし，「型」に従うだけで論文が書けるわけではないことも忘れてはならない。

■ **直輸入の誘惑** このような一般的注意のほかに，外国法分析の目的についていえることは限られているのだが，次の点については注意しておいた方がよい。それは，外国法に「何か新しいもの」を見つけると，それを直接の論拠としてロジックを組み立てたくなるということである。「外国法ではこうなっている，だから，日本でもこうすべきだ」という主張は，ついしてしまいたくなるものである。

しかし，第2章でも触れたように，「母法がこうなっている」「比較法的に見てこうなっている」，「だから……」という論法（母法による論法・比較による論法）が妥当するためには，一定の条件が満たされていなければならない（第2章 **5**）。実際には，これらの事実から直接に導ける帰結はそれほど多くはない。それゆえ，このような形で外国法が利用できる場合（形式的論拠利用型）は，限られているといわなければならない。

■ **影響探究とモデル構成** では，通常，外国法はどう使われるのかといえば，「外国法はこうなっている」ということをヒントにして，これと対応する日本法の状況につき分析を加えるために用いられることが多い。やや細かく見れば，外国法が日本法の立法過程や学説史に対してどのような影響を及ぼしたのかを探究したり（影響探究型），外国法と日本法を対比することによって両者を説明できるモデルを構成する（モデル構成型）というような利用のされ方がよく見られる。第一論文には，外国法を分析して「一定の示唆を得る」ものが少なくないが，それらの多くは，

第3章 「体」——論文のプラクシス

影響探究やモデル構成の端緒をつかんだという性質のものとしてとらえることができるだろう。

　日本法のある制度が外国法の影響を受けたことを明らかにしたとしても，また，ある制度につき日本法と外国法とを統一的に理解できるモデルを構成することができたとしても，そのことによって直ちに，日本法における具体的な帰結が導かれるわけではない。個別具体的な問題の解決（たとえば，未登記の第一譲受人はやはり未登記の第二譲受人に対して明渡を請求できるか否か）は，制度の趣旨に関する理解の仕方（たとえば，日本法における対抗要件主義をどう理解するか）によって一定の方向づけを受けるものの，最終的にはさまざまな副次的要素（たとえば，判例法の現状との整合性，手続的な要請との調和，など）とのかねあいによって決まる。しかし，それでも，個別の「解釈論」を方向づけるより大きな枠組み（「解釈理論」）の構築は，民法学の重要な任務の一つであるといえる。そして，そのためには，通時的な影響探究にせよ，共時的なモデル構成にせよ，外国法を手がかりとするという方策が有益なのである。

■ **素材としての外国法の有利さ**　もちろん，「解釈理論」の構築のために利用可能な素材はほかにもないわけではない。「外国」ではなく「日本」の法——たとえば，民法以外の法領域における取扱い——が参考になることや，外国や日本の「法」ではなく，その「現実」——たとえば，社会的な実態がどうなっているのか——に着目することが有用なことも十分にありうる。離婚給付について検討する際に，離婚後の親子に対する社会保障法上の処遇を参照したり，離婚の実態を考慮に入れて，「解釈理論」を樹立することは，不可能ではない。ただ，日本民法学は100年の歴史のなかで，外国法に対する敏感な感性を磨いてきた。少なくとも現段階で，日本法の法制度を理解するための「鏡」として，最も精度が高いのは外国法研究なのである。

2-2 分析対象とする外国法

　外国法を検討の対象として分析を加える場合，そこでいう「外国法」とは

いったい何を指しているのだろうか。このような問いには，外国法は外国法ではないかという反応も返ってきそうだが，話はそう簡単ではない。

■ **どの国の法？　いつの時代の法？**　まず，ひとくちに外国法といっても，どの国の法を対象にするかという問題に直面する。次に，いつの時代の法を対象とするのかという問題もある。「何か新しいもの」を求めるという観点に立つならば，いずれの国のいずれの時代の法でも分析対象となりそうだが，民法学研究の観点から，古代エジプト法を研究対象にすることはほとんどない。

　実態に即していうと，国別では，フランス法やドイツ法に関する研究が多いが，イギリス（イングランド）法やアメリカ法の研究も少なくない。また，時代別では，現行法が多いのはもちろんだが，日本法の形成にとって重要な時期を選んで，その時期の外国法が研究されることも少なくない。

　このような傾向が生じている理由は，「日本法との関連性の大小」に求めることができるだろう。フランス法やドイツ法は日本民法の形成に大きな影響を与えた外国法である。イギリス法はフランス・ドイツなどの大陸法の考え方を相対化する視点をもっている。さらに，アメリカ法はその実験性において，現在の日本民法に大きな示唆を与えうる。それゆえ，これらの外国法を研究すれば，そこから何か日本法にとって意味のある知見が導き出される蓋然性は相対的に大きい。時代として，現在に特権的な地位が与えられるとともに，日本法と関係のありうる時期が選ばれるのも，同じ理由による。

■ **複数の外国法の参照**　もっとも，対象として選択すべき国や時代は一つに限られるわけでもない。たとえば，フランス法をとりあげるとしても，日本民法典編纂過程への影響を問題にすると同時に，将来に向けて新たな理論を構築するためにも参照するのならば，法典編纂期と現在という二つの時点のフランス法を対象とすることになる。また，ある問題に関する比較法的な趨勢を問題にするならば，フランスとドイツとか，フランス（またはドイツ）とイギリス（またはアメリカ）とか，法系の異なる複数の外国法を同時にとりあげた方がよいことになる。ただ，たくさんの外国法をとりあげるのには，言語や資料の壁がある。また，それらをクリアし

第3章 「体」——論文のプラクシス

ても、どうしてもそれぞれの分析は表面的なものにとどまりがちになる。これらの点を考えると、むやみに多くの国・時代を参照することには、消極的にならざるをえない。もちろん、多くの国を比較対照することによってのみ気づきうることもある。しかし、第一論文では少数の国・時代をとりあげて、くわしく分析を加えるという手法が、まず望まれる。別の国や時代の参照は、余力があれば行えばよい。また、後続論文で扱ってもよい。

具体的に、どの国・どの時代の外国法をとりあげるかは、どのようなコンセプトを描き、そのなかで外国法をどのように用いるかにかかっている。そして、この点を決定するにあたっては、論文の「型」が指針となる（第2章参照）。なお、それぞれの国・それぞれの時代につき分析をする際に注意すべきことがらは、いろいろあるが、それらをすべてここでとりあげることはできない。この点については、主な外国法につき、資料の検索の仕方を述べるところで、必要（かつ可能）な範囲で触れたい（第4章第1節）。

2-3 外国法のなかでの分析対象

分析対象となる外国法の選択に関しては、もう一つ問題がある。それは、外国法の何を分析するのかという問題である。

■ **外国法≠外国の教科書や論文に書いてあること**　ある国・ある時代の外国法に分析を加えるとして、そこでいう外国法とは、制定法なのか判例なのか、あるいは学説なのか。「○○という制度（問題）について、日本法の現状を明らかにし、外国法（××国の法）の現状と対比する」という作業を行う場合——これだけは、主題が決まったともコンセプトが定まったともいえないことは、すでに何度も述べたとおりである——、「日本法の現状」ということで問題にするのは、学説なのか判例なのか、については、私たちは意識せずともそれなりに敏感になれる。学説はこういっているが判例の実情はそうではないとか、反対に、判例はこうであるが学説はそうは考えていないという対比によって、主題が見いだされたりコンセプトがはっきりすることは少なくない。ところが、「外国法の現状」となると、この区別に対する意識が稀薄になってしまいがちなのである。実際のところ、「外国の

教科書や論文に書いてあること＝外国法」と解しているかに見える第一論文は枚挙にいとまがない。しかし，ある教科書や論文に書いてあることを直ちにその国の法と同視できるはずがないということは，日本法のことを考えてみれば明らかだろう。この点は重要であるが，見逃しがちな点でもあるので，注意が必要である。

■ **外国法＝外国の法律・判例・学説など**　このように，外国法分析の対象となるのは「外国法」ではあるが，その「外国法」とは，外国の「法律」であり「判例」であり，そして「学説」である。そうだとすると，外国法分析とは，外国の法律・判例・学説などの分析にほかならない。そして，分析の仕方について，そのそれぞれについての注意が必要であることになる。本書においては，主として日本法を念頭に置いてであるが，「学説」の分析の方法（本節第 1 款）や「判例・裁判例」の分析（本節第 2 款。なお，補論も参照）については，別に項目を立てて検討を加えた。外国法の学説・判例の分析に際しても，ここでの注意は基本的にはあてはまる（たとえば，「学説分析の心得」として述べたところは，日本の学説のみならず外国の学説についてもそのままあてはまる）。また，「法律」の分析について本書では項目を設けていないが，これは特別な説明は不要だろうという考え方によるものである。そして，外国法に関してもこの点はほぼ同様である。

　そこで，「外国法の分析」と題する本款では，「外国の」「法律・判例・学説等」のそれぞれについて「分析」の方法を説明することはしない。そうなると，「外国法の分析」には特別な方法はないことになりそうである。しかし，「法律・判例・学説等」が日本のものではなく外国のものであることに由来する特有の問題もある。以下，これらの点に焦点をあわせて，外国法分析の方法について述べることにしたい。まず，一般的な注意を促したうえで，より具体的な指針を示し，これとの関連で，ある意味では重要な，方法論的問題に触れることにしたい。

第3章 「体」──論文のプラクシス

3 外国法分析の盲点

3-1 常識の欠如

■**外国法の講義は出発点にすぎない**　外国法分析についてとくに項目を設けて説明しなければならない理由としては、まず、われわれには当該外国法に関する「常識」が欠けているということがあげられるだろう。これは、とりわけ第一論文の作成にあたる若い研究者にとっては、大事な点である。学部を卒業して大学院に入り、これからはじめての論文を書くという人には、外国法の常識が決定的に欠けていると考えた方がよい。これは、ある意味で当然のことである。日本法についてはともかく4年間をかけて勉強してきた。民法を専攻しようと考えたのだから、民法は好きだし、他の人よりもよく理解しているという自信はある。他の法分野──たとえば、憲法や商法・民事訴訟法あるいは刑法・行政法等々──についても人並みのことは知っている。しかし、これから取り組む外国法、たとえば、フランス法についてはどうだろう。学部のときにフランス法の講義を聴いたという人もいるだろう。しかし、そこで得られた知識はごくわずかである。どんなに密度の濃い講義であっても4単位程度の講義で伝えられることは限られている。

　たとえば、ある人が、フランス契約法を素材にして、日仏の意思理論について比較研究をしようと考えているとしよう。その場合、関連の知識──フランス人にとっては常識に属するような──を欠いていると、思わぬ落とし穴に陥ることになる。たとえば、フランスの証拠法について何も知らないと、そこでいわれている「意思」とは、第一次的には証書（書面）に表れた「意思」だということが理解できない。あるいは、裁判所の権限分配について十分に理解していないと、契約の解釈について法律審である破毀院が行っているコントロールの意味はとらえられない。

■かなり勉強してもまだ足りない　実は，この点は，かなり長い時間をかけて外国法を勉強しても——たとえば，外国に1〜2年留学しても——基本的には変わらない。このことは外国語学習と対比してみれば想像できるだろう。ある程度まで外国語ができるようになっても，ネイティヴ・スピーカーならば絶対にしないであろう誤ちを犯す。これはごく日常的に起こることである。この比喩を使っていえば，第一論文を書くために外国法に臨む人々は，自分自身を，まったく外国語ができないか，せいぜい片言で会話ができる程度だと思うべきである。大事な前提が抜け落ちていないか。これは，外国法研究に際して，つねに自問すべきことがらである。

3－2　日本法の投影

■気づきにくい色メガネ　ある意味では，上に述べたことと表裏一体なのだが，日本法の「投影」も私たちの犯しやすい過ちである。日本法の色メガネをかけて外国法を見てしまうのである。先ほど，大事な前提を無視していないか，つねに気をつけなければならないと述べたが，これは実は容易なことではない。無意識のうちに，うっかり日本法と同様であることを前提としていたために，問題自体に気づかない場合が少なくないからである。

　たとえば，フランスにおける公序良俗違反と日本における公序良俗違反とを対比するという場面を考えてみよう。ともすれば，われわれは，明文の規定はないが，社会通念上許されない行為の効力を否定するための規定，それが公序良俗規定だと考えてしまう。しかし，フランスでは，単純にそう考えてはならない。少なくとも，単純にそう考えるだけではすまない。フランス民法典は，その6条で「公の秩序及び善良の風俗に関する法律は，個別的な合意によってその適用を除外することはできない」と定め，1133条は「原因（コーズ）は，法律によって禁止されているとき，または善良の風俗若しくは公の秩序に反するときは，不法である」と定めている。前者は法律の効力に関する定めであり，後者はコーズに関する定めなのである。このことの

意味を考えなければフランスの公序良俗違反について検討をしたことにはならない。

　日本法の感覚で外国法のことを考えてはならない。このことも，外国語学習と対比すれば容易に理解できる。日本語の論理を投影して，外国語の文章を理解したり，あるいは自らつくってしまうということは，われわれのしばしば経験するところだろう。勝手な前提を付け加えていないかどうか。これも，外国法研究に際して，つねに自問すべきことがらなのである。

4　外国法分析の技法

4-1　慎重に，しかし，効率的に

■ 限られた時間のなかで　　外国法分析には思わぬ落とし穴がありうることは，すでに述べたとおりである。しかし，ただ「慎重に」と述べただけでは，実際の分析の助けにはならない。そこで，どのような点に気をつければ，「慎重に」分析できるのか。この点に関する具体的な指針を示すことにしよう。

　ポイントは，私たちの能力・資源は限られているということである。ある外国法を検討する場合，私たちはその国の法について十分な知識をもっているわけではない。多くの場合には言葉そのものも自由には使いこなせない。ところが，論文執筆にはタイム・リミットがある。だから，まず，外国語を完全にマスターして，次に，その国の法律について十分予備知識を得て……などといった余裕のある（反面，無目的かつ機械的な）勉強の仕方をとるわけにはいかない。必要な文献を読み進むなかで，あるいはそれと同時に，能力を向上させ，知識を身につけていかなければならない。

　これから，学説分析の場合にならって，共時的な分析，通時的な分析のそれぞれにつき，いくつかの指針を掲げるが，これらは，暗中模索・試行錯誤の探索を少しでも効率よくするための指針である。まず，ある時期（たとえば，現在）の外国法を分析する場合（共時的な分析）について述べ，その後，

歴史的な視点を入れて，ある外国法を分析する場合（通時的な分析）について説明する。

4-2 法源相互の重みづけを

　ある時期（たとえば，現在）の外国法について検討する場合に，まず最初にふまえておいた方がよいのは，研究の対象とする国で，さまざまな「法源」（ここでは，事実上のもの，間接的なものも含めて，広い意味で使っている）が占めている位置である。この点を十分に理解していないと，「○○法はこうなっている」という認識は，大きくひずんだものとなってしまいかねない。

■ 学説の地位　　たとえば，各国の法源体系において学説が占める位置は同じではない。Ａ国（たとえば，英米法の諸国がこれに近い）では学説が法源とされることはないのに対して，Ｂ国（たとえば，ラテン・アメリカ諸国の場合がこれにあたるだろうか）では，学説は法源として価値をもつとしよう。この場合に，Ａ国の学説を引用して，Ａ国法はこうなっているといっても無意味だろう。それらは，実定法とは別の理論として主張されているとみなければならない。逆に，Ｂ国の実定法を知るためには，学説を無視することは許されないということになる。このような両極端の場合でなくとも，たとえば，フランス法とドイツ法とを比べると，学説の権威はドイツにおいてより大きい。したがって，学説間の論争が実定法との関係でもつ意味も，ドイツとフランスとでは異なるといわなければならない。

　なお，ドイツとフランスの学説を対比するに際しては，両国における法教義学のあり方の違いも念頭に置く必要がある。一般に，フランス法はドイツ法ほど厳密ではないとか，法律構成を重視していないといわれる。しかし，これはフランス法における学説が，ドイツにおけるそれとは重点を異にして展開されているからである。議論の抽象度をやや高いところに置けば，フランス法にもある意味でドグマティックな議論が存在する。ドイツ法的な（あるいは日本法的な観点から見て）フランスには教義学が欠けているとするだけでは，フランス法における学説の営みをとらえたことにはならない。

171

第 3 章　「体」——論文のプラクシス

■ **制定法や判例の地位**　　同様のことは，制定法や判例についてもいえる。判例法国における制定法は，一般には例外を定めるものであるといえる。拡張解釈も類推解釈も許されないのが原則だろう。しかし，大陸法国では法律は原則を宣言したものとして理解される。また，判例についても，たとえば，事案との関係によって射程を制約して考えるか否かは，国によって大きく異なっている。そもそもアメリカの判決とフランスの判決とでは，長さもスタイルも全く異なっている。これらを無視して，一律に判例について述べることはできないはずである（各国の判例に関しては，山田晟ほか「シンポジウム・判例の比較法的研究」比較法研究 26 号（1965 年）を参照）。

4-3　法源内部の重みづけも

■ **法律と命令／上級審と下級審**　　次に，同一の種類の法源の内部における階層秩序の有無にも留意する必要がある。たとえば，制定法の場合には，法律と命令の間には上下関係があり，法律の内容が命令によって具体化される場合が多い。しかし，フランスのように，法律事項と命令事項とが分かれ，両者が併存関係にある場合もある。判例についても，似たような問題がある。たとえば，イギリスでは下級審の裁判例にも法源としての意義が認められているようである。ところが，フランスでは最上級審判決と下級審判決とでは，その法源性に大きな差が認められる。したがって，フランスの下級審判決を素材とする分析は，事例研究としての意味はもちうるが，実定法の状況を明らかにするという観点からは問題を含むということになる（事実の摘示が簡略であるため，事例研究としての意義についても問題がないわけではない）。

■ **学術書と学習書／学術書と実務書**　　階層秩序は学説においても重要である。複数ある概説書のうちで，影響力のあるものとないものとがあることは，その国の研究者にとっては自明のことだが，外国人である私たちにはわかりにくいこともある。たとえば，学説として価値のある概説書と純粋に学習用の教材との間に，暗黙の線引きが

ある場合がある。同じような表題をもつ本であっても，後者は参照の対象とはならない（日本でも，ある大学のある先生だけが授業に使う教科書には引用の対象とならないものがある）。このような場合に，後者に属するものを引用して，学説はこういっているなどと書いてはならない。学術書と実務書についても同様の区別は存在する。実務について述べる場合に実務書を引用するのはありうることだが，学説状況を示すのに実務書の叙述を掲げるのはおかしい（日本法についても，たとえば，「相殺と差押」に関する注に参考文献を1冊あげるとき，銀行実務書を掲げるのはおかしいだろう）。

■ **著者や発表媒体の権威** もう少し高級な（ある意味で微妙な）話を付け加えておく。それは，学説の価値・傾向に対する判断にかかわる。学説の価値はその内容によって決まる。たしかにそうには違いない。しかし，実際には，それ以外の要素も働いて学説の評価は定まっている。たとえば，著者が大学人か実務家か（大学人の場合には教授資格をもっているか否か），また，その問題の専門家として実績があるか否か，などは有力な指標になるが，前者は国によっても異なるからやっかいである（イギリスでは，大学教授の論稿がとくに高い権威をもっているわけではない）。あるいは，モノグラフィーの場合には出版社の，雑誌論文の場合には掲載雑誌の権威も学説の評価と無縁ではない（日本でも，大学院生専用の雑誌，スタッフも寄稿する学部の雑誌（紀要），インターカレッジの雑誌のどれに掲載されたかによって，影響力は違っている）。

4-4　二次文献に頼らない／二次文献を利用する

■ **原典にあたれ** ある国の制定法なり判例を素材に論文を書こうという場合，当然のことながら，その制定法・判例をたんねんに読んで検討を加えていく必要がある。そして，そのような作業を行うならば，その国の制定法や判例の特色はある程度まではわかるはずである。これをおこたって，教科書・論文等による制定法・判例の記述だけに基づいて論文を書くというのは論外である。「原典にあたれ」——これはすべての研究のイロハであるが，外国法分析にあたっては，この点は特に強調しておかなけれ

ばならない。原典にあたることが能力や時間あるいは資料面での制約ゆえに困難な場合がしばしばあるので，ついついなまけがちになりやすいからである（ただし，ある外国法について付随的に触れる場合に，判例の状況を概観する文献などを引用してすませることは許される。一次文献を利用したような顔をして二次文献ですませることは許されない，ということである）。

■ ツールとしての二次文献　　しかし，二次文献を適切に利用できないと外国法分析は失敗に終わることが多いということも，同時に述べておかなければならない。その国では，制定法が重要なのか，判例あるいは学説が重要なのかは，その問題を扱う二次文献を見ればかなりの程度までわかる。また，最上級審と下級審の違い，有力な学説であるか否か，というような点も二次文献からうかがい知ることができるのである。このような観点から，教科書や論文の注は注意深く観察しなければならない。

　二次文献として使用可能なのは，その国の文献だけではない。フランス法ならフランス法，ドイツ法ならばドイツ法を素材とした日本語の研究論文で定評のあるものを二，三読んでみるのは，その国の法源に関する常識を獲得するために，非常に有益な方法である。学部を卒業して研究生活を始めたら，まず，試みるべきことの一つだろう。なお，同一または類似のテーマについて日本語で書かれた文献がある場合には，文献検索用にそれらを用いることは可能である。しかし，その文献が外国法研究としてすぐれているという保証はない。注意が必要である。

4-5　大きな流れを把握

■ 学説の場合　　歴史的な視点を入れて，ある国の法を分析しようという場合には，別の点に注意する必要も出てくる。まず大事なのは，大きな流れをつかむことである。たとえば，フランス法におけるコーズ理論の歴史的な展開をたどるとしよう。この場合には，学説における理論をたどるのだということをしっかり確認したうえで，古典的な考え方（コーザリスト）に対して強い批判が加えられ（アンチ・コーザリスト），これを受けて新たな理論構成が試みられる（ネオ・コーザリスト）という流れをおさえる必

要がある。この大きな流れを把握できないと，個々の学説を適切に位置づけることはできない。

■ 立法の場合　　学説だけではなく立法についても同様である。とくに，改正に改正が積み重ねられている場合には，それぞれの改正の位置づけを誤らないことが重要である。たとえば，フランス養子法は，全体としては養子を広く認める方向に動いているといえる。しかし，この傾向がはっきりするのはそう古いことではなく，第1次大戦後のことである。この点をおさえたうえで，日本の特別養子にあたる完全養子はすでに戦前に導入されていることに留意しなければならない。養子法を改正した1966年法律は著名であるが，この法律が主として対応した問題は，これとは別の問題であった。以上のような立法史の流れをふまえないと，新たな立法の評価を誤ることにもなる。

■ 最近の動向は？　　以上のような流れをつかむのはそう難しいことではない。コーズ理論については，どの教科書も歴史的展開に関する説明に頁を割いている。養子立法についても，論文などには一定の見方を示すものもある。しかし，たとえば，コーズ理論についてネオ・コーザリスト登場後の学説史はどうとらえるべきなのだろうか。あるいは，最近の養子法改正の位置づけはどうなるのか。これらの問題に関しては，フランスにおいても明瞭な答えが与えられているわけではない。このような場合にどうするか。これは大問題であり，後に考える。ここでは，さしあたり，少なくとも一般に認められている大きな流れは知っていなければならないということだけを述べておく。

4-6　相互の影響関係に着目

■ 立法による判例の承認　　もう一つ重要なのは，異なる法源の間での相互影響関係である。たとえば，フランスでは，1965年と85年に夫婦財産法の改正がなされているが，二つの改正の間には20年にわたる判例の営みがあった。その成果を無視して，85年改正について論ずることは不可能である。これとは逆に，立法が判例に影響を与える場

合もある。これもフランス法の例をあげると，歩行者が被害者となった交通事故につき過失相殺を行わないとした1982年の著名な破毀院判決（デマール判決）の後，85年にこれをとり入れた交通事故法が制定されると，87年には破毀院は交通事故以外については過失相殺をするという態度をとるに至ったケースなどがある。

■ 判例の立法への抵抗　判例と立法の関係は微妙であり，緊張関係が生じることもある。何としても判例を変更させるために立法が行われるケースや，反対に，立法が行われても判例が従わないケースもある。比較的最近のフランスに見られた後者の例としては，不当条項規制があげられる。1978年法律は，何が不当であるかを判断する権限を判事から奪ったが，91年に至り，結局のところ破毀院はこの権限を承認した。やがて破毀院判例は立法の追認を受ける。

　以上のような相互関係はとりわけ注目に値する。これを的確にフォローすることが必要であるが，そこでは多くの場合に密度の高い議論が展開されているので，議論の流れをうまくたどることができれば，それをもとに論文のストーリーを組み立てることが可能になることも少なくない。そこには法的なドラマがあるといってもよい。そして，このようなドラマを見落とさないようにするには，十分な程度の包括性をもつ二次文献で，できるだけ新しいものを参照するという作業を，早い段階で行う必要がある。

4-7　背景事情との関連は？

　外国法の分析にあたって困難なのは，（学説まで含む最も広い意味での）実定法に対して影響を及ぼしたさまざまな背景事情の分析である。

■ 暗黙知としての日本法の背景　この点に関して，私たちの常識は決定的に欠けている。たとえば，日本の製造物責任法の立法には，どのような背景事情があったのか。社会情勢の変化や政治勢力の動きについて，同時代に日本で生活していた者は一定の感覚をもっている。人によって差はあるとしても，一定程度の関心をもってジャーナリズムの動向を追っていれば，ある程度までのことはわかるはずである。これ

は，1990年代の契約法学の動向をどうみるかというような問題についても，同様である。日本民法学が直面している対象・方法両面での課題は何か，あるいは，この時期に有力であった思想潮流はいかなるものか，これらについての理解も，そう難しいわけではない。

これに対して，同じ日本法についてであっても，直接に体験していない場合には背景事情の把握はより困難になる。それでも，たとえば，戦後の家族法改革を検討するという場合，私たちは一般的な政治的背景，思想的条件について，一定の知識はもっている。

■ **外国法の背景を知ることの難しさ** ところが，外国法の背景となると話は別である。私たちの外国法に対する知識が限られたものであることは，すでに繰り返し述べているとおりであるが，法以外の事情に関する知識は，さらに限られているのである。たとえば，フランスにおいて制限的にではあれナポレオン法典がいったんは認めた離婚を，1814年法律はなぜ全面禁止したのか。そして，1884年法律（いわゆるナケ法）は，なぜ一部解禁に踏み切ったのか。これらの立法を支える政治情勢や思想動向について，普通，私たちはほとんど知識をもっていない。また，文献を探って知識を得ようにも，どのような文献がありどれが信頼に足りるのか，政治史家でも思想史家でもない私たちには，判断のしようもないことが多い。文献の入手すら困難であることもある。

もちろん，その国において十分な研究がなされている場合もある。これらを利用するのは可能であるが，データ自体の真偽や分析の当否について十分な判断力をもたないことを考えるならば，安んじて依拠できる研究であるか否かの判断は慎重に行わなければならない。

第3章 「体」——論文のプラクシス

5　外国法分析の視点

5-1　視点設定の必要性

■内的視点と外的視点　　最後に，微妙な，だからといって避けては通れない重要な問題について触れておかなければならない。それは，外国法分析にあたって，われわれはどのようなスタンスをとるのかという問題である。抽象的に述べるならば，対象たる外国法の研究者と同じ視点（＝内的視点）に立って分析するのか，それとも，あくまでも日本法の研究者としての視点（＝外的視点）に立って観察するのか，あるいは，いずれでもない視点がありうるのかという問題であるといえる。

　この点はなかなか難しい。本款の叙述に限っても，*1* では外的視点が必要であると述べたのに対して，*3*，*4* では内的視点に立つためのポイントを示してきた。いったい両者の関係はどう考えればよいのか。読者の中には，このような緊張関係に気づいた人もいるに違いない。

　もっとも，このようにいっても，いったい何のことかわからない読者も多いだろう。そこで，以下においては，別の形で問題を設定する。具体的には，次の二つの命題について考えてみたい。一つは，「外国法との比較は機能的に行わなければならない」という命題であり，もう一つは，「外国法そのものの是非について議論することは避けるべきである」という命題である。

5-2　比較の射程——機能的比較

　本款の冒頭で述べたように，外国法の比較に際しては，A国法のある制度 X と B国法のある制度 X′ を単純に比較するだけでは十分ではなく，機能的な比較が必要であることがしばしば説かれる。

■外国法の理解からの探索　　たとえば，日本法とフランス法の離婚を比較するとしよう。日本法の「離婚」と比較すべき制度として，フランス法には，《divorce》（＝離婚）のほかに，これと密

接な関連を有する別の制度として《séparation de corps》＝（法律上の制度として別居）が存在する。この場合，X（離婚）とX′（divorce）を比較するだけでは十分でなく，X″（séparation de corps）も射程に入れて，はじめて十分な比較が可能になるわけである。ところで，この場合，比較対象の決定は，外国法の側の事情によっている。外国法をそれ自体として観察することを通じて，われわれはX′＋X″に対応するものとして，日本法のXを措定するのである。

■ **日本法の観点からの探索**　ところが，これと異なる決定の仕方が必要な場合もある。日本法とイギリス法の事情変更の法理を比較するとしよう。日本法の「事情変更」に対応する概念はイギリス法には存在しない。あえて探せば「フラストレーション」をこれに対応させることが可能である。しかし，外国法をながめているだけでは，この場合の比較対象の決定は不可能である。日本法で事情変更の問題として論じられていることが，イギリスではどのような形でとらえられているのかという視点の導入が必要となる。あるいは，日本法とドイツ法における契約責任の拡張の比較という問題を設定したとしよう。日本でもドイツでも契約責任の拡張とよばれる（よびうる）現象を見いだすことは可能である。しかし，多くの論者によって指摘されているように，この場合に契約責任の比較を行っただけでは十分とはいえない。日独の不法行為責任の異同も念頭に置いたうえで，比較はなされなければならない。この場合にも，比較の視点は外国法そのものからは導かれない。

　以上のように，いわゆる機能的比較を行う場合には，比較対象の選択（範囲も含めて）につき，比較を行う研究者の側の関心が投影されるということがしばしば起きる。むしろ，対象たる外国法には内在しない視点を設定してはじめて，機能的な比較はうまく行いうることが多い。機能的比較には外的視点が有用なのである。この点は本款 *1* で述べたとおりである。

5-3 比較の深度――コミットメントの程度

■ 二つの視点は両立可能か

それでは、外国法との比較はつねに、外的視点に立って行うべきなのだろうか。結論を先取りするならば、答えは必ずしもそうではないということになる。本書では、外国法の分析にあたってはその内在的理解が必要であることを強調している（本款 *3*, *4*）。ここでの用語法に従っていえば、これは内的視点に立てということにほかならない。一方で外的視点の導入が必要だとしつつ、他方で内的視点に立てというのは、いったいいかなることだろうか。

この点に関しては、次のように考えることもできる。比較対象の選択の時点では外的視点に立つという仕方が有効であるが、いったん比較対象の分析に入ったら内的視点を維持しなければならない、と。この考え方に従うならば、日本法の研究者としての視点から、比較対象たる外国法に対して超越的な理解・解釈を加えることは避けるべきだとの要請は、機能的比較をせよとの要請と両立可能だということになる。

■ 外的視点の重要性

しかし、これとは別の考え方も可能である。たしかに、（内的視点に立つ）その国の研究者ならば一笑に付すような制度の理解や解釈は避けるべきだろう。しかし、このことは、外国の研究者が、対象国における議論を忠実に紹介し、それ以上のものを付け加えてはならないということを、直ちに意味するわけではない。対象国の法制度を十分に理解したうえで、その状況を自分なりの視点で整理するという営みは、むしろ推奨されるべきであろう。必要なのは、内的視点を考慮しつつ外的視点を導入することなのである。

■ 内的視点の基底性

ただ、ここで注意すべきは、外国法を内在的に理解するのは極めて困難だということである。外国法そのものの是非について論ずることに対して禁欲的な態度が要請されるのは、このためなのである。「まずしっかりと理解したうえで、しかる後に批判を」。このことは、日本法の分析についてもいえることではあるが、外国法の分析についてはとくに留意すべき点である（ある論文の日本法分析のおかしさは日本の読者によって正されるが、日本語で発表された外国法研究における外国法分析のお

かしさは当該外国の読者によって正される可能性をほとんどもたないことにも注意する必要がある)。

■ 視点間の往復を　　　　ひるがえって考えると，機能的比較の際に必要な外的視点も，実は，内的視点を考慮に入れたうえでの外的視点であるといえる。ある外国の法制度が日本の法制度と対応するという判断を下すには，当該外国法に対する内在的な理解が前提となるからである。外的視点と内的視点は使い分けられるべきものではなく，双方が共に用いられるべきであるということになるだろう。外国法研究に際しては，外的視点と内的視点の二つをつねにもち，かつ，その緊張関係を意識しつつ，両者の間を往復することが要請されるのである。

第2節　「塑」——論文の構成

1　構成の重要さ

1-1　研究ノートから論文へ

■ 構成は主張を体現する　　　「素材の分析」方法が定まったならば，次に素材をどのように配置すればよいのか，すなわち，論文における「論文の構成」の方法が問題となる。

　素材の配置といっても，起草過程の検討，外国法の検討，日本法の検討というように，ただ単純にそれらを並べる順序の問題だと考えてはいけない。並べ方にもそれ相応の意味がある。一言でいえば，論文の構成（いわゆる「プラン」）は，著者の主張を体現するものと考えるべきである。実際，論文の構成目次を見れば，著者がどのようなタイプの議論を展開しようというのか，おおよその見当はつくものである。そして，その論文の良し悪しも予想しうることが多い。反対に，論文の構成のしっかりしていないものは，「研

第3章 「体」——論文のプラクシス

究論文」とよぶに値しない。それは随想であるか，せいぜい研究ノートにすぎない。

■「プラン」作成の重要性　ここで構成がしっかりしているというのは，序論（問題設定）・本論（素材の分析）・結論（結論の提示）の相互がきちっと対応しており，論旨の筋道が通っていることを意味する。議論の構成は，論文全体の論証過程であるのだから，どのような順序で素材が配置されるのかは，問題設定と結論提示（何を主張するか）が決まれば，そこからおのずと定まってくるという関係にある。逆にいえば，素材の配置が定まらないとすれば，素材の分析がいまだ十分でないか，著者自身が結論として何を主張したいのかという論文の意味づけがいまだ明確でないことを意味する。事実，外国法をたんねんに検討してみたものの，そこから何を引き出しうるのかを，明確に自覚しないまま作成したのではないかと推測される論文が多く見られる。このような論文であっても，全体の議論の構成を練り直して，議論の配置を換え，検討の過不足を補うなどの手直しを加えていけば，構成のしっかりした好論文に変わることもありうる。極端なことをいえば，本論はそのままであっても，序論と結論を付け替えるだけで，ぐっとよくなることもある。

この点からすれば，論文の執筆に臨む以前の段階において，論文の「プラン」を繰り返し作成してみることが重要である。すでに述べたように，論文の「プラン」を何度も作成し直すことによって，自分自身の考えも明確になってくるはずである。

1-2　構成おそるべし

■構成に見える良し悪しの評価　先ほど，「論文の構成目次を見れば，著者がどのようなタイプの議論を展開しようというのか，おおよその見当はつく」し，「その論文の良し悪しも予想しうることが多い」と述べた。このことは，第一論文を書こうとする若手研究者には，きわめて重要な点である。

第一論文が何らかの評価を受けるためには，前提として，まずは読んでも

第 2 節 「塑」——論文の構成

らうことが必要になる。ところが，『法律時報』の各号の末尾や，『法律判例文献情報』を見てもわかるように，毎月毎月発表される論稿は膨大なものであり，そのすべてに目を通している研究者は存在しない。いくつかをピックアップして読んでいるのである。このピックアップの作業がほとんど偶然に支配されているのならば，膨大な論稿のそれぞれは平等に読者を獲得することができる。ところが，実際にはそうではない。多くの研究者が目を通す文献と，ほとんど誰にも読まれない文献とが存在する。このことは，膨大な論稿のなかから，それぞれの研究者が読むべき文献をピックアップする作業には，かなりの共通性があるということを意味している。

この共通性を根本的に言語化するのはかなり困難であり，ほとんどの研究者は，いわば嗅覚をもって本能的に読むべき文献を探しあてている。しかし，言語化できる共通性の一つとして，読む前にその論文の構成を見て，良し悪しを判断することがある，といってよい。

■ 先行研究との対応関係

その理由の一つは，論文の構成を見ることによって，その分野の代表的な研究との関係で，著者がどのように自分の研究を位置づけているのか，がわかることである。

債権者取消権について，わが国の立法過程を遡り，さらには母法との関係を考える，というのであるならば，すでにそのような研究として，片山直也「立法過程より考察した民法四二五条の意義と限界」慶應義塾大学大学院法学研究科論文集 18 号（1984 年），同「フランスにおける詐害行為取消権の法的性質論の展開——20 世紀前半における『対抗不能』概念の生成を中心に」同論文集 26 号（1987 年），佐藤岩昭「詐害行為取消権に関する一試論(1)～(4・完)」法学協会雑誌 104 巻 10 号～105 巻 3 号（1987～88 年）がある。構成を見ることによって，著者が，片山論文・佐藤論文との関係で自らの論文をどのように位置づけているのか，それまでの研究に何を（どのような新しい点を）どのようにして付け加えようとしているのか，の判断ができる。

たとえば，次のような構成になっているのならば，その論文はおそらく読むに値しない。

序　論

第3章　「体」——論文のプラクシス

　第1章　わが国における立法過程
　　第1節　ボアソナード草案
　　第2節　法典調査会での議論
　第2章　母法たるフランス法
　　第1節　継受時点での通説的見解
　　第2節　コルメ・ド・サンテールの見解
　結　論

　これだと，片山論文・佐藤論文に新たな知見が加えられている可能性はきわめて低い。これに対して，次のような構成ならば期待できるかもしれない。

　序　論
　第1章　ボアソナード「財産差押法草案」の挫折
　第2章　「財産差押法草案」とボアソナード民法草案との関係
　第3章　フランス強制執行手続における詐害行為取消権の位置づけ
　第4章　「財産差押法草案」と現行強制執行法との関係
　結　論

　これはまったく仮の例であって，以上のような構成ならば成功した論文が必ずできると思われては困る。しかし，以上のような構成ならば，これまでのわが国の研究において明らかになったところ，すなわち，ボアソナードは民法典とともに，「財産差押法」の起草をしており，詐害行為取消の効果はその法典の定める手続中で実行されることが前提となっていた，という事実をふまえている。そのうえで，それでは，当該手続法が結局日の目を見ず，ドイツ法的な強制執行手続となったという事実は，民法における詐害行為取消権の効果についての解釈論にどのような影響を及ぼすのか，という問題意識のもとに執筆され，検討がなされていることがわかる。この論文は期待してよいことになる。

■問題意識との対応関係　　論文の構成を見ることの理由のもう一つは，問題意識に合致した研究内容になっているか否か，がそこからわかることである。

　序論を読むと，もっともなことが書いてある。従来の研究の不十分な点が

指摘され，その論文でなされることの位置づけもきちんとなされている。たとえば，株式会社，合名会社などの商事会社，民法上の法人，組合，匿名組合などを比較して，業務執行の形態と利益享受者の責任形態との相関関係を分析し，近時のSPC（特別目的会社）の議論の基礎を形成する，と書いてある。ところが，構成が次のようなものであったら，まず期待できない。

　　はじめに
　第1章　商法上の商事会社
　　第1節　株式会社
　　第2節　有限会社
　　第3節　合名会社
　　第4節　合資会社
　第2章　民法上の法人
　　第1節　財団
　　第2節　社団
　第3章　組合
　第4章　匿名組合
　　おわりに

　著者の述べている問題意識からすると，法典上に根拠を有する各種の団体（たとえば，株式会社）における業務執行形態と責任負担形態とは，制定法・判例・通説等によって与えられた既定条件のはずである。そして，それらの既定条件を横断的に比較した場合に，法は業務執行形態と責任負担形態との関係を全体としてどのように規律しているか——これがその論文で考察されていなければならない。そうすると，第1章から第4章は，著者が分析を始める前提としての基礎知識の確認の部分にすぎないはずであり，そこが論文のほとんどを占めているのはおかしい。その基礎知識＝既定条件をどのように分析していくかが，この論文の勝負どころである。少なくとも，示されている問題意識からはそうなる。しかし，それにしては分析部分が短すぎる。

　以上から，次のような予想ができる。この論文は，おそらく，分析は行っていない。それにもかかわらず，著者が「論文」だと認識しているというこ

第3章 「体」——論文のプラクシス

とは、商事会社や民法上の法人などのそれぞれにおける責任関係について、基礎的なデータによる裏づけなしに、「私見」を示しているのだろう。あるいは、SPCについても書いてあるかもしれないが、その叙述に根拠のあるはずがない。著者はその「私見」がすぐれたものだと思っているのだろうが（だからこそ、公にしたのであろう）、問題意識に合致した構成ができないような者の「私見」には興味がない。こうして、この論文の内容をじっくりと読むのはやめることになる。

1-3 あなたは無名の新人である

■ 研究者としての信頼の獲得　　以上のようにいうと、「学界は不公平なところだ」と思うかもしれない。定評を確立した学者の論文は、外観がどのようなものであれ多くの人によって読んでもらえる。そして、内容がよければ、外観にかかわらず評価される。しかし、第一論文を執筆した若手の著作は、内容はよいかもしれないのに、外観次第で、読んでもらえない。

　しかし、考えてみれば当たり前のことである。音楽プロデューサーのもとには、毎日、大量のデモンストレーション・テープが送られてくる。忙しい日々、それらのテープをすべて最初から最後まで聴いていることはできない。経験によって聴くべきテープを選別せざるをえない。あるテープを聴き始めても、1曲目の出だしでやめてしまうものがほとんどである。そこで、デビューを夢みるバンドや歌手たちは、なんとか聴いてもらえるように、1曲目でオヤっと思わせ、続きを聴かせるためにはどうしたらよいか、テープの外装から、履歴書の書き方、曲の順番、あらゆることに気を使う。それに対して、一流のアーティストならばレコード会社の担当者を自宅に呼びつけることだってできるだろう。漫画家になりたいと思って出版社に原稿を送る者、女優になりたくてオーディションを受ける者、みんなそうなのである。不公平さを嘆くよりも、信頼を勝ち得るまで努力するしかない。

　以下、序論、本論、結論のそれぞれについて具体論に移ろう。

2　序論の構成

2-1　序論に含まれるべき諸要素

■ **序論に必要な二つの要素**　　序論というのは，単なる「書き出し」ではない。論文において，序論がいかに重要であるか，をまず認識する必要がある。たいていの場合，序論を読めば，おもしろい（と期待できそうな）論文であるか否かがわかるだけでなく，そこから著者の力量をうかがうことができる。

さて，序論に必ず含まれるべき諸要素を列挙しよう。

(1)　問題意識と課題の設定

まず，論文において検討すべき課題が設定されていなければならない。それでは，課題の設定とは何なのか。

たとえば，「消費者契約における情報提供義務の要件」というような類の問いを立てさえすれば，問題設定を行ったことになるわけではない。ここで問題設定というのは，「なぜ，いまそのような問題を論じるのか」という点についての説明を含んだものでなければならない。これが，いわゆる「問題意識」と称されるものである。一定の問題意識に基づいて，課題が設定されることになる。

そして，問題意識を説明するためには，その前提として，「いま，何が問題となっているのか」という問題状況の認識を示す必要が生じよう。たとえば，情報提供義務をめぐる学説・判例の現在の問題状況をどのようなものととらえているのかを的確に示したうえで，さらに研究を加えるべき欠落部分がどこにあるのか（問題の所在）を指摘する必要があるわけである。

以上の流れを図式的に示せば，問題状況→問題意識→課題の設定という関係になろう。

第3章 「体」——論文のプラクシス

(2) 分析視角（アプローチ）と素材の選択

このようにして課題が設定されたならば，次に，そのような課題に対して，どのようなアプローチを行うのかを示さなければならない。すなわち，何を検討の素材として採用し，それをどのような観点（分析視角）から検討するのかを提示する必要がある。

■ 問題意識の明確さ

以上のような二つの要素が必要であることは，読者の目には当たり前のことと映るかもしれない。いやしくも研究論文である以上は，どんな論文でも，必ず解答を与えるべき「問い」が存在しているはずである，と反駁したくなる者もあろう。しかし，いま，ここで問題としているのは，どれほど明確に問題意識が示され，課題の設定がなされているのか，である。たとえば，「最近の学説や判例において論議がなされており，いまだ意見の一致を見ていないので，この点につき検討する」ことが述べてあれば，一応は問題意識を説明したことになりそうである。しかし，見解の対立している問題はたくさんある。対立する見解の一方にくみすることを「私見」として表明しても，（多数決によって決すべき問題ではないのだから）それだけでは意味がない。ある問題をめぐって学説が「混迷」状況にあるならば，それにやみくもに議論に加わるだけでは，同じ失敗を繰り返さないという保証はない。ただ混迷を深めるばかりである。

その論文が先行研究に何かを付加するものであることを示すためには，従来の学説の議論には，どこに足りないところがあるのか，どこにさらに詰めるべき問題点があるのかが明らかにされていなければならない。そうしないと，論文としての存在価値は示しえないし，そうできないのならば，その論文には存在価値がない。逆にいえば，著者の問題設定が的確に示されていれば，それだけでも著者の力量を示すことが可能なわけである。「良い論文」は，そこを読むだけでハッとさせられる。たとえば，沖野眞已「いわゆる例文解釈について」星野英一古稀『日本民法学の形成と課題（上）』605〜607頁（有斐閣，1996年）を読んでみるとよい。

2-2　課題の設定の方法

　課題の設定といっても，扱われる問題の性質によってその設定の仕方も異なってくる。このことを，次の二つの場合に分けて説明しよう。

■ **共通認識がある問題を扱う場合**　第一に，広く学界において議論の蓄積があり，問題について共通認識がある場合である。

　それがどのような問題であるかが，従来の学説において共通に認識されている場合がそれである。この場合には，問題設定について多くの説明を要しない。たとえば，「預金者の認定」といえば，それだけでどのような内容の問題であるかは，多くの読者にとってすでに明らかである。

　このようなタイプの問題については，いまなぜそれをとりあげる意味があるのかを説明する必要がある。問題のアクチュアリティ（今日性）はどこにあるのか，である。学説において依然として見解の対立があるが，いずれの立場が通説ともいえないような古典的な論点（たとえば，取得時効と登記）について，現在の時点において，それを再度とりあげようというのであれば，どのような問題が検討すべきものとしてなお残っているのか，という読者の疑問に早くから答えておかなければ，「いまさら何を検討する必要があるというのか」という印象を与えるのは不可避であろう。

　そのためには，従来の先行研究には何か欠落している部分があるか，あるいは，先行研究がなされた後に，その再検討を要請するような新たな何かが生じているか，のいずれかを指摘することが必要となろう。

　前者の理由としては，たとえば，従来はこの問題に関する外国法の研究が存在しないとか，研究が存在していても偏りが見られる，というようなものがあげられる。もっとも，その際には，当該外国法の検討を通じて，従来とは異なったどのような展望が開ける可能性があるのかについても説明しなければ，そのような外国法の研究の必要性について，読者の共感は得られないことになろう。

　後者の理由としては，たとえば，判例や下級審裁判例において，近時になって従来とは異なった動向が見られはじめたとか，あるいは，それに関連す

る問題について学説に新たな議論の進展が見られるので、それに応じてこの問題も再検討の余地があるのではないか、というようなものが考えられる。また、外国法において、この点に関する学説・判例の議論の新たな展開が見られるという理由もありえよう。

■ **共通認識がない問題を扱う場合**　第二に、問題それ自体について学界の共通認識が確立されていない場合である。

　問題それ自体が、いまだ十分に認識されていない「新たな問題」である場合には、従来の学説では論じられたことがないのだから、論文の存在価値が認められやすいともいえる。しかし、その前提として、そもそもそれが問題として成立しうるものであるかについて、読者の共感が得られなければならない。そうでないと、本論において展開される検討自体が読者の目には無意味なものと映るだろう。

　たとえば、「契約当事者の解釈」という問題を考えてみよう。仮に、「契約の当事者は誰かを確定するという作業が契約解釈の問題の一環である」という前提に立って、「契約の解釈を論ずる従来の学説ではこの点を検討するものはほとんどない」という理由で、「契約当事者の解釈」という課題を設定する論文があったとしよう。しかし、契約当事者の確定というのが契約解釈によって決定される問題ではないとすれば、このような課題の設定はそもそも不適切だということになる。したがって、まず、契約解釈によって決定されるべき問題であることの説明が必要であろう。

　また、外国法において一定の議論の蓄積があるが、従来、わが国ではそういう形での議論が見られない、という問題設定の仕方もよく見られる。たとえば、フランス法では「契約の対抗力」という問題の定式化が一般化しているが、わが国では議論がないので検討する、というわけである。しかし、このときは、そのような問題設定が日本法上そもそも可能なのか、あるいは必要なのか、仮に可能だとすれば、どのような文脈においてかを見きわめたうえでなければならないし、その見きわめを読者に対し説得的に提示できなければならない。そこで、論文の体裁を変えて、外国法の紹介に徹してこの問

題を扱うとすればよいか，といえば，そうもいかない。それをわが国に紹介する必要がどこにあるのかと問われるから，結局は同じことである。

ところで，そのような問題設定について学界の共通の認識を獲得すること自体が，論文の目的となっている場合もありうる。たとえば，「典型契約論」「複合契約論」というようなタイプの題目は，そのような色彩が強いといえよう。この場合には，それがいったいどのような問題で，どのような局面で立ち現れてくるのかを示すことが，論文全体を通じた論証の対象とされることもある。そして，その具体的な方法として，わが国の判例や学説のなかにも，従来十分に認識されてはいないが，著者の問題意識に通ずる一定の問題を論じたものがあることを「発見」したり，現在では忘れ去られた過去の議論から，そのような議論を「発掘」したりすることもある。また同じく，外国法における議論が検討されることもある。このような論文の出現により，仮に著者の結論部分の主張は支持されなかったとしても，そのような問題が成立しうることについて学界の共通認識が形成されることもありうる。

いずれの場合にも，議論の土俵を新たに設定することが必要となる。そして，土俵の設定が学界において受け入れられれば，その論文はその限りですでに一定の成功をおさめているともいえる。

2-3 先行研究との関係——問題状況

■ **先行研究に足りない部分**

上に述べたように，設定されるべき問題の性質によっても異なるが，当該テーマについて先行研究が存在するときには，それとの関係について言及しなければならない。とくに，わが国の実定法や学説の形成・進展に寄与し，いわば学界の共有財産となっている先行論文があれば，それとの関係に必ず触れなければならない。たとえば，「このテーマに関しては，従来○○論文等の研究があるが，それにもかかわらず，再びこれをとりあげるのは，そこには……という問題があるからである」などと，先行研究に何らかの足りない部分があるという理由を示す必要がある。

読者の立場からいえば，ある論文を手にしたときに，まず注目するのは，

第3章 「体」——論文のプラクシス

その分野の代表的な研究との関係で，著者がどのように自分の研究を位置づけているのかという点である。たとえば，「履行補助者概念の再検討」という題名の論文であったとすると，熟練の読者は，まず本文や注のなかから，落合誠一『運送責任の基礎理論』（弘文堂，1979年）を探すことになる。その論文が，履行補助者に関する落合教授の研究のどこに不満があって執筆されたものかを知ろうとするのである。その不満の内容によっては，潮見佳男（「履行補助者責任の帰責構造(1)～(2・完)」民商法雑誌96巻2号，3号（1987年））や，森田宏樹（「『他人の行為による契約責任』の帰責構造」星野英一古稀『日本民法学の形成と課題（上）』391頁以下（有斐閣，1996年），同「我が国における履行補助者責任論の批判的検討」法学60巻6号（1996年））という名を続けて探すことになる。仮に，著者が既存の代表的な研究のいくつかについて，その存在を知らないのであれば，不勉強であることがはっきりするからである。

■ 先行研究との位置関係

文献の引用がなされていても，その存在を知っているだけではダメである（注において，「これまでの研究業績として，……がある」という文献の引用がなされているだけの論文は跡を絶たない）。自分の論文との位置関係が明確に示されていなければならない。そうすると当然に，そこに先行研究に対する著者の評価が示されることになる。従来の学説に対して著者がどのような認識・評価を有しているか，を読めば，著者の力量がわかる。著者の認識・評価のポイントがずれていたり，その着眼点は筋が悪いというのであれば，続く本論はおよそ期待しえないものとなる。先行研究に対する評価が不正確であったり，恣意的であったりする論文は，枚挙にいとまがない。

なお，先行研究の内容を要約したうえで，その評価を簡潔に示すことが難しい場合もありうる。この場合には，節を改めて，本論に続くパートまたは本論の冒頭において，学説史（先行研究）について立ち入った検討を行って，その理解を深めるとともに，そこに含まれる問題点を洗い出す作業を行うというのも，一つの方法である。しかし，その場合でも，序論において簡単な指摘は行っておくべきだろう。

2-4 問題の定式化

■**定式化の必要性**　序論において、論証の対象となる課題を、自分自身の言葉で明晰に定式化しておくことも大切なことである。たとえば、「本稿は、……を課題とする」という具合である。どういう問題を扱うのかを、読者が行間から読みとって定式化しなければならないとすれば——たいていの場合は、多大な労苦を要するか、あるいは、著者の問題関心について複数の「読み方」が成立してあいまいさを残すことになる——、それだけでマイナスの評価を甘受しなければならない。「よく読めば、わかる人ならばわかるはずだ」という不遜な態度は、少なくとも大学院生や助手には許されない。あなたは無名の新人なのである。

2-5 素材の選択とその理由

■**素材の選択理由の明示**　ある問題設定を行ったならば、それに解答を与えるために、その論文では何を素材として分析・検討を行うかを示さなければならない。学説を素材とするのか、判例を素材とするのかという選択である。たとえば、「先に述べた課題を遂行するために、本稿では、○○を素材として検討を加えることとしたい」というようにである。

■**外国法素材の選択理由**　とくに、すでに説明したように、わが国では第一論文には外国法研究を含むことが要請されるから、多くの場合、どの外国法を検討の素材として選択するのかを示さなければならない。その際には、素材を選択する理由をあわせて説明する必要がある。そして、これを説明しようとすれば、必然的に、素材の利用方法ないし援用の仕方についても言及することになろう。当該外国法を素材として選択したのは、沿革から母法に遡った系譜研究の意味をもつものなのか、機能的な比較法研究なのかといった理由である。さらに、外国法といっても、学説史を中心とした法概念・理論を中心として扱うのか、判例研究を通してある法理の機能や実態を明らかにしようというのかも問題となる。

　このような素材の選択の適切さも、論文の評価に影響しうる重要な要因で

ある。著者の問題設定からすれば，むしろ別の外国法を選んだ方がよかったのではないかという疑念を読者に抱かせるとすれば，マイナスである。もっとも，序論における叙述であるから，素材選択の理由について長々と述べる必要はなく，簡潔に記せば足りる。素材の選択の適切さは，何よりも本論において続いて展開される「素材の分析」によっておのずと示されるはずだからである。

2-6 分析視角の設定――アプローチ

■ 分析視角の必要性　問題意識に対応して，素材を分析・検討する観点ないし視角を設定することが必要となる。たとえば，「以上に述べたような問題意識に基づいて，○○（素材）を……の視角から検討する」とか，「以下では，○○（素材）を……という点にとくに留意しながら，検討を加えることにしたい」などとすることである。

　実をいえば，およそ何らかの分析視角なくして，素材を検討することなど不可能なことである。たとえば，外国法を素材とする論文においては，それをどの範囲で切りとって検討対象に含めればよいのか，そして，どのような方法でどこまで立ち入って分析・検討を加えるべきであるのかは，一定の分析視角を設定することなくしては決定のしようがないからである。そして，すでに述べたように，この分析視角は，その論文における問題意識ないし課題の設定によって定まるという関係にある。たとえば，ある紛争をめぐる当事者のどのような利益が裁判例において保護されているのかという事実に近いレベルで機能的に比較するのか，それとも，どのような仕方で保護されているのかという理論構成に焦点をあてて検討するのか，といった選択は，以上に述べた観点から定められなければならない。

■ 分析視角の欠如　もっとも，実際には，分析視角が定まっていなかったり，明確に自覚されていない論文も少なくない。そのような論文においては，検討対象は，著者がガイドラインとして依拠した体系書や論文が扱っている範囲にそのまま従ったにすぎないことも多い。また同じく，論文の各部分においてその都度，著者の関心のおもむくままに叙述

が連ねられていて，論旨に全体として一貫したものがないこともよくある。

しかし，このような仕方では，素材の分析に過不足が生ずる危険性が高い。その論文の問題設定からすれば，当然に検討が及んでいなければならない，と賢い読者ならば誰もが考えるはずの事項にまったく言及がなされなかったり（これだと，論証過程の説得力が著しく低下する），その論文の問題意識からすれば，それほど立ち入る必要のない事項に深入りして，叙述が冗長になったりすることになる。これでは，全体として見ると，いったい何を論証しようとするのかさっぱりわからないことになってしまう。読者は，その論文の最後まで興味を保って，著者につき合うことはしないだろう。

このような事態を回避するためには，序論において，素材の分析視角を明確に定めておくことが重要といえるのである。

2-7 課題の限定

■ **課題限定の二つのタイプ** 必要に応じて，序論において課題を限定しておくのも有益である。読者が本論を読み進むうちに，この点に検討が及んでいないのはなぜだろうかとの思いを抱くことが予想されうるときには，あらかじめ課題の限定を明示しておくのがよい。

課題の限定には，次の二つのタイプがあろう。

一つは，著者の問題意識ないし問題設定との関係からすれば，そのような検討は必要ないと考えられる場合である。たとえば，「本稿は……を目的とするものであるから，……の点については直接には検討の対象としない」とする。

もう一つは，著者の問題意識ないし問題設定からしても，そのような検討は必要であると考えられるが，著者の情報処理能力などによる制約から，本稿ではそこまで扱えないという場合である。したがって，著者の予定している研究全体のプログラムからすれば，将来の課題として先送りされることになる。その分だけ，当該論文が行う論証の説得力は弱くなるが，将来の課題として意識していることは示しておくべきである。また，この場合は，序論ではなく結論の部分で以上のことを明示するという方法をとってもよいだろ

第3章 「体」──論文のプラクシス

う。

　以上のいずれの場合も，課題の限定について著者が下した判断に対して，つねに異論の余地がありうることには，留意を要する。「直接には検討の課題としない」と断ったからといって，その問題がまさに中心に据えられるべきであり，それを除外したり，先送りにしたりするのは，著者に判断能力が欠けている，と批判される場合もある。それでも，少なくとも明示だけはしておいた方がよい。

2-8 序論において回避すべき事項

　反対に，序論において行ってはいけない，あるいは，あまり望ましいとはいえないという留意点について述べておこう。

■ 結論の断定的な提示　　ときに，序論から，著者の結論や「私見」を断定的に述べる論文が見られる。「私見によれば，……と考えるべきであり，判例および通説の立場を到底支持することはできない」とか，「この問題は，何よりも……という見地から解釈されなければならない」といった類の主張が冒頭からなされるタイプの論文である。

　しかし，まさにそれが本論において論証を必要とすることがらであるのだから，唐突に私見を述べても，読者は独断としか受けとめようがない。このような論文に接した読者は，本論に読み進むことはしないだろう。

　もっとも，後述のように，本論において著者が論証しようとしている仮説を，序論においてあらかじめ提示しておくのは，別論である。これは，読者の理解を容易にする一つの方法である。たとえば，「結論を先取りして述べるならば，……である」というのがそれである。

■ 狭隘な「方法論」の採用　　序論において，かなりの分量を割いて，研究「方法論」について論ずるタイプの論文もある。また同じく，方法論に関する多くの文献を引用するタイプの論文もある。そして，諸方法の優劣を論じたあとで，一つの方法を，唯一「正しい」ものとして示す。そのうえで，その「正しい方法」に従って，本論を叙述していくわけである。

第2節 「塑」——論文の構成

　しかし，本書が対象とする第一論文を執筆しようという大学院生や助手には，この方式はあまり推奨できない。ある「実作」がすぐれているか否かは，論文それ自体に即して評価することが可能である。方法論を議論し，「正しい方法」を確立したうえでなければ，すぐれた論文を執筆しえないという関係にはない。逆に，「方法論」論議を前面に掲げて執筆された論文が，そうであるがゆえにすぐれているともいえない。方法論について関心をもつのはよいが，初期からそれを強調し，特定の方法に固執するのはプラスに働くことが少ない。

　とくに，指導教授の独自の方法に強く影響されている場合に，このタイプがしばしば見られる。しかし，これだと，そのような方法に共感しえない多くの読者は，当初から違和感を抱きながら論文に接することになり，それがマイナスの評価につながる。このような論文に接すると，もう少し広い視野に立って，柔軟かつ多角的に問題にアプローチしたならばよかっただろうにと思うこともある。結局，少なからず読者を失うことになりかねない。

　もちろん，すでに述べたように，大学院生や助手にとっても，方法論に関心をもつのはよいことである。しかし，それは，舞台裏で自己の研究のあり方を検証するために用いるべきであろう。第一論文の執筆の目的は，「方法論の確立」ではない。

■ **過度の言い訳**　　また，序論からあまりに言い訳めいたことばかり述べてはいけない。たとえば，「わが法の母法でなく，議論の前提がかなり異なる〇〇法を検討することにどれほどの意味があるかは定かでないが，少なくとも従来の研究の欠落を埋めるという点で，何らかの資料的な意義は認められよう」というのがそれである。このような叙述が序論でなされていたとすれば，読者は果たして本論を読んでみたいと思うだろうか。

　これは，著者の謙虚さの現れというよりも，たいていの場合は，著者の「迷い」や自信のなさがその原因となっていることが多い。外国法の文献を広く渉猟して，たんねんに読んで勉強してはみたものの，そこから何を引き出すことができるのか，自分の行った研究にどのような意味があるのか，何を主張したいのか，について著者自身でもよくつかめていないというわけで

ある。自分がおもしろいと思えない状態のままで、他人にとっておもしろい論文が書けるはずがない。このようなときには、もう一度原点に立ち戻り、自分の行っている研究に積極的な意義を見いだせるようになるまで、手持ちの素材を再度検証しながら、論文のプランを練り直すことが必要である。

3 本論の構成

3-1 本論の構成の意味

■論旨の展開との対応関係　本論においては、その論文が設定した課題を遂行するために必要な素材の分析が行われる。それでは、本論はどのように構成されるべきなのだろうか。

　この点については、分析・検討を加える素材を、一定の論理的な順序に従って整序すればよいと考える者がいるかもしれない。実際に、時系列に沿って判例や学説を追っていく方法は、わが国では広く採用されている。しかし、本論は、基礎データを単に配列すれば足りると考えるべきではない。順序を問わず、手近なところから調べた素材やデータを、一定の論理的な仕方で整理し直しただけでは、それは単なる資料集である。論文とよべるものではない。情報処理機器の普及によって、編集機能を自由に駆使しうるようになってからは、試掘調査をしていく際にとったノートやメモをあとで並べ換えることなど、きわめて容易になった。CD-ROM 化された検索資料を使えば、総合判例研究はすぐに作成しうる。こうして、目次だけは立派な論文の外観を作出することは、いともたやすくなった。

　しかし、本論を構成するそれぞれの部分のもつ意味やその配列は、その論文において何を論証しようと企図するのかによって、ある程度必然的に決まってくるものである。序論で行った問題設定に対応して、本論部分の論旨の展開を考えていけば、それまでに分析を行ったさまざまな素材をどのような順序で配置すればよいのかは、その論旨から決まってくるものである。

　まず、本論のストーリーがうまく流れているのかをチェックしなければな

らない。繰り返しになるが、本論は一定の結論を論証するプロセスである。本論の構成それ自体が著者の主張を体現したものであるといってよい。したがって、本論の構成は、論文で行う論証の説得力に大きくかかわってくるのである。

3-2 素材の利用方法との関係——論証過程における各部分の役割

■ 本論の各部分の役割を認識すること

本論の構成は、検討素材の利用方法によっても異なってくる。

本論を構成するうえで重要なのは、本論の各部分が結論との関係において、どのような役割・意味をもっているかを明確に認識して構成を行うことである。したがって、検討素材の利用方法によって、その構成の仕方が異なってくるのは当然である。

このことを、いくつかの具体例を示しながら説明しよう。通常、第一論文には素材として外国法の研究が含まれることになるので、外国法の構成をとりあげる。

ところで、すでに述べたように、外国法分析の目的には、いくつかのタイプがある（本章第1節第3款 *2*）。

一方で、①外国法が直接の論拠として利用されるタイプ（形式的論拠利用型）がある。これは、外国法分析により得られた一定の事実を直接の論拠としてロジックを組み立てる場合である。このタイプには、「母法による論法」（「母法はこうなっている」という事実を援用する）、「比較による論法」（「比較対象とした外国法で一定の解決が行われている」という事実を援用する）などがある。このタイプの外国法研究では、日本法のある問題に対応する外国法はどうなっているのか、という事実を探究することになる。

他方で、②日本法の問題状況につき分析を加えるために、これに対応する外国法がどうなっているかを分析して「一定の示唆を得る」というタイプがある。このタイプには、外国法が日本法の立法過程や学説形成に対してどのような影響を及ぼしたのかを探究することを目的としたもの（影響探究型）や、外国法と対比することによって日本法を説明可能なモデルを構成するこ

第3章 「体」──論文のプラクシス

とを目的としたもの（モデル構成型）が主要なものである。

　以上の整理を前提として，本論のなかで，外国法をどのように位置づけ，構成するかについて，代表的な方法として，国別・時代別・問題別に分けて述べてみよう。

3-3　国別の検討順序

■ **外国法と日本法の検討順序**　　外国法と日本法の検討順序はどうか。まず，影響探究のために外国法研究を行う場合を扱おう。

　①**影響探究型**　　日本法に関して主張されている解釈論の分析から出発して，その理解を深めるために，それらに影響を与えた外国法の研究に向かう場合には，日本法から外国法へとその淵源にまで遡って解明していく構成をとるのが素直である。

　その具体例として，瀬川信久『不動産附合法の研究』（有斐閣，1981年）を見てみよう。同論文の本論部分は，第1章「わが国の学説」，第2章「現行民法典の起草過程」，第3章「継受法と法の継受」，第4章「わが国の裁判例」という章立てにより構成されている。そして，第1章において，わが国の従来の各学説がその構成要素・観念に分解する作業がなされたあと，第2章から第4章において，第1章で析出された各学説の諸観念の意義をその出所と考えられる立法過程，継受法，裁判例のなかに探ることが試みられるという議論の構成になっている。したがって，同論文における外国法は，日本民法典の起草過程の検討をはさんで，「継受法と法の継受」という観点から分析の対象とされている。そして，わが国が継受した法観念がいかなる具体的な紛争解決とどのように結びついていたかを，法学史的，社会的歴史的に明らかにすることが分析視角とされている。このように課題を設定する帰結として，外国法としてはフランス添附法とドイツ附合法が選択され，その時代についても，わが国が継受した時期の法を中心とし，必要なかぎりでその前後に及ぶという限定がなされている。

　以上のように，日本法の内在的検討から現在における問題の所在を明らか

にして，外国法を検討する際の視角を獲得しようというのであれば，日本法の検討は外国法の検討の前に置かれる必要がある。

なお，瀬川論文では，外国法の後の第4章に，わが国の裁判例の分析作業が位置づけられている。これは，裁判例の分析が，わが国の各学説の理解深化としてのみならず，附合の紛争とその解決の実態を明らかにすることを通じて，著者の提示する解釈論を準備することを目的としてなされているからである。それゆえ，結論部分の直前に配置されたわけである。

②モデル構成型　これに対し，わが国で主張されている解釈論を批判的に検討し，新たな解釈論を提示するための「理論モデル」を獲得するために，外国法研究に向かう場合にはどうか。

「理論導出」のための外国法研究の場合は，著者の問題意識に基づいて設定された分析視角から外国法の検討が行われた後に，そこから得られた「一定の示唆」を基礎として，わが国の学説の批判的検討が行われるという手順が，一般的であろう。つまり，外国法の分析から出発して，日本法の再検討へと向かうわけである。

3-4　時代別の検討順序

■ 外国法検討の対象・方法　　分析・検討の対象とする外国法が，日本法とどのような関係を有すると想定するかによっても，外国法の検討の対象・方法が異なることがありうる。すなわち，「母法による論法」，あるいは影響探究型による研究であれば，日本法が継受した時代，あるいは日本法に影響を及ぼした時代における外国法（判例・学説）がその対象となるだろう。「比較による論法」に基づく研究であれば，当該論文が扱う課題により，日本法との機能的な比較に適した諸条件が備わっている国・時代が選択されることになる。モデル構成型であれば，著者が注目した国・時代ならばいずれも分析対象となりえよう。

■ 外国法の利用目的とその配列　　このような外国法の検討の対象・方法は，その外国法の配列の仕方にも関係する。外国法の検討順序としては，ある外国法をひとまとめにして，ある時代から

現在に至るまで，時系列に沿って検討するのが一般的であろう。しかし，その外国法をどのような利用目的から検討の対象とするのかを自覚的に考えてみると，各時代で外国法の分析・検討の意味が異なることもありうる。上に述べた外国法の各種の利用方法は，相互に排他的なものではなく，ある外国法の研究が同時に複数の利用方法を兼ねていることも想定されうるからである。たとえば，一見すると，単に時系列に沿って外国法が検討されているかに見える場合であっても，日本法が継受した時期の前後を扱う部分と，その後の展開をたどる部分とでは，立法・判例・学説という各種の「法源」の選択・重みづけや，その検討方法が異なっていることがある。これは，時代ごとに異なった複数の利用方法を兼ねているからにほかならない。そうだとすると，ある外国法の検討であっても，必ずしも時系列に沿ってひとまとめに配列することはなく，それぞれの利用方法に対応して，論文の構成上，それらを分断して別々に配列した方が適切であるといえるような場合もありうる。そうすることによって，著者の利用目的がより明確に示されてわかりやすくなることもあろう。

3−5　問題別の検討順序

■ **著者の主張をなす本論の枠組み**　著者が設定した考察の枠組みに従って，論点や問題ごとに整理・分断したうえで，外国法および日本法を分析・検討するというスタイルも，しばしば見られるものである。

　この方法を採用しうるのは，議論の構成の枠組み全体が著者の（隠れた）主張をなしている場合である。その具体例として，河上正二『約款規制の法理』（有斐閣，1988年）をとりあげてみよう。

　同論文は，第1章「問題状況」という序論に続いて，本論は，第2章「前提問題──『約款』の概念と約款法の領域」，第3章「司法的規制の構造㈠──約款の個別契約への「採用」と「不採用」，第4章「司法的規制の構造㈡──約款「解釈」による規制」，第5章「司法的規制の構造㈢──直接的内容規制」，第6章「司法的規制の共通課題」というふうに構成されている。

第2節 「塑」——論文の構成

　そして，ドイツ法の検討は，第3章から第5章までの各章で，日本法・ドイツ法の順序で検討がなされており，表面的に見れば，ドイツ法の検討が問題ごとに分断されて配置されているように見える。しかし，実をいえば，不当条項規制の対象を「約款」という法概念により確定したうえで，それを三つのレベルに分けて規制するという枠組みそのものがドイツの約款規制法から示唆を得たものである。つまり，本論の構成それ自体が，著者の依拠する，不当条項規制に関するドイツ法的なアプローチを体現しているともいえるのである。

　この方法による場合には，問題全体を整理するための枠組みないし分析軸を，論文のどこで（序論においてか，本論のどの部分においてか），どのようにして設定するかがポイントとなる。

　この点を河上論文で検証してみると，本論の枠組み構成は，第3章冒頭の「序・予備的説明——基本的枠組みとしての『三つの砦』」という箇所で説明がなされている。この枠組み構成は，同書の本文ではあたかも論理的な順序に従ったものであるかのように提示されている。だが，それとあわせて，三つのレベルの問題を分けるのがドイツでは一般化した手法であることを注記して援用することにより，枠組みそれ自体の正当化を試みるという仕掛けになっている。

　別の具体例として，佐藤岩昭・前掲「詐害行為取消権に関する一試論(1)～(4・完)」をあげよう。同論文(1)の第1章「序説」では，第1節「問題の所在」，第2節「分析の対象」に続く，第3節「分析方法について」において，「本稿で用いる分析枠組および各々の箇所で検討すべき問題点の指摘」として，詐害行為取消権の効果を四つの法律関係に分けて分析するという「ヨリ具体的な分析枠組の設定」がなされている。そして，この分析枠組みは，著者がフランスの体系書に依拠しつつ若干の修正を加えて作出したものであると説明されている。この「分析枠組の設定」も，著者が主張する解釈論を裏づける道具立てとなっているとみることが可能であろう。ただし，ここで注意を要するのは，一般論としていえば，冒頭においてそのような枠組みを設定する仕方が読者に唐突に映れば，論文が本論で展開する議論の説得力が低

第3章 「体」──論文のプラクシス

下するおそれがあることである。

■意味のない枠組み　なお，論文の構成の枠組み自体が著者の見解の現れとはいえず，ある種の論理的な方法に従えば，誰もが同じように思いつくような枠組みであることもありうる（たとえば，「○○の法的性質」「○○の要件」「○○の効果」といった章立てのもとで，おのおのにつき，ドイツ法，フランス法，英米法，日本法などを並べるという方式）。しかし，これは注釈書のスタイルではあっても，ある問題設定とその論証過程からなる論文のスタイルとしては適切なものではない。これだとたいていは，おもしろい論文にはなりにくいだろう。

3-6　結論提示の手順との関係

結論提示に至る構成として，ボトム・アップ型とトップ・ダウン型とがある。

(1)　ボトム・アップ型

■ボトム・アップ型の利点　「ボトム・アップ型」とは，素材の分析を終えたあとで，それをふまえて著者の結論が提示されるというパタンである。

もちろん，著者が論文を作成する過程では，結論部分に執筆が進むまで自分自身の結論が決まっていないわけではない。ただ，議論の構成上，それを最後まで読者には明らかにしないというにすぎない。とはいえ，読者から見れば，序論において示された問題意識や課題の設定をたえず意識しながら，本論において展開される素材の分析をたんねんに追跡していくことになる。そして，読者は著者の結論を予測しながら，読み進むわけである。その過程で，著者とともにあれこれと考えをめぐらせ，問題の位相がおのずと整理されてくることになる。

ボトム・アップ型の良い論文は，読者がそのような素材の分析を追う過程で，著者がねらった結論の方向に無理なく導かれていって，著者の結論に到達するような本論の組立てになっているものである。反対に，素材の分析を

第2節 「塑」──論文の構成

行う際に，著者の問題意識や課題の設定との関係がはっきりしないと，本論の各部分の検討が何のために行われているのかがよくわからず，論旨のつかみづらい論文になってしまうおそれがある。

　総じていえば，ボトム・アップ型は，素材の分析・検討をたんねんに重ねていくことになるから，「手堅い」論文であるとの印象を生むといえよう。

(2) トップ・ダウン型

■ **トップ・ダウン型の利点**　ボトム・アップ型に対し，序論において，あらかじめ著者の結論が仮説として提示され，本論では，これを論証するために素材の分析に向かうというパタンを，「トップ・ダウン型」ということができる。

　この方法によると，序論において，著者の結論だけでなく，本論においてそれをいかにして論証するのかを示すことになるので，本論において展開される素材の分析のあらましと，議論の構成の全体が提示されることになる。読者からすれば，著者の結論があらかじめわかっているため，本論における素材の分析が著者の結論にどのようにつながるのかという各部分の役割をはっきりと認識しうる。したがって，うまくいけば非常にクリアな議論の構成を実現しうる。また，素材の分析から不要な部分を思い切って削ぎ落とすことが可能となるから，論証過程もシャープになる。

■ **トップ・ダウン型の欠点**　以上の利点に対し，欠点もある。トップ・ダウン型においては，最初に著者の結論が提示されるので，それが唐突なものであると，読者は最初から違和感を覚えたまま，本論に進むことになり，最後までこの疑問を引きずることもある。著者の主張（仮説）がうまく構成されているかが，読者の印象に大きく作用する構成なのである。また，素材の分析は仮説の論証を目的とすることから，主観的な関心による「切り取り」の色彩が強くなり，資料的価値を追求することは二次的にならざるをえない。本論における論証に無駄のない分だけ，最終的に著者の結論に説得力がないと，後には何も残らない論文となるリスクがある。さらに，議論の展開に「遊び」の部分が少なくなるので，論証過程

において，議論の運びに無理や強引さ，ごまかしがあれば，その欠点も際立つことになり，それだけ失敗のリスクも増すことになる。

　以上からすると，トップ・ダウン型は，どちらかといえば，議論の明晰さ・緻密さ・周到さにすぐれた（という自信のある）者に適した構成といえそうである。

4　結論の構成

4-1　結論の提示

■序論の課題設定に対応した「結論」　結論においては，その論文において論証しようと試みた結論を提示することが必要である。その際の留意点として最も大切なのは，序論における課題設定に結論の提示が対応していることである。

　本書で繰り返し述べているように，結論を提示するとは，必ずしも「私見」を提示するのと同義ではない。また，特定の見解を支持したり，新たな見解を主張したりするものとも限らない。結論は，序論において設定した問題に対応したものでなければならないが，すでに指摘したように，問題設定にはいろいろなレベルのものがある。したがって，論文の結論（主張）にもさまざまなレベルのものがありうるのである。

　なお，当該論文が，著者が予定している研究計画のうちの一部を占めるようなものである場合，いまだ結論を述べる段階に達していないと考える者もあろう。しかし，仮にそうだとしても，その論文で設定した問題に対応する限りでの「結論」は，必ずあるはずである。

■本論での論証を欠いた「結論」　次に重要なのは，本論によって論証されていない結論を述べてはならないことである。これも繰り返し説明しているように，結論が論証されていてこそ論文なのである。つまり，本論において行った素材の分析によって「結論」が支えられていなければならないのである。

第2節 「塑」——論文の構成

　このことから，本論で扱われていない点について，結論部分で議論が展開されるとしたら，おかしいこともわかるだろう。本論における分析・検討において触れられておらず，浮かび上がっていない論点が，結論部分になって突然に持ち出されるとすれば，本論はいったい何のためにあるのかわからなくなる。ところが，このような論文は実に多い。もちろん，何も論証できていないのに，何らかの結論を唐突に示すのは論外であるが，論証できている点はあるのに，それだけを結論として提示するのではなく，関連する論点につき，論証を欠いた私見を叙述してしまうのである。これでは，その私見には説得力がないし，せっかく論証できている点についてすら，いいかげんな印象を与える。たとえば，「ここで……について一言しておきたい」というような叙述は避けるべきである。

　このことを，少し観点を変えて，読者が論文をどのように読むかという見地から考えてみるとよい。読者は論文を最初から順序に沿って読み進めていくとは限らない。多くの場合に，賢明な読者は，まず序論と結論を読んで，いかなる問題設定がなされ，それにどのような解答を与えようというのかをまずおさえる。そして，本論における素材の分析が，著者の主張の論証としてどのように効いているかを探ろうとするわけである。このようにして，本論の各部分のもっている役割・意義をよくつかみ，議論全体の構成を頭に入れたうえで，本論について詳細に読み進めていくことになる。こうすると，本論で展開される詳細な論証がより理解しやすいわけである。このような論文の読み方をする読者にとって，結論を支えていない本論がどのように映るかは明らかだろう。

　以上の点からすると，論文をきちんと「結ぶ」ことなく，「結びに代えて」で終わるのは，（少なくとも第一論文では）望ましいことではない。まず何よりも，構成のしっかりした，結論のはっきりした論文をめざすべきなのである。

第3章 「体」——論文のプラクシス

4-2　論文の型による結論のタイプ

■ **総合型論文における結論**　結論の提示の仕方は，本格的な総合論文（総合型）であるか，単発型であるかといった論文の「型」によっても異なってくる。

　総合型の本格論文においては，著者のまとまった解釈論が結論として提示されることが通常であろう。そうすると，分析される素材も，わが民法典の起草過程，外国法の検討，わが学説および判例法の検討など，著者の解釈論を基礎づけるために必要と考えられるいくつかの論拠を含んだ多角的・総合的なものとなる。そして，結論部分は，本論の各部分において分析・検討した論拠をまとめあげる役割をもつことになる。したがって，結論といっても，ある程度の分量が必要となってこよう。単なる結語というよりも，独立の章立てを与えて論じるのがふさわしいことが多いだろう。

■ **単発型論文における結論**　これに対して，あるテーマについて，一定の観点からポイントを絞って切り込んだ，いわば「単発型」の論文においては，結論部分も簡潔なものでよい。すなわち，その論文において行った検討から明らかにしえたことを，序論における問題設定に対応する形で要約しておけばよいだろう。

　その際に留意すべきことは，単発型の論文の結論部分において，この論文の検討から導きうる範囲を超えて，過度の一般論を展開しないことである。著者のまとまった見解を提示するためには，なお検討が必要とされる課題が残っているにもかかわらず，性急に「私見」を提示すべきではない 。とりわけ，考慮すべき点が十分視野に入っていないために，自分が行ったことを過大に評価しがちであり，私見を述べておきたい衝動に駆られる者があるが，ていねいな論証によって裏づけられていない「私見」には何の存在価値もないことを肝に銘ずべきである。この点では，むしろ謙抑的である方が，かえって著者の力量をうかがわせるものとなるだろう。

4-3 「残された課題」

■「残された課題」の必要性　　その論文の結論を提示するほかに，結論部分において言及すべき事項は，その論文が将来に残した「次なる課題」が何であるかを示すことである。

とりわけ，単発型の論文の場合には，そこで示された結論は，最終的な解釈論の提示に至る中間段階における「まとめ」的なものであるか，一応の暫定的な結論でしかない。そこでは当然，将来において，さらに検討を重ねることが予定されているはずである。したがって，その論文において行った検討から獲得された示唆は何であり，それに続く論文においては何を検討する予定であるのかを述べることは，著者の研究計画の全体像とそのなかにおける当該論文の位置づけを示すために必要となるわけである。

「残された課題」について何らの言及がないと，どういうことになるかを考えてみればよい。読者の立場からすると，「著者はこういう問題に気がついていないのか」，「著者はこの点の検討は必要がないと考えているのか」，「仮に著者のように考えるとこういう疑問が直ちに浮かび上がってくるが，この点についてはどう考えているのか」など，種々の疑問を抱いたまま，この疑問を解く手がかりを与えられずに放っておかれることになる。これらはすべて，その論文に対するマイナスの評価につながる。

■問題の広がりの明示　　なお，「残された課題」として言及すべきことがらには，上に述べたほかに，別のタイプのものがある。著者が直接に解答を与えようとした問題については，最終的な結論を提示しているが，そこで扱われた問題は，広い視角から見れば，より一般的な問題のいわば部分問題としての性格をもっている場合である。この場合には，著者の主張は，それに関連する他の問題についても同じく妥当するのか，これをより高次のテーゼとして構成しうるのか，という「さらに大きな課題」があることを示しておくのは，論文の価値を高めることにもなるので，十分に意味があるのである。

第 3 章 「体」——論文のプラクシス

Column ③ 友人とのつきあい方

　論文執筆も佳境に入ると，大学であるいは自宅で，自室に籠りきりになって一人書き続ける——「研究者」というと，そんなイメージをもっている人が多いのではなかろうか。もちろん，このような時間をもつことなしには，論文は書けない。しかし，一人で自分のテーマに集中していれば，それでよい論文が書けるかといえば，そうではない。

　本論でも述べているように，テーマの選択・決定には，広い知識が必要となる。一見すると，関係ない 2 つのことがらが結びついて，すばらしい論文のテーマとなるということは，しばしば経験するところである。また，テーマの選択・決定後は，ともすれば，そのテーマとそのために君が選んだ方法とに固着しがちになる。君自身の研究を客観的に突き放して眺めるということが難しくなるのである。

　そうだとすると，君とは異なる問題に関心を持ち，君とは異なる方法で研究をしている——しかし，同時代に同じ学問に打ち込むという意味で一定程度の共通認識をもっている——友人と，折に触れて議論をするということは，きわめて重要な意味をもつ。よき友人をもつことは，ある意味では孤独な研究生活を送っていくうえで，大きな支えをもつということである。短期的には時間の無駄と感じられることがあるかもしれないが，机から離れて，友人を誘い，お茶を飲みに行こう。

第4章 「技」
論文のテクニック

第1節 「索」——資料の検索
第2節 「磨」——原稿の執筆

第4章 「技」——論文のテクニック

第1節 「索」——資料の検索

1 日　本

1-1 検索の重要性

■ ていねいに検索，読み込み，引用　　自分の論証を基礎づけうる素材を集めるためにも，また，研究の到達点を明らかにし，自らの論文の「新規性」を正しく示すためにも，資料の検索はきわめて重要である。とりわけ，重要な先行業績の見落としは致命的であるが，意外に多い。たしかに，大学の紀要や商業的法律雑誌の数は飛躍的に増加しており，その意味では見落としやすくなっている。しかし，同時に，検索方法も進歩し，以前のように，勘と記憶に頼るだけの状況ではなくなっている。また，大学間のコピーサービスなどが改善され，自分の所属している大学の図書館に所蔵されていなくても，何とか手に入れることもできる環境も整ってきた。情報の洪水ばかりを言い訳にはできない。

とくに第一論文においては，そのていねいさも問われる。いくつかの論文を適当に引用して，最後に，「……などがある」としてすませていたのでは，論文全体の信頼感が損なわれる。ていねいに検索し，ていねいに読み込んで，ていねいに引用することは，論文の評価を高めるのである。

そこで，本節では，資料の検索の方法について扱う。

もっとも，日本法に関する文献の検索に関しては，すでに学部時代の演習における報告準備・レポート作成などのために，一定の知識・経験を有している読者が多いと思う。そこで，説明の必要もないような基礎的なことがらは省略するとともに，他方で，学部学生にならばともかく，大学院生・助手には許されない仕方に注意を促しつつ，日本法の調べ方につき，一般的なこ

とがらを述べることにする。

1-2 法　　令

■ 引用されている法令にあたる

「法令を調べる」というとき，その意味は二つある。一つは，自分の論証を基礎づけるような法令が存在しないか，直接に基礎づけなくても，関連し，言及すべき法令が存在しないかを，「調べる」ことである。たとえば，他人から預かった財産は自分の財産と分別して管理しなければならない，と定めている法令を網羅的に検索しようというときなどである。もう一つは，その法令の存在自体は知っていて，条文を見るために「調べる」ことである。

後者については，一般に，各種の「六法全書」が役立つことはいうまでもない。学部段階の学習では，これがあればだいたい用は足りたわけだが，研究レベルに至ると，特殊な法律や附属の命令について調べる必要も出てくる。このためには，ルーズリーフの形式をとっている，『現行日本法規』（ぎょうせい），『現行法規総覧』（第一法規）を用いるのが普通である（ともに，CD-ROM版もある）。これらとは別に，意外に重宝するのが，テーマ別六法である。『戸籍実務六法』（日本加除出版），『金融小六法』（学陽書房），『消費者六法』（民事法研究会），『金融実務六法』（きんざい），『証券六法』（新日本法規出版），『環境六法』（中央法規出版）など，きわめて多数のものがある。自分の関心に近い，テーマ別六法を所持しておくと，細かな法令まで掲載されていて便利である。

■ 法令の存否を調べる

そして，テーマ別六法のよさは，前者の「法令の存否を調べる」ことにも利用できる点にある。関係法令にはどんなものがあるのかを調べるのはなかなか難しい。また，分野によっては通達が重要な意味を有していることがあるが，これらも網羅的に検索することはたいへんである。もちろん，『基本行政通達』（ぎょうせい）や各種のテーマ別の通達集で探すことが本道だが，テーマ別六法のなかには，基本的な通達を掲載しているものもあり，便利である。

また，現在では，インターネットを通じて，さまざまな法令が読めるよう

になっている。また，第一法規出版のホームページは，ごく最近に成立した法令について全文を載せていて，便利である（http://daiichihoki.co.jp/）。もっとも，これらのサービスやアドレスには変更が多いので，適当なサーチエンジンを使って検索してほしい。

　補足的に1点注意しておく。法令の改正・廃止，新法令の制定に注意しなければならないことである。商法のように，条数が変化し，「○○条」が規定する対象が変わっていることがある場合にはもちろんであるが，見落としやすいのは，特別法の改正・制定である。「訪問販売等に関する法律」の規制対象は，改正により，アポイントメント・セールス，キャッチ・セールス，催眠商法に拡大したことをふまえておかなければ，それぞれの時期の裁判例・学説の位置づけもできない。瑕疵担保や製造物責任について論じる際に，「住宅の品質確保の促進等に関する法律」が，1999年6月に成立，公布されていることを見逃してはならない。以上のことにつき完璧を期するのはかなり難しいが，ある論文を読んでいて，少し引っかかったとき，図書館などで当時の『六法』を繰ってみることをいとわないこと，および新着の法律雑誌は目次だけでも見ておくようにすることは大切である。

■ 旧法令や立法資料　　研究を進めていくと，明治時代の法律等についても調べる必要がでてくることがある。主な旧法律については我妻栄編集代表『旧法令集』（有斐閣，1968年）があり，そこには，旧民法，民法旧第四編第五編をはじめとして，民法研究にとって重要な法律が収録されている。毎年の新法律については，官報や『法令全書』が存在するし，これを遡れば，すでに廃止された法令も読むことができる。

　現行民法典・旧民法典の立法資料としては，『法典調査会議事速記録』をはじめとする諸資料があるが，これらすべてをその位置づけもあわせて，ここに網羅することは不可能である。そもそも，その前に立法過程のだいたいの経過を知らなければ，各種の資料をどのようにして使うべきかもわからない。最近になって各種の立法資料が復刻されるとともに，立法過程・立法資料に関する研究も蓄積されてきている。最新のものとして，広中俊雄「日本民法典編纂史とその資料――旧民法公布後についての概観」民法研究第1巻

第 1 節　「索」——資料の検索

(1996 年)，大久保泰甫＝高橋良彰『ボワソナード民法典の編纂』(雄松堂，1999 年) を掲げておく。それ以前のものについては，これらから検索可能である。また，民法の各条文について，その立法過程を追跡した論文は多い。そこからも，さまざまな資料の存在，その用い方を学ぶことができよう。

　戦後の家族法改正に関しては，我妻栄編『戦後における民法改正の経過』(日本評論社，1956 年) と最高裁判所事務総局編『民法改正に関する国会資料』(家庭裁判資料 34 号，1953 年) が基本文献である。その後の民法改正に関しては，改正の前後に法務省民事局（あるいは担当官）による解説が公表されることが多いが，これらは立法趣旨を示す資料として受けとめられている。これらの解説は，立法前後の諸雑誌に掲載されているが，その後，社団法人商事法務研究会，社団法人金融財政事情研究会，日本加除出版などから，単行本として出版されることもある。

　なお，およそ立法一般について，帝国議会および国会の議事録の参照が重要であることはいうまでもない。

1 - 3　判例・裁判例

■ データベースは完全ではない　いわゆる『百選』や，判例付きの『六法』も，ある問題に関する重要判決を探すためには使用可能である。しかし，裁判例の網羅的な検索に用いることはできない。網羅的な検索のためには，かつてはルーズリーフ式の『判例体系』(第一法規) がよく用いられたが，今日では，『判例マスター』(新日本法規出版) などの判例データベース CD-ROM が多く用いられるようになり，上記の『判例体系』も現在では CD-ROM 化されている。ただし，それらを，とくにキーワードや項目を用いて検索する際には注意を要する。というのも，キーワードや項目は，データベース編集者が個々の判決を読んで付けたものだからである。判決の読み方は一様ではないし，ミスも不可避である。また，そもそもどのような語をキーワードとするのかも問題である。たとえば，「拡大損害」という概念を認めるか否かは論者によって異なる。「完全性利益」「信頼利益」なども，そのような概念そのものを認めない論者もいるし，

215

第4章 「技」──論文のテクニック

認めるときでも人によって定義が異なる。そうだとすると,「瑕疵担保責任の賠償を信頼利益の賠償にとどめた判決」を収集しようとしても,「キーワードで一発」というわけにはいかないのである。瑕疵担保責任なら民法570条を扱っている判決例を網羅的に収集し,その後,自分で全判決をじっくりと読んでいって,「信頼利益の賠償にとどめた判決」を収集していくほかはない。

裁判例の公表媒体としては,裁判所の関連機関などが刊行する（公式の）裁判例集と商業ベースで出版社が刊行する法律雑誌とがある。前者の代表格は『最高裁判所判例集』,後者の代表格は『判例時報』『判例タイムズ』であるが,そのほかにどんなものがあるかは,刊行期間も含めて,星野英一＝平井宜雄編『民法判例百選Ｉ〔第4版〕』169頁,199頁（有斐閣,1996年）に一覧表が掲げられているから,参考にしてほしい。

なお,今日では,データベースの利用によって,かつては考えられなかったような手軽さで判例検索ができるようになった。それ自体は喜ぶべきことであるが,データベースに収録された要約を見て,裁判例そのものを読んだ気になってはいけない。データベースはあくまでも検索用のツールなのであり,裁判例そのものに必ずあたることを怠ってはならない。データベースには編集者の判断によって切り取られた部分しか載っていないことが多いし,少なからず誤植もある。

■ 判例評釈の調査　　判例の研究にあたっては,当該判決に関する評釈が存在する場合には,それを参照することが必要になる。どのような評釈があるかも上記の判例データベースや後に述べる雑誌論文検索の方法で検索可能だが,ごく新しいものは収録されていないので,手作業で探す必要がある。新しい判決については,新判例について解説する各年度の『重要判例解説』（ジュリスト臨時増刊）,『私法判例リマークス』（法律時報別冊）,『主要民事判例解説』（判例タイムズ臨時増刊）などのほか,調査官解説が掲載される『法曹時報』と『ジュリスト』,さらに,常設の判例研究欄をもっている『法学協会雑誌』『民商法雑誌』『法学教室』『判例評論』（『判例時報』の付録）,『判例タイムズ』『金融法務事情』『金融商事判例』『銀行法務

21』(かつての『手形研究』),『NBL』などの諸雑誌を最低限チェックしなければならない。

1-4 学説・その1——概説書

■ **参照すべき概説書**　学説は，その発表形態によって，概説書と論文とに大別することができる。

まず，概説書である。概説書の記述は，その性質上あまりくわしいものとはなりえないが，多くの読者に参照されうる点で，その影響力は大きい。そこで，ある問題に関する学説について検討する場合には，まず主要な概説書を調査することが必要になる。また，本格的な論文が少なかった戦前期においては，概説書のもつ意味が今日よりもいっそう大きかった点には，とくに留意する必要がある。

ひとくちに概説書といっても，さまざまなタイプのものが存在するし，その数も多い。しかし，そのすべてが学説の資格をもっているわけではない。ある大学で特定の教授の講義にのみ用いられるような書物は，多くの場合に参照の対象とはならない。また，ごく簡単な入門書・解説書や予備校の教材などについても同様である。学説として扱われる概説書の外延は一義的には定まっていないが，緩やかな共通了解は存在する。今日における代表的な概説書については，たとえば，北川善太郎『民法ガイド（民法講要Ⅵ）』(有斐閣，1995年) や内田貴『民法Ⅰ〜Ⅲ』(東京大学出版会，1994〜97年。Ⅰの第2版は1999年) が参考文献として掲げるものなどが，共通了解を表しているとみて大過なかろう。より古い時期も含めて参照すべき概説書を知るには，代表的な注釈書である『新版注釈民法(1)〜(28)』(有斐閣，1988年〜〔継続して刊行中〕) の文献略語表の欄を見ればよい。

このようにして，学説の資格が認められた概説書のなかにも，相対的に評価の高いものとそうでないものとが混在している。もちろん，一般にはあまり高く評価されていない概説書に，ある問題に関してはすぐれた叙述が見いだされるのは，ありうることである。それにしても，あらかじめ一般的な評価を知っておくことは無駄なことではない。そのためには，星野英一『民法

第 4 章 「技」――論文のテクニック

講義総論』(有斐閣，1983 年) の「日本民法学史」の部分を一読しておくとよい。ここでは，各種の概説書のなかで，梅謙次郎『民法要義巻之一～巻之五』(有斐閣，1896～1900 年)，富井政章『民法原論第 1 巻～第 3 巻』(有斐閣，1903～29 年) (ともに復刻されている) が，現行民法典の起草者の考え方を示すものとして，特別な敬意を払われているということ，そして，我妻栄『民法講義Ⅰ～V₄』(岩波書店，1932～71 年) が，少なくとも戦後 20 年ほどの間は支配的な地位を占めていた (いわゆる「通説」であった) ということだけを述べておく。

1-*5*　学説・その 2 ――論文

■ 論文の種別　　次に，論文であるが，これにもいろいろなものがある。

第一に，著者が常勤の研究職についているかいないかという基準による区別が可能である。大学院生や助手などが書いた論文が公表される場合には，著者の所属する大学等の紀要が媒体となるのが普通である (就職先の大学の紀要に発表されることなどもある)。本書のいう第一論文がこれにあたるわけだが，第一論文は，外国法研究を含む基礎研究を中心とした重厚なものであることが多い (少なくとも，そう期待されている)。したがって，基礎的な研究をじっくりと読むためには大学等の紀要に掲載された論文を読むべきことになる。正式の紀要とは区別される学内の出版物 (あまり多くの大学図書館に所蔵されることを前提としないもの) に掲載されている論文は，必ずしも参照しなければならないわけではない。

これに対して，常勤職にある研究者が書いた論文は，紀要のほかにも，さまざまな媒体に公表される。とりわけインターカレッジの学術誌『民商法雑誌』，代表的な商業雑誌『ジュリスト』『法律時報』などに掲載された論文に対する注目度は高い。引用に際してもこれらを見逃すと，大きな減点となる。

第二に，発表の媒体が雑誌であるかそれ以外であるかという区別も意味をもつ。率直にいって，雑誌論文にはさまざまなレベルのものが含まれているが，記念論文集 (『○○先生古稀記念論文集』とか，『××大学法学部創立△△周年記念論文集』など) には一定のレベル以上の論文が寄せられていることが多い。

また，日本には，講座もの・企画ものという，欧米ではあまり見かけない特殊な媒体が存在する。これらの収録論文も一般にはレベルが高い。代表的な講座ものとしては，たとえば，学説史を中心とした，星野英一編集代表『民法講座1〜7，別巻1，2』(有斐閣，1984〜90年)，判例法の展開を中心とした，広中俊雄＝星野英一編『民法典の百年Ⅰ〜Ⅳ』(有斐閣，1998年) などがある。ほかにも，領域ごとに近年のものをあげると，遠藤浩＝林良平＝水本浩監修『現代契約法大系第1巻〜第9巻』(有斐閣，1983〜85年)，米倉明ほか編『金融担保法講座Ⅰ〜Ⅵ』(筑摩書房，1985〜86年)，加藤一郎＝竹内昭夫編『消費者法講座第1巻〜』(日本評論社，1984年〜)，川井健ほか編『講座・現代家族法第1巻〜第6巻』(日本評論社，1991〜92年)，椿寿夫編『講座・現代契約と現代債権の展望①〜⑥』(日本評論社，1990〜94年)，山田卓生編集代表『新・現代損害賠償法講座1〜6』(日本評論社，1997〜98年)，鎌田薫＝寺田逸郎＝小池信行編『新・不動産登記講座第1巻〜第7巻』(日本評論社，1997年〜) などがある。また，領域横断的なものとして，『岩波講座・基本法学1〜8』(岩波書店，1983〜84年)，岩村正彦ほか編『岩波講座・現代の法1〜15』(岩波書店，1997〜98年) などにも重要な論文が含まれている。

■ **補充的な注意**　いくつか補充的な注意をしておく。

まず，判例評釈についてである。判例評釈は広い意味では論文の一種である。問題によっては判例評釈中の重要な指摘によって，学説の議論の伸展が促されたり，また，判例評釈中で学説が展開される場合もある。見落としがちなので，特別な注意が必要である。

次に，学会報告や座談会などにおける発言について，これらを学説としてどの程度まで重視するかは判断の分かれるところであろうが，実際には重要な指摘がなされることも多い。学会誌や雑誌に掲載された範囲では，しっかりとフォローし，必要に応じて引用する必要がある。微妙なのは，最終的に活字とならなかった発言である。これを「○○教授の見解」として引用するのは，引用された側で迷惑することもあり (確定的になるまで煮詰めた見解とは限らない)，一般的には避けるべきであろう。しかし，ある発言から，一定の分析視角の示唆を受けた，という場合には，「○○教授の発言に示唆を受

第4章 「技」——論文のテクニック

けた」と引用することは好ましい。

　最後に，新しく現れた概説書・論文に対する一般的な評価についてである。これについては，『法律時報』の「民法学のあゆみ」（不定期），「学界回顧」（年末）をはじめとする書評欄・回顧欄に目を通す必要がある。しかし，そこでの評価を鵜呑みにしてはならない。

1-6　論文等の検索

■検索ツールとその限界　　論文や座談会等を検索するには，大きく分けて三つの方法がある。

　第一は，検索のための資料を用いる方法である。最も網羅的な検索が可能なツールは，『法律判例文献情報』（第一法規出版）であるが，残念なことに1981年以降のものに限られる。『法律判例文献情報』は，月刊誌として公刊されるとともに，CD-ROMにもなっている。CD-ROMは更新されるのが遅いが，非常に便利である。法律文献目録として先駆的なものは，『法律時報』の末尾に登載されている「文献月報」である。戦前の部分は『法学文献目録』（日本評論社）として合本されているし，戦後の部分も『戦後法学文献総目録』（日本評論社）として逐次刊行されている。

　もっとも，これらの文献目録の分類を完全に信用してはならない。たとえば，「無効な登記による抵当権の権利者が競売手続で優先的な配当を受けた額について不当利得が成立するか」という問題を扱った論文があるとする。この論文は，「物権（そのなかでも不動産登記）」「担保物権（そのなかでも抵当権）」「不当利得」，さらには「民事執行」，これらのいずれに分類されるのか。この例一つ考えてみても，完全な分類はありえないことがわかるだろう。

　以上に類するものとして，先にも述べた『法律時報』の「学界回顧」の欄を何年か遡って読み，そこから文献をピックアップする方法もある。簡単に内容まで紹介していることも多い。ただし，網羅性は担保されていない。

　第二は，『注釈民法(1)〜(26)』（有斐閣，1964〜88年）の〔文献〕欄を見る方法である。各巻ごとに，どの時点までの文献をあげているかなど，不揃いの点があるが，第一の方法では検索できない，明治期・大正期の論文まで知る

ことができ，有益である。

　より現実的に，文献整理の行き届いた論文の注から集めることも多い。もちろん，網羅性は担保されないし，その論文の執筆時点より以前の文献しか検索できない。しかし，一般的に，論文を読むとき注に目を光らせて，おもしろそうな論文が引用されていないかを探すことは重要である。

　第三は，以上の補完的な作業として位置づけられるものである。文献はどんどん出る。いかなる検索方法ツールも，時間的な遅れがある。日々，どんな論文が発表されているのかを，図書館の雑誌室で確かめることは，どうしても欠かせない。毎週決まった曜日に雑誌室へ行き，外国雑誌も含めて新着雑誌を目次だけでも見ておくことは，そもそも主題の決定にあたっても有益である。

1-7　実　　態

■刊行物による実態調査　　法律・判例・学説を見てきたが，場合によってはこのほかに，実態に関する資料が必要になることもある。実態を示す資料として何を用いるかは，実にさまざまであるが，ここでは，いくつかの点についてのみ触れておく。

　第一に，銀行取引，（国際）商品取引，不動産取引，登記，戸籍，公証，家事調停等々，法的な色彩の濃い実務の実態が問題となることがある。これらに関しては，関係の専門的な法律雑誌（『金融法務事情』『NBL』『登記研究』『戸籍時報』『ケース研究』など）を中心に，実務家の経験例や書式などが発表されていることが多い。これらはいずれも非常に有益である。ただし，利用にあたっては，一つの例を過度に一般化することがないよう注意する必要がある。たとえば，銀行実務家が，「一般に銀行ではこうしている」と発言しているので，それが支配的な実務なのかと思ったら，実は，その発言者が所属する銀行だけの特殊な取扱いだったということもある。

　第二に，より客観的な資料として，各種の統計資料や政府刊行物の利用が考えられる。どのような統計資料や報告書が存在するかは，さまざまな論文の注に目を配っていると，だんだんと知ることができる。また，上記の専門

的な法律雑誌には，各種の報告書の概要が発表されることも多いし，各官庁・各機関のホームページにも掲載されることが多くなっている。また，官公庁以外の機関，たとえば，全国銀行協会等が公表している統計資料・報告書類も，それぞれの機関のホームページから手に入れることができる。さらに，それぞれの機関は図書館・図書室を有しており，研究者には利用資格が与えられている場合も多い。簡単にあきらめないようにすべきである。

2　ドイツ

2-1　外国法の調べ方

■ **外国文献の調べ方に関するガイドブック**　外国文献の調べ方については，日本語でもすでに良質のガイドブックがいくつか存在する。少し古くなったが，田中英夫ほか『外国法の調べ方』（東京大学出版会，1974年），板寺一太郎『法学文献の調べ方』（東京大学出版会，1978年）などが，その代表的なものである。このほか，最近では，インターネットを利用した検索手段が飛躍的に発達してきている。これについても，たとえば田島裕『法律情報のオンライン検索』（丸善，1992年），同『法律情報の検索と論文の書き方』（丸善，1998年），指宿信＝米丸恒治『法律学のためのインターネット』（日本評論社，1996年），指宿信編著『インターネットで外国法』（日本評論社，1998年）などで，詳細に紹介されている。

■ **文献の質に関する情報の重要性**　外国文献の検索方法そのものについては，これらに付け加えることはあまりない。ただ，そうした検索方法を知っていれば，それで外国法，とくに外国の民法を調べていけるかというと，そう簡単ではない。法令や判例の検索だけならまだしも，著書や論文になると，文献の「質」に関する情報が非常に重要な意味をもってくるからである。たとえば，それぞれの文献の性格のほか，どれが重要なものであり，どれが必ずしもそうではないと考えられているのかということを知らなければ，文献を見つけだしてもその評価を誤るお

それがある。その意味で，外国文献を検索するには，それぞれの国で民法および民法学に関する議論がどのように行われているかということを知っておく必要がある。実際また，それをおさえていれば，たとえばデータベースを使って一から調べるよりも，はるかに効率的に検索できることも少なくない。そこで以下では，こうした点を中心に，外国文献の調べ方をごく簡単に紹介することにしよう。まずは，ドイツ法からである。

2-2 法令・判例

　ドイツ法に関する法令および判例の調べ方については，冒頭であげた田中ほか『外国法の調べ方』184頁以下にくわしく紹介されているので，それを参照してもらいたい（ドイツ語のものとして，たとえば Heribert Hirte, Der Zugang zu Rechtsquellen und Rechtsliteratur, 2.Aufl.（Carl Heymann, 2000）がある）。ここでは，ごく基本的なもののほか，そこであげられていないものを補うにとどめる。

(1) 法 令 集

■法令集　　まず，法令についていうと，ドイツでは，日本のいわゆる『六法』のような手軽な法令集がないのが特徴的である。よく使われているのは，次の加除式の法令集だが，分野に応じて4冊に分かれている。

Schönfelder, Deutsche Gesetze（C. H. Beck）

SartoriusⅠ, Verfassungs- und Verwaltungsgesetze der Bundesrepublik Deutschland（C. H. Beck）

SartoriusⅡ, Internationale Verträge, Europarecht（C. H. Beck）

SartoriusⅢ, Verwaltungsgesetze, Ergänzungsband für die neuen Bundesländer（C. H. Beck）

　このうち，民刑事法・手続法の主要な法律を収録したのが，一つ目のSchönfelderである。ただし，年に数回差し替えを行う必要があるので，つねにアップ・ツー・デイトな状態に保つのは個人ではなかなかわずらわしい。最近では，CD-ROM版もあるので，それを利用した方がいいかもしれ

第4章 「技」——論文のテクニック

ない。

そのほか，さらに主要な法領域ごとに，C. H. Beck 社から，ハンディーな法令集も出されている。民法については，ハードカバー版で Beck'she Textausgaben シリーズの一つとして BGB があるほか，さらにペーパーバック版で Beck-Text im dtv シリーズの一つとして BGB がある（前者の方が収録法令数が少し多い）。

■ 最新法令の調べ方　最新の法令を調べるためには，連邦官報（Bundesgesetzblatt）を調べる必要がある。これは，たいていの図書館に入っているはずであるが，現在では，インターネットを通じて簡単に調べることができる。官報の販売元である Bundesanzeigerverlag のサイト（http://www.bundesanzeiger.de/bgbl1.htm）から，PDF ファイル形式で印刷物そのままのものを閲覧することができるほか，ザールブリュッケン大学のサイト（トップページのみ日本語表示も可能。http://www.jura.uni-sb.de/japan/）からは，フルテキストをダウン・ロードすることができる。

なお，法令に関しては，このザールブリュッケン大学のサイトのほか，ドイツ・コンピューサーヴ社のサイト（http://www.compuserve.de/bc_recht/gesetze/，もとはアーヘン大学のサイトにあったもの）に，かなり詳細なデータベースがある。そのほか，有料だが，JURIS の法令データベースもある（http://www.juris.de/を参照）。

(2) 立法資料

■ 民法典の立法資料　民法典自体の立法過程を調べるためには，Beno Mugdan (Hrsg.), Die gesamten Materialien zum Bürgerlichen Gesetzbuch für das Deutsche Reich, vol.5 (R. v. Decker's, 1899-1900), Horst Heinrich Jacobs und Werner Schubert (Hrsg.), Die Beratung des Bürgerlichen Gesetzbuchs in systematischer Zusammenstellung der unveröffentlichten Quellen, vol.11 (Walter de Gruyter, 1978-) の二大資料集がある。ただし，立法資料のうち，とくに重視される第一草案理由書（Motive zu dem Entwurfe eines Bürgerlichen Gesetzbuches für das

Deutsche Reich, vol.6, J. Guttentag, 1888, 通称「モティーヴェ (Motive)」) ならびに第二草案に関する委員会議事録 (Protokolle der Kommission für die zweite Lesung des Entwurfs des Bürgelichen Gesetzbuches, vol.7, J. Guttentag, 1897-99, 通称「プロトコレ (Protokolle)」) については，原典で引用するのが一般的である。なお，ドイツ民法典の編纂資料については，石部雅亮編『ドイツ民法典の編纂と法学』(九州大学出版会, 1999年) の巻末に詳細な一覧があるので，それを参照してほしい。

■ 債務法改正に関する資料　このほか，民法典のうち，債務法に関しては改正作業が進行中であるが，これについては，1981年から83年にかけて出された鑑定意見 (Bundesminster der Justiz (Hrsg.), Gutachten und Vorschläge zur Überarbeitung des Schuldrechts, vol.3 (Bundesanzeiger, 1981-1983))，ならびに1992年に出された最終報告書 (Bundesminister der Justiz (Hrsg.), Abschlußbericht der Kommission zur Überarbeitung des Schuldrechts (Bundesanzeiger, 1992)) が重要である。邦語文献としては，前者に関する下森定ほか『西ドイツ債務法改正鑑定意見の研究』(日本評論社, 1988年)，後者に関する下森定＝岡孝編『ドイツ債務法改正委員会草案の研究』(法政大学出版局, 1996年) がある。

(3) 判　例

■ 戦前の判例集　判例集も，代表的なもののみをあげておくと，戦前では，ライヒ (最高) 裁判所 (Reichsgericht (RG)) の民事判例集として，RGZ (Entscheidungen des Reichsgerichts in Zivilsachen) がある。上級地方裁判所 (Oberlandesgericht (OLG)) の民事裁判例集としては，OLGRspr (Die Rechtsprechung der Oberlandesgerichte auf dem Gebiet des Zivilrechts) がある。そのほか，WarnJB (Warneyers Jahrbuch der Entscheidungen zum Bürgerlichen Gesetzbuch und den Nebengesetzen), JW (Juristische Wochenschrift), Gruchot (Gruchot's Beiträge zur Erläuterung des Deutschen Rechts) なども重要である。

第 4 章 「技」——論文のテクニック

■ 戦後の判例集　戦後では，連邦通常裁判所（Bundesgerichtshof（BGH））の民事判例集として，BGHZ（Entscheidungen des Bundesgerichtshofs in Zivilsachen）がある。上級地方裁判所（Oberlandesgericht）の民事判例集としては，OLGZ（Entscheidungen der Oberlandesgerichte in Zivilsachen）がある。さらに，連邦憲法裁判所（Bundesverfassungsgericht（BVerfG））の判例集として，BVerfGE（Entscheidungen des Bundesverfassungsgerichts），連邦労働裁判所（Bundesarbeitsgericht（BAG））の判例集として，BAGE（Entscheidungen der Bundesarbeitsgerichts）も重要である。そのほか，NJW（Neue Juristische Wochenschrift），JZ（Juristenzeitung），MDR（Monatsschrift für Deutsches Recht），JR（Juristische Rundschau）など，各種の法律雑誌にも判例が掲載されている。索引的なものとして，LM（v. Lindenmaier-Möhring u. a., Nachschlagewerk des Bundesgerichtshofs）などもよく利用されている。

■ 電子情報　なお，判例についても，最近では，CD-ROM やオンラインによる検索手段が充実してきている。たとえば，先ほどあげた BGHZ については，すでに CD-ROM 版が出されているほか，1986 年以降のほぼすべての連邦通常裁判所の判例を集めたものとして，BGHE Zivilsachen が出されている（いずれも Carl Heymanns Verlag 社から）。総合的なデータベースとしては，上述した JURIS のデータベースがある。日本から直接利用する者はまだ少ないようだが，いずれもっと活用されるようになるだろう。そのほか，最新の判例をフォローするには，ザールブリュッケン大学のサイトにあるプレスリリースなどが有用である（http://www.jura.uni-sb.de/Entscheidungen/）。

2-3　コンメンタール

■ コンメンタールの重要性　ドイツ法を調べるうえで，まず目を通すべきものは，コンメンタールである。ドイツのコンメンタールは，数や種類が豊富であるだけでなく，何より質が高い。問題点を網羅的にとりあげ，学説・判例の状況を客観的に整理するという意識が

徹底されているため，ひととおりの状況はこれを見ればわかるようになっている。しかもそこでは，それぞれの箇所で文献一覧があげられているため，これを手がかりとして主要な文献を探索することもできる。もちろん，多くの場合，淡々と解説が行われるだけなので，研究としてのおもしろみに欠けることは否めない。しかし，ひとまずコンメンタールを見れば，ドイツ法の客観的な状況がわかるという安心感は何よりも貴重なものである。

■ **代表的なコンメンタール** 数ある注釈書のうち，最も伝統的なものは，シュタウディンガー・コンメンタールである。これは，民法典の制定直後から編纂され，現在では第13版が刊行中である（Staudingers Kommentar zum Bürgerlichen Gesetzbuch mit Einführungsgesetz und Nebengesetzen, 13.Aufl., vol. ca.83（Walter de Gruyter, 1993-））。このほか，ゼルゲルのコンメンタールも歴史がある。これも，1999年から第13版が順次刊行されている（Soergel Bürgerliches Gesetzbuch mit Einführungsgesetz und Nebengesetzen, 13.Aufl., vol. 25（W. Kohlhammer, 1999-））。いずれも，エルトマンのコンメンタール（Paul Oertmann, Kommentar zum Bürgerlichen Gesetzbuche und seinen Nebengesetzen, vol. 6（Carl Heymann））やプランクのコンメンタール（Planck's Kommentar zum Bürgerlichen Gesetzbuch nebst Einführungsgesetz, vol.7（J. Guttentag））などとともに，戦前ではバイブルのように利用されたものである。

これに対して，比較的最近になって編纂されたものとして，ミュンヒェナー・コンメンタールがある（Münchener Kommentar zum Bürgerlichen Gesetzbuch, 3.Aufl., vol.11（C. H. Beck, 1992-））。これは，全11巻（民法は9巻）と比較的コンパクトであり，内容的にも高い評価を受けている。現在では，むしろこちらが，先ほどのシュタウディンガー・コンメンタールと並んで，代表的なコンメンタールになっているといっていいだろう。

■ **その他のコンメンタール** そのほか，判例中心のコンメンタールとして，RGR-Kommentar（Das Bürgerliche Gesetzbuch mit besonderer Berücksichtigung der Rechtsprechung des Reichtsgerichts und des Bundesgerichtshofes, 12.Aufl.（W. de Gruyter, 1970-））がある。また，

第4章 「技」──論文のテクニック

実務家向けのコンメンタールとして、パラントのコンメンタールがあるが (Palandt, Bürgerliches Gesetzbuch, 59.Aufl. (C. H. Beck, 2000))、1冊におさめようとして略語が駆使されているため、慣れないとなかなか読みづらいのが難点である。

同じコンメンタールでも、異色のものとして、Alternativkommentar (Kommentar zum Bürgerlichen Gesetzbuch, vol.6 (Luchterhand, 1979–)) がある。これは、題名からもわかるように、左翼系の学者が中心となって編纂したもので、むしろ条文ごとに書かれた理論書という性格が強い。

■約款規制法のコンメンタール　ドイツでは、民法典を補完する法律として、約款規制法がきわめて重要な位置を占めている。そのため、先ほどあげた各種のコンメンタールにも、約款規制法の注釈部分が組み込まれている（多くは総則の巻の最後に含まれているが、シュタウディンガー・コンメンタールでは、独立の1冊となっている）。そのほか、この約款規制法については、単発のコンメンタールも数多く出版されている。ここでは、とくに重要なものとして、Peter Ulmer/Hans Erich Brandner/Horst-Diether Hensen/Harry Schmidt, AGB-Gesetz, 8.Aufl. (O. Schmidt, 1997)、Manfred Wolf/Norbert Horn/Walter F. Lindacher, AGB-Gesetz, 4.Aufl. (C. H. Beck, 1999) をあげておこう。

2-4　概　説　書

次に、民法に関する概説書であるが、これは大きく次の三つの種類に分かれる。

(1)　体　系　書

■体系書の重要性　まず第一は、体系書である。伝統的にドイツでは、先ほど触れたコンメンタールとならんで、体系書が学説および判例に対して大きな影響を及ぼしてきた。これは、普通法時代のサヴィニー (Friedrich Carl von Savigny) やプフタ (Georg Friedrich Puchta)、ヴィントシャイト (Bernhard Windscheid) ら以来の伝統だということができ

第1節 「索」——資料の検索

る。戦前では，たとえばエンネクツェルス（Ludwig Enneccerus）の体系書などが，前述したシュタウディンガー・コンメンタールやエルトマンのコンメンタールとともに，通説の形成に大きく寄与した。戦後でも，ラーレンツ（Karl Larenz）やフルーメ（Werner Flume），エッサー（Josef Esser），バウアー（Fritz Baur）といった大家が体系書を著し，文字どおり議論をリードしてきたということができる。もっとも，この世代以降は，ドイツでも本格的な体系書が書かれることは少なくなりつつある。この傾向の背後に何があるかは，それ自体興味深い問題である。しかし，ここではその点はともかくとして，さしあたり現在もしばしば参照される主要な体系書をひととおりあげておこう。

■ 民法総則　　まず，民法総則については，Karl Larenz, Allgemeiner Teil des Bürgerlichen Rechts（C. H. Beck）が代表的な体系書である。これは，1997年の第8版から，Manfred Wolf によって補訂されている。そのほかでは，Werner Flume, Allgemeiner Teil des Bürgerlichen Rechts（Springer）（第1巻第1分冊が Die Personengesellschaft, 1977, 第2分冊が Die juristische Person, 1983, 第2巻が Das Rechtsgeschäft, 4. Aufl., 1992）——が重要である。とくにその法律行為論は，日本の学界にも大きな影響を及ぼしている。さらに，やや異色のものとして，Hans-Martin Pawlowski, Allgemeiner Teil des BGB, 5.Aufl.（C. F. Müller, 1998），教科書的な性格の強いものとして，Dieter Medicus, Allgemeiner Teil des BGB, 7.Aulf.（C. F. Müller, 1997），Heinz Hübner, Allgemeiner Teil des Bürgerlichen Gesetzbuches, 2.Aufl.（Walter de Gruynter, 1996）（かつての Heinrich Lehmann の教科書を引き継いだもの）などがある。

■ 債権法　　次に，債権法については，やはり Karl Larenz, Lehrbuch des Schuldrechts（C. H. Beck, Bd.1, 14.Aufl., 1987, Bd.2/1, 13.Aufl., 1986, Bd.2/2, 13.Aufl., 1994）（各論の第2分冊は Claus-Wilhelm Canaris によって補訂されている）が代表的な体系書である。これと双璧をなすのが，Josef Esser/Eike Schmidt, Schuldrecht Bd.1/1, 8.Aulf.（C. F. Müller, 1995），Bd.1/2（C. F. Müller, 2000）ならびに Josef Esser / Hans-Leo Weyers,

Schuldrecht Bd.2/1, 8.Aufl. (C. F. Müller, 1998), Bd.2/2 (C. F. Müller, 2000) である。いずれも，この領域における日本の議論にも大きな影響を与えている。そのほか，Wolfgang Fikentscher, Schuldrecht, 9.Aufl. (Walter de Gruyter, 1997) も重要である。さらに，教科書的な性格の強いものとして，Peter Schlechtriem, Schuldrecht, Allegemeiner Teil, 3.Aufl., 1997, Besonderer Teil, 5.Aufl., 1998 (J. C. B. Mohr) がある。

■物権法　　物権法については，Fritz Baur, Lehrbuch des Sachenrechts (C. H. Beck) (1992年の第16版から，Rolf Stürner によって補訂され，現在では，17.Aufl., 1999 が出ている) が代表的な体系書である。そのほか，重要なものとしては，Harry Westermann, Sachenrecht, 7.Aufl. (C. F. Müller, 1998)，Hans Josef Wieling, Sachenrecht, 3.Aufl. (Springer, 1997), Jan Wilhelm, Sachenrecht (Walter de Gruyter, 1993) などをあげることができる。

■家族法　　家族法については，Joachim Gernhuber, Lehrbuch des Familienrechts (C. H. Beck) (1994年の第4版から Dagmar Coester-Waltjen によって補訂されている)，並びに Heinrich Lange/Kurt Kuchinke, Lehrbuch des Erbrechts, 4.Aufl. (C. H. Beck, 1995) が代表的な体系書である。少し古いものでは，Theodor Kipp / Hermut Coing, Erbrecht, 14.Aufl. (J. C. B. Mohr, 1990) などが重要である。そのほかでは，教科書的な性格が強いが，Dieter Giesen, Familienrecht, 2.Aufl. (J. C. B. Mohr, 1997), Dieter Heinrich, Familienrecht, 5.Aufl. (Walter de Gruyter, 1995), Dieter Leipold, Erbrecht, 12.Aufl. (J. C. B. Mohr, 1998) などをあげることができる。

(2) 一般的な教科書

■利用法　　第二は，一般的な概説書・教科書の類である。要するに，学生向けに書かれた比較的うすい概説書や教科書である。日本でもこの種のものが増えてきているが，同じ傾向はドイツにも見られる。これらは，ドイツ法を研究するという観点からは物足りないものが多いが，ドイツ法の基礎知識をひととおりおさえるには有用である。以下では，代表的なも

第 1 節 「索」——資料の検索

のみをあげておこう。

■ **民法全般に関する概説書・入門書**　この種の概説書のなかでも，最もポピュラーなものは，Dieter Medicus, Bürgerliches Recht, 18.Aufl. (Carl Heymann, 1999) である。これは，民法全般について，請求権の発生原因ごとに体系化して書かれているところに特徴がある。ドイツの学生にとってバイブル的な存在になっているが，著者のメディクスはドイツを代表する民法学者の一人であるため，その考え方を知る上でも重要である。本書の第 16 版については，訳書が刊行されつつある (河内宏 = 河野俊行監訳『メディクス・ドイツ民法 (上)』(信山社，1997 年))。そのほか，民法全般に関する入門書としては，Dieter Schwab, Einführung in das Zivilrecht, 13. Aufl. (C. F. Müller, 1997), Joachim Gernhuber, Bürgerliches Recht (C. H. Beck) (1998 年の第 4 版から Barbara Grunewald によって補訂されている), Eugen Klunzinger, Einführung in das Bürgerliche Recht, 9.Aufl. (F. Vahlen, 2000) などがある。

■ **民法各編に関する教科書**　民法の各編に関する学生向けの教科書としては，C. H. Beck 社の Jüristische Kurz-Lehrbücher シリーズや Grundrisse des Rechts シリーズが代表的なものである。前者は，比較的立ち入った叙述を含む良質の教科書で，ドイツ法の一般的な状況を知る上で有用である (研究書でも，このレベルまではよく引用されるようである)。総則は，Helmut Köhler, BGB Allgemeiner Teil, 24.Aufl., 1998, 債権総論・各論は，Dieter Medicus, Schuldrecht I, 11.Aufl., 1999, Schuldrecht II, 9. Aufl., 1999, 物権法は，Karl Heinz Schwab / Hans Prütting, Sachenrecht, 28. Aufl., 1999, 親族法は，Alexander Lüderitz, Familienrecht, 27. Aufl., 1999, 相続法は，Wilfried Schlüter, Erbrecht, 13.Aufl., 1996 である。これに対して，後者のシリーズは，基礎知識を簡略にまとめたものという性格が強い。総則は，Bernd Rüthers, Allgemeiner Teil des BGB, 10.Aufl., 1997, 債権総論・各論は，Hans Brox, Allgemeines Schuldrecht, 26.Aufl., 1999, Hans Brox, Besonderes Schuldrecht, 24.Aufl., 1999, 物権法は，Manfred Wolf, Sachenrecht, 15.Aufl., 1999,

第4章 「技」――論文のテクニック

親族法は，Dieter Schwab, Familienrecht, 10.Aufl., 1999（本書の第3版の邦訳として，D・シュヴァープ（鈴木禄弥訳）『ドイツ家族法』（創文社，1986年）がある）である。

このほか，同じ性格のものとして，Carl Heymann 社の Academia juris シリーズ――上記の Medicus, Bürgerliches Recht のほか，Hans Brox, Allgemeiner Teil des BGB 23.Aufl., 1999, Klaus Müller, Sachenrecht, 4.Aufl., 1997, Hans Brox, Erbrecht, 18.Aufl., 2000 がある――，Alfred Metzner 社の Juristische Lernbücher シリーズ――Hein Kötz, Deliktsrecht, 9.Aufl., 1998, Manfred Harder, Grundzüge des Erbrechts, 4.Aufl., 1997――，C. H. Beck 社の JuS-Schriftenreihe シリーズ――Ulrich Loewenheim, Bereicherungsrecht, 2.Aufl., 1997, Berthold Kupisch / Wolfgang Krüger, Deliktsrecht, 1983――，C. F. Müller 社の Uni-Taschenbücher シリーズ――Ulrich Eisenhardt, Allgemeiner Teil des BGB, 4.Aufl., 1997, Hans Stoll, Grundriß des Sachenrechts, 1983――などがある。

(3) 個別テーマに関する概説書

第三は，個別テーマについてまとめられた概説書である。これらは，関心のあるテーマについて，ドイツ法の議論状況を少し立ち入って調べようとするときに重宝する。

■ 研究書的なもの　　その代表的なものが，全8巻からなる Joachim Gernhuber 編の Handbuch des Schuldrechts（J. C. B. Mohr）である。第1巻は，Hermann Lange, Schadensersatz, 2.Aufl., 1990，第2巻は，Knut Wolfgang Nörr/Robert Scheyhing, Sukzessionen, 1983，第3巻は，Joachim Gernhuber, Die Erfüllung und ihre Surrogate, 2.Aufl., 1994，第4巻は，Dieter Reuter / Michael Martinek, Ungerechtfertigte Bereicherung, 1983，第5巻は，Walter Selb, Mehrheiten von Gläubigern und Schuldnern, 1984，第6巻は，Gerhard Walter, Kaufrecht, 1987，第7巻は，Wolfgang Gitter, Gebrauchsüberlassungsverträge, 1988，第8巻は，Joachim Gernhuber, Das Schuldverhältnis, 1989 である。

いずれも大部なものであり，ハンドブックというよりは，本格的な研究書の趣をもつ。

■学生向けのもの　　そのほか，学生向けのものであるが，C. H. Beck 社のJuS-Schriftenreihe シリーズのなかにも，個別テーマに関する概説書がいくつか含まれている。たとえば，Volker Emmerich, Das Recht der Leistungsstörungen, 4. Aufl., 1997, Michael Martinek, Moderne Vertragstypen, Bd.1 1991, Bd.2 1992, Bd.3 1993, Manfred Löwisch, Vertragliche Schuldverhältnisse, 2.Aufl., 1988, Dieter Medicus, Gesetzliche Schuldverhältnisse, 3. Aufl., 1996, Hartmut Reeb, Grundprobleme des Bereicherungsrechts, 1975, Walter Gerhardt, Immobiliarsachenrecht, 4.Aufl., 1996, Walter Gerhardt, Mobiliarsachenrecht, 4.Aufl., 1995, Hansjoerg Weber, Kreditsicherheiten, 6.Aufl., 1998, Horst Locher, Das Recht der Allgemeinen Geschäftsbedingungen, 3.Aufl., 1997 などがある。

2-5　著書・論文

■検索方法　　次は，著書・論文である。この種の文献の検索方法については，本節 2 の冒頭にあげた板寺『法学文献の調べ方』43 頁以下にくわしい。従来よく利用されてきた書誌は，Karlsruher Juristische Bibliographie（KJB）や，NJW の Fundheft などであるが，現在では JURIS のデータベースなどの電子情報が重要性を増している。ただ，ここでは，検索方法そのものについては立ち入らずに，ドイツにおける著書・論文の書かれ方に関する一般的な情報を述べるにとどめることにする。

(1)　モノグラフィー

■日本風の論文集は少ない　　まず，モノグラフィーから見ていこう。ここで著書といわずに，わざわざモノグラフィーというのには，理由がある。日本では，著書といわれるものの多くは，論文集である。これは，それまで雑誌などに発表してきた論文をまとめて一つの

本にするという形をとるのがほとんどである。概説書を除いて、書き下ろしの本を書くことは日本では珍しい。これに対して、ドイツでは、日本風の論文集はほとんど存在しない。すでに公表しているのだから、あらためて本の形で世に問う理由がないという感覚があるのかもしれない。いずれにしても、この種の論文集は、ごく一握りの大家について最晩年ないし死後に編纂されることがある程度である。

■ **Dissertation と Habilitationsschrift**　そのため、ドイツで著書というと、普通は、あるテーマについて書き下ろしたモノグラフィーのことを指す。その代表例が、Dissertation（博士号取得論文）と Habilitationsschrift（教授資格取得論文）である。これらはそれぞれ、若い法学者が博士号、教授資格をとるために必要とされるもので、とくに後者は文字どおり心血を注いで書かれるのが普通である。いずれも、少なくともそのテーマに関する従来の議論を網羅的にとりあげたうえで、それぞれの視点から徹底的な検討を行うところに特徴がある。ドイツ法学の理論的水準を支えているのは、これらのモノグラフィーだといっても過言ではないだろう。ドイツ法について研究しようとする場合、自分の関心のあるテーマについてこの種のモノグラフィーがあれば、必ずそれをフォローする必要がある。そこには、関連文献が網羅的に引用されているので（多くは巻末に引用文献一覧をあげている）、それらをたどって主要な文献を探しあてることも容易である。

■ **重要度に注意**　ただ、注意する必要があるのは、これらのモノグラフィーのすべてが同じように重要だというわけではないことである。これは、とくに Dissertation にあてはまる。ドイツでは、博士号を取得する者の数はかなり多く、しかも日本とは違って、そのうち法学者になる――つまり Habilitationsschrift まで書く――のはそれほど多くはない。そのため、少なくとも Dissertation については、玉石混淆の感が否めない。自分のテーマに直接関係する Dissertation を見つけて大喜びし、それをもとに論文を書いたけれども、その肝心の Dissertation はドイツでは存在すらほとんど知られていないという話もないではない。その Dissertation が、

コンメンタールや主要な概説書のなかでメンションされているかどうかを，やはり慎重に調べる必要がある。ただ，一般論としていうと，同じ Dissertation でも，私費出版ではなく（これらはタイプ印刷で簡易製本になっていることが多い），大きな叢書のなかに採用されているものは，一定の水準を超えたものだと考えていい。そうした叢書として，たとえば，ミュンヘン大学の Münchener Universitätsschriften シリーズ（C. H. Beck），ケルン大学の Schriften des Instituts für Arbeits- und Wirtschaftsrecht der Universität zu Köln シリーズ（C. H. Beck），チュービンゲン大学の Tübinger Rechtswissenschaftliche Abhandlungen シリーズ（J.C.B.Mohr），Duncker & Humblot 社の Schriften zum Bürgerlichen Recht シリーズ，Recht und Wirtschaft 社の Abhandlungen zum Arbeits- und Wirtschaftsrecht シリーズ，Nomos 社の Studien zum Handels-, Arbeits- und Wirtschaftsrecht シリーズ，Peter Lang 社の Europäische Hochschulschriften シリーズ，Alfred Metzner 社の Arbeiten zur Rechtsvergleichung シリーズ，VVF 社の Rechtswissenschaftliche Forschung und Entwicklung シリーズなどがあげられる。

(2) 論　文

モノグラフィー以外の論文が掲載される媒体は，おおむね次の二つである。

■記念論文集　　一つは，記念論文集（Festschrift）である。これは，日本と同じく，大家が一定の年齢に達したときに編纂されることが多い。早ければ 60 歳だが，多いのは 65 歳，70 歳，80 歳あたりである。また，大学や研究所の何周年記念といった論文集も少なくない。このあたりの状況は，日本と変わらない。この種の記念論文集には，比較的短いけれども，有力な学者による質の高い論文が掲載されることが多いので，つねにチェックしておく必要がある。

■雑　誌　　もう一つは，雑誌である。ドイツでも，雑誌の数はかなりにのぼるが，日本のように，各大学の紀要的なものはない。民法に関係するもののみをあげておくと，まず，AcP（Archiv für civilistische

第4章 「技」――論文のテクニック

Praxis）があげられる。これは，民事関係の論文と書評をおさめているが，学術的に最も評価の高い雑誌だといっていいだろう。一般的な商業誌としては，JZ（Juristenzeitung），NJW（Neue Juristische Wochenschrift），MDR（Monatsschrift für Deutsches Recht），JR（Juristische Rundschau）などのほか，家族法に関するFamRZ（Zeitschrift für das gesamte Familienrecht）も重要である。このほか，商法・経済法関係では，ZHR（Zeitschrift für das gesamte Handelsrecht und Wirtschaftsrecht）やZIP（Zeitschrift für Wirtschaftsrecht und Insolvenzpraxis），比較法に関しては，RabelsZ（Rabelszeitschrift für ausländisches und internationales Privatrecht）やZfRV（Zeitschrift für Rechtsvergleichung, internationales Privatrecht und Europarecht）がある。また，実務雑誌として，BB（Der Betriebs-Berater），DB（Der Betrieb），WM（Zeitschrift für Wirtschafts- und Bankrecht）などがあり，学生向けの雑誌として，JuS（Juristische Schulung），JA（Juristische Arbeitsblätter），Juraなどがある。

2-6 その他の一般的資料

以上のほか，ドイツ法を調べるうえで役に立つ一般的な資料もごく簡単にあげておこう。

■ 法律辞典　　まず，法律辞典には，いろいろなものがあるが，大部なものとしては，Horst Tilch（Hrsg.），Deutsches Rechts-Lexikon, 2.Aufl., vol.3（C.H.Beck, 1992）などがある。比較的ハンディーなもので，よく利用されているのは，Carl Creifelds（Hrsg.），Rechtswörterbuch, 15.Aufl.（C.H.Beck, 1999, 現在ではCD-ROM版もある）である。

■ 略語集　　次に，法令・文献等の略語集として，Hildebert Kirchner／Fritz Kastner, Abkürzungsverzeichnis der Rechtssprache, 4.Aufl.（Walter de Gruyter, 1993）がある。ドイツ法を研究する場合，これは必携だといっていいだろう。

■ 人名録　　このほか，ドイツの民法学者に関する人名録的なものとして，Hyung-Bae Kim／Wolfgang Freiherr Marschall von Bieberstein, Zivilrechtslehrer deutscher Sprache（C.H.Beck, 1988）がある。各

民法学者ごとに，履歴，師弟関係，主要著作があげられていて，重宝する場合もある。

2-7 邦語文献

最後に，ドイツ法に関する一般的な邦語文献もあげておこう。

■ **注釈書**　　まず，ドイツ民法典の注釈書としては，古いものだが，神戸（商業）大学外国法研究会編『現代外国法典叢書・独逸民法』（有斐閣，初版1937～42年。1955年と1988年に復刊されている）全5巻がある。そのほか，最近のものとして，椿寿夫＝右近健男編『ドイツ債権法総論』（日本評論社，1988年），右近健男編『注釈ドイツ契約法』（三省堂，1995年），椿寿夫＝右近健男編『注釈ドイツ不当利得・不法行為法』（三省堂，1990年），太田武男＝佐藤義彦編『注釈ドイツ相続法』（三省堂，1989年）がある。また，約款規制法に関するものとして，石田喜久夫編『注釈ドイツ約款規制法』（同文舘出版，改訂普及版，1999年）がある。

■ **概説書**　　ドイツ法に関する概説書としては，山田晟『ドイツ法概論Ⅰ～Ⅲ』（有斐閣，第3版，1985～89年）が代表的なものである。とくに憲法と民法を中心に書かれたものとして，さらに山田晟『ドイツ連邦共和国法の入門と基礎』（有信堂高文社，1987年）がある。そのほか，少し古いが，山田晟＝村上淳一編『ドイツ法講義』（青林書院，1974年）もある。概括的な入門書としては，村上淳一＝ハンス・ペーター・マルチュケ『ドイツ法入門〔改訂第3版〕』（有斐閣，1997年）がある。

■ **法律用語辞典**　　ドイツ語の法律用語辞典としては，山田晟『ドイツ法律用語辞典〔改訂増補版〕』（大学書林，1993年），ベルンド・ゲッツェ『独和法律用語辞典』（成文堂，1993年）がある。かなり古いものだが，三潴信三『独逸法律類語異同弁』（有斐閣，1935年）もいまなお一読に値する。そのほか，少し一般的なものとして，田沢五郎『ドイツ政治経済法制辞典』（郁文堂，1990年），田沢五郎『独＝日＝英ビジネス経済法制辞典』（郁文堂，1999年）がある。現在絶版になっているが，東畑精一監修・四宮恭二編『独和経済語辞典』（有斐閣，1960年）も有用である。

第4章 「技」――論文のテクニック

■ラテン語辞典　　なお、ドイツ語文献を読む際には、しばしばラテン語も必要になる。ラテン語の法律用辞典としては、柴田光蔵『法律ラテン語辞典』（日本評論社，1985年）があるほか、格言・引用句辞典として、柴田光蔵『法律ラテン語格言辞典』（玄文社，1985年）、田中英央＝落合太郎編著『ギリシア・ラテン引用語辞典〔新増補版〕』（岩波書店，1963年）がある。

3 フランス

3-1 文献検索のための手引き類

■文献検索のポイント　　フランス法に関する文献の検索に関しては、フランスにおける学生・研究者を想定して書かれた Dune (A.), La documentation juridique (Dalloz, 1977)、Tanguy (Y.), La recherche documentaire en droit (PUF, 1991) が、日本語で書かれたものとしては、すでにあげた田中ほか・前掲『外国法の調べ方』がある。これらを参照すれば、系統的に文献調査を行う方法を知ることができる。

　しかし、これらにおいて紹介されているような諸資料が存在することを知ったとしても、それだけでフランス法に関する文献検索が十分に行いうるわけではない。さまざまな文献の中には、われわれが論文を書く際に頻繁に使うものとそうではないものとがあるし、また、それらの検索の仕方にも、網羅的ではないがより効率的な方法もあるからである。そこで、以下においては、主要な資料を紹介しながら、それらを利用する際に有用なポイントを述べることにする。その意味で、以下は、上記の包括的な手引きの補充と位置づけられる。

3-2 法　令　集

　近代法典の母国であるフランス法に関する資料調査について語るには、まず、法令から始めるのがよいだろう。

第1節　「索」——資料の検索

■民法典　　　　法研究者にとって最も重要なのは，いうまでもなく民法典の正文である。民法典および附属法律を収録した法令集はいくつか存在するが，最もよく用いられているのは，Dalloz 社と Litec 社の Code civil であろう（どちらがポピュラーかといえば前者。前者には CD-ROM 版もある）。いずれも条文ごとに関連判例がおさめられており，毎年，改訂されている。表紙の色によって，前者は code rouge（赤い法典），後者は code bleu（青い法典）ともよばれている。これとは別に Flammarion 社のポケット版叢書 GF-Flammarion には，Le Code civil と題する1冊が含まれている（表紙の色は白だが code blanc（白い法典）とよばれているのを聞いたことはない）。こちらは，附属法律も関連判例も含んでいないが，改正によって廃された旧規定が収録されているため，民法典制定から今日に至るまでの正文の変遷をたどることができる。その意味で便利な1冊である（ただし，数年ごとの改訂なので，最新の法改正が織り込まれていないことがありうる）。なお，民法典本体については，『フランス民法典——家族・相続関係』（法曹会，1978年），『フランス民法典——物権・債権関係』（法曹会，1982年）という翻訳がある。その後の改正は織り込まれていないが，今日でも広く利用されている。ただし，残念ながら絶版である（図書館で上記の本そのものを見つけるか，法務資料433号（1978年），441号（1982年）を見つければよい）。

　ドイツの場合と同じく，フランスにも，日本の『六法』にあたるような，全法領域にわたる簡易な法令集はない。したがって，商法や民事訴訟法の正文が必要な場合には，Code civil と同じように編集されている Dalloz 社や Litec 社の Code de commerce や Nouveau Code de procédure civile にあたる必要がある。

■その他の法律　　　それでは，これらの法令集に載っていない新法の検索はどのように行えばよいか。後で紹介する法律雑誌の立法紹介を参照するのが実用的な方法であるが，日本の場合と同様に，「官報（Journal Officiel）」によって調べるのが最も一般的な方法である。「官報」にはいくつかの種類があるが，法令の正文は「法令（lois et décrets）」に掲載されている。そこには，立法過程において提出された「議会文書（docu-

239

第4章 「技」——論文のテクニック

ments parlementaires)」（法案や報告書など）や「討論（débats）」のレファレンスも示されているので、これを参考にして立法過程をたどることができる。なお、上記の諸文書はフランス本国の官報販売所（および両院に付設された売店）において入手できるほか、インターネットを通じてのアクセスも可能である（http://www.journal-officiel.gouv.fr）。

■ インターネットについて

インターネットの利用について一言しておく。外国法研究にあたってインターネットを利用する方法について最もまとまった形で示してくれるのは、指宿＝米丸・前掲『法律学のためのインターネット』であるが、フランスのサーチエンジンで「法」に関する項目を探していくという方法もある。ここではさしあたり、さまざまな情報を集約した最も有用なサイトとしてhttp://www.jurifrance.comのみをあげておく。これらをうまく利用すれば、図書館に本がないからといって、ある法律の条文が見られない、という事態は避けることができる。

■ 立法資料

民法典自体の立法過程を調べるためには、Fenet（P. A.）, Recueil complet des travaux préparatoires du Code civil, 15 vols.（s. n., 1827–28）, Locré（J. G.）, Législation civile, commerciale et criminelle de la France, 31 vol.（Trerttel et Wurtz, 1827–32）の2大資料がある（前者の抄録版として、Ewald（F.）éd., Naissance du Code civil（Flammarion, 1989）もある）。なお、革命期において作成されたカンバセレス3草案とジャックミノー草案については、部分訳がある（村井衡平「仏蘭西民法典草案(1)〜(2)」神戸学院法学10巻1号、3号（1979〜80年））。また、第2次大戦直後に試みられた民法典改正作業についても、草案の完成部分につき翻訳がある（民法典翻訳委員会「民法典改正草案(1)〜(3)」比較法雑誌4巻1＝2号、3＝4号、5巻2＝3＝4号（1958〜60年））。後者の審議資料としては、Travaux de la Commission de Réforme du Code civilがある。

フランスでは重要な立法にあたっては、首相や関係閣僚などが、ある特定の個人または複数のメンバーからなる委員会に、事前調査を依頼するということもある。依頼された個人または委員会は、一定の期限内に依頼者に対し

第1節 「索」——資料の検索

て報告書を提出するのが普通である。そして，これらの報告書は公表されることが少なくない。公表の仕方はさまざまであり，議会資料という形をとることも一般の出版物という形をとることもあるが，Documentation Française から刊行されることが多い。日本風にいえば，政府刊行物ということになろう。

3-3 概 説 書

■ 概説書に関する文献　　フランスでは，教科書を manuel，体系書を traité とよんで区別するが，両者の仕分けは必ずしも厳密なものではない。また，これらが一般化したのは 20 世紀に入ってからであり，19 世紀には注釈書 (commentaire) という形式が多く用いられていた (19 世紀のさまざまな注釈書については，福井勇二郎「一九世紀仏国民法学の発達——ユージェーヌ・ゴドゥメ教授の講演に依りて」同編訳『仏蘭西法学の諸相』(日本評論社，1943年)，野田良之「注釈学派と自然法」尾高朝雄ほか編『法哲学講座第3巻』(有斐閣，1956年) における評価を参照)。ここでは，スタイルの違いを捨象してこれらを概説書とよぶことにする。

　19 世紀から 20 世紀の前半にかけて存在した主要な概説書は，山口俊夫『概説フランス法・上』106〜111頁 (東京大学出版会，1978年) に掲げられている。また，18 世紀以前に関しては，金山直樹「フランス普通法学研究の手引き」姫路法学 4 号 (1989年) がある。なお，20 世紀の後半については，評価を交えた紹介として，50〜60 年代につき野田良之「紹介」日仏法学 4 号 47 頁以下 (1967年)，70〜80 年代につき北村一郎「私法—民法 (および法一般) の分野の概説書について」比較法研究 47 号 253 頁以下 (1985年) がある。現在も新版が刊行されつづけている概説書の主なものは，以下のとおりである。

■ マゾー　　まず，1950 年代に初版の刊行が始まったマゾー (Mazeaud) 3 兄弟の Leçon de droit civil, 9 vols. (Monchrestien) は，今日では古典に属するものとなっているが，シャバス (Chabas) などによる改訂を経て，最近では，ルヴヌール (Leveneur) 夫妻をはじめとする若い世代の

第4章　「技」——論文のテクニック

研究者による改訂が進められつつある。

・Henri, Léon et Jean Mazeaud, Leçons de droit civil.
　　tome 1, 1er volume. François Chabas, Introduction à l'étude du droit, 11e éd., 1996.
　　tome 1, 2e volume. François Chabas et Florence Laroche-Gisserot, Les personnes : la personnalité. Les incapacités, 8e éd., 1997.
　　tome 1, 3e volume. Laurent Leveneur, La famille : mariage, filiation, autorité parentale, divorce et séparation de corps, 7e éd., 1995.
　　tome 2, 1er volume. François Chabas, Obligations : théorie générale. 9e éd., 1998.
　　tome 2, 2e volume. François Chabas, Biens. Droit de propriété et ses démembrements, 8e éd., 1994.
　　tome 3, 1er volume. François Chabas, Véronique Ranouil et Yves Picod, Sûretés. Publicités foncières, 7e éd., 1999.
　　tome 3, 2e volume, Michel de Juglart, Principaux contrats, 7e éd., 1987.
　　tome 4, 1er volume, Michel de Juglart, Régimes matrimoniaux, 5e éd., 1982.
　　tome 4, 2e volume, Laurent et Sabine Leveneur, Successions, libéralités, 5e éd., 1999.

■ ヴェイル=テレ　　なお、同じく古典として尊敬されてきたマルティ（Marty）とレイノー（Raynaud）の Droit civil（Sirey）は、ジェスタツ（Jestaz）によって改訂されていたが、1990年代に入ってからは新版が刊行されていない。文章は平易で叙述は中庸を得ていたので、惜しまれる名著である。代わって標準的概説書となった観があるのが、ヴェイル（Weill）の Droit civil, 7 vols.（collection Précis Dalloz, Dalloz）であろう。

242

第1節 「索」──資料の検索

今日では，テレ（Terré）のグループに属する若い改訂者によって改訂がなされている。

- Alexis Weill et François Terré, Droit civil.

  François Terré, Introduction générale au droit, 4e éd., 1998.

  François Terré et Dominique Fenouillet, Les personnes, la famille, les incapacités, 6e éd., 1996.

  François Terré, Philippe Simler et Yves Lequette, Les obligations, 7e éd., 1999.

  Philippe Simler et Philippe Delebecque, Les sûretés. La publicité foncière, 2e éd., 1995.

  François Terré et Yves Lequette, Les successions. Les libéralités, 3e éd., 1997.

  Philippe Simler et François Terré, Les régimes matrimoniaux, 2e éd., 1994.

  Phillippe Simler et François Terré, Les biens, 5e éd., 1998.

■ **カルボニエ**　特徴的な概説書としては，これも古典となった観のあるカルボニエ（Carbonnier）の Droit civil, 5 vols. (collection Thémis, PUF) を欠くわけにはいかない。とくに，「問題状況（état des questions）」と題する注の部分は，フランス民法研究の宝箱だといっても過言ではない。ただし，「序論」「人」「家族」「物」「債務」の5冊で終わっており，同じシリーズの後続部分は，他の著者によって書かれている。

- Jean Carbonnier, Droit civil.

  Introduction, 26e éd., 1999.

  tome 1, Les personnes, personnalité, incapacités, personnes morales, 20e éd., 1996.

  tome 2, La famille, 20e éd., 1999.

  tome 3, Les biens, 18e éd., 1998.

  tome 4, Les obligations, 21e éd., 1998.

- Gérard Cornu, Les régimes matrimoniaux, 9e éd., 1997.

第4章 「技」――論文のテクニック

■ マロリー＝エネス　以上に対して，1980年代になって現れ，今日では大きな影響力をもつに至ったのが，マロリー (Malaurie) とエネス (Aynès) の Droit civil, 10 vols. (Editions Cujas) である。マロリーの単独執筆の巻と，主としてエネスの手になると思われる巻とで若干トーンの差があるが，全体としてはマロリーの強い個性が貫徹している（最近では，他の補訂者も加わっている）。

・Philippe Malaurie et Laurent Aynès, Droit civil.
　Introduction générale au droit, 2e éd., 1994.
　Les obligations, 10e éd., 1999.
　Les contrats spéciaux, 13e éd., 1999, avec Pierre-Yves Gautier.
　Les sûretés, la publicité foncière, 9e éd., 1998.
　La famille, 6e éd., 1998, avec Pierre-Jean Claux et Natharie Couzigou-Suhas.
　Les régimes matrimoniaux, 4e éd., 1999, avec Pierre-Jean Claux et Natharie Couzigou-Suhas.
　Les successions, les libéralités, 4e éd., 1998.
　Les personnes, les incapacités, 5e éd., 1999.
　Les biens, la publicité foncière, 4e éd., 1998, avec Philippe Thery.
　Index général des matières, 1993.

■ コルニュやラルメ　このほかに，一人の著者によるシリーズとしては，コルニュ (Cornu) のもの (collection Domat, Monchrestien社刊)，ラルメ (Larroumet) のもの (Economica社刊) があるが，いずれも最初の2，3冊で中断している（既刊部分については改訂が続けられている。また，前者は別の著者によって継続されている）。

・Gérard Cornu, Droit civil.
　tome 1, Introduction, 9e éd., 1999.
　tome 2, La famille, 6e éd., 1998.
・Alain Bénabent, Droit civil.

第1節 「索」——資料の検索

　　Les obligations, 7ᵉ éd., 1999.
　　Les contrats spéciaux, 4ᵉ éd., 1999.
・Rémy Cabrillac, Droit civil, les régimes matrimoniaux, 2ᵉ éd., 1996.
・Christian Larroumet, Droit civil.
　　tome 1, Introduction à l'étude du droit privé, 3ᵉ éd., 1998.
　　tome 2, Les biens. Droits réels principaux, 3ᵉ éd., 1997.
　　tome 3, Les obligations, le contrat, 4ᵉ éd., 1998.

■ **ゲスタン**　以上とは別に，複数の著者によるものとしては，ゲスタン（Ghestin）のグループによる概説書が重要である。今日では，唯一，体系書とよべる規模のものである（Traité de droit civil, sous la direction de J. Ghestin, 14 vols. (LGDJ)）。とくに，ゲスタンの契約法に加えて，ヴィネ（Viney）の民事責任法は，それぞれ独特の理論を提示するものとして知られている。

・Jacques Ghestin (sous la direction de), Traité de droit civil.
　　Jacques Ghestin et Gilles Goubeaux, Introduction générale, 4ᵉ éd., 1994.
　　Jacques Ghestin, La formation du contrat, 3ᵉ éd., 1993.
　　Jacques Ghestin, Christophe Jamin et Marc Billiau, Les effets du contrat, 2ᵉ éd., 1994.
　　Geuneviève Viney, Introduction à la responsabilité, 2ᵉ éd., 1995.
　　Geuneviève Viney et Patrice Jourdain, Les conditions de la responsabilité, 2ᵉ éd., 1998.
　　Geuneviève Viney, Les obligations : La responsabilité, effets, 1988.
　　Gilles Goubeaux, Les personnes, 1989.
　　Jean Hauser et Danièle Huet-Weiller, La famille, 1ʳᵉ partie, Fondation et vie de la famille, 2ᵉ éd., 1993.

第 4 章　「技」——論文のテクニック

Jean Hauser et Danièle Huet-Weiller, La famille, 2e partie, Dissolution de la famille, 1991.

Jerôme Huet, Les principaux contrats spéciaux, 1996.

Jacques Mestre, Emanuel Putman et Marc Billiau, Les sûretés réelles, 1re partie, Droit commun des sûretés réelles, 1996.

Jacques Mestre, Emanuel Putman et Marc Billiau, Les sûretés réelles, 2e partie, Droit spécial des sûretés réelles, 1996.

■ その他

このほか，スタルク（Starck）のシリーズ（Armand Colin 社刊）やフルール（Flour）のシリーズ（Litec 社刊）も，今日では，複数の著者によるシリーズとしての性格を強めている。

- Boris Starck, Henri Roland et Louis Boyer, Introduction au droit 4e éd., 1996.
- Boris Starck, Henri Roland et Louis Boyer, Obligations,
  tome 1, Responsabilité délictuelle, 5e éd., 1996.
  tome 2, Contrat, 6e éd., 1998.
  tome 3, Régime général, 5e éd., 1997.
- Berrard Teyssié, Droit civil, Les personnes, 4e éd., 1999.
- Christian Atias, Droit civil, Les biens, 4e éd., 1999.
- Alain Bénabent, Droit civil, La famille, 9e éd., 1998.
- André Colomer, Droit civil. Régimes matrimoniaux, 9e éd., 1998.
- Michel Grimaldi, Droit civil, Les successions, 5e éd., 1998.
- Michel Cabrillac et Christian Mouly, Droit des sûretés, 5e éd., 1999.
- Jacques Flour et Jean-Luc Aubert, Les obligations,
  volume 1, L'acte juridique, 8e éd., 1998.
  volume 2, Le fait juridique, 8e éd., 1999.
  volume 3, Le rapport d'obligation, 1999.
- Jacques Flour et Henri Souleau, Les successions, 3e éd., 1991.

・Jacques Flour et Gérard Champenois, Les régimes matrimoniaux, 1995.

さらに，PUF 社の Droit fondamental 叢書は，若手の著者を集め，最初からオムニバスでスタートしている。

・Christian Atias, Les personnes, les incapacités, 1985.
・Frédéric Zénati et Thierry Revet, Les biens, 2e éd., 1997.
・Claude Colombet, La famille, 6e éd., 1999.
・Alain Sériaux, Les successions, les libéralité, 2e éd., 1993.
・Alain Sériaux, Droit des obligations, 2e éd., 1998.
・Philippe Théry, Sûretés et publicité foncière, 2e éd., 1998.

フランスの概説書は，とくに今日では，きわめて頻繁に改訂される。また，判例や学説の引用もかなりくわしい。あるテーマについて，主要な判例や学説を知りたいという場合には，主要な概説書の該当の箇所を見れば大過ない。ただし，判例の引用については著者によってかなりの程度のばらつきがあるので，複数の教科書（通常は主要な教科書のすべて）にあたるべきだろう。

3-4　法律事典など

■テーマから　　教科書からスタートするのではなく，法律事典から調査を開始するという方法も有用である。大きな法律事典としては，Jurisclasseur（Edition Technique），Encyclopédie Dalloz（Dalloz）があるが，いずれもルーズリーフ式で定期的に改訂されている。また，いずれも分野別に分かれており，民法だけでも数巻から構成されている。あるテーマについて手早く概観し，主要な判例のリストを手にしたいという場合には，これらを使うとよい。さらに後者には，各項目にかなりくわしい著書・論文目録が付いており，論文の検索の最も現実的な資料ともなっている。

■用語から　　なお，法律用語についてその意味を確認したい場合には，事典ではなく辞典を参照することになる。標準的な法律辞典としては Cornu（G.），Vocabulaire juridique（PUF, 7e éd., 1998）が著名でありすぐれているが，より小型のものとしては Guillien（R.）et Vincent（G.），

第4章 「技」——論文のテクニック

Lexique de terme juridique (Dalloz, 10e éd., 1998) がある (Terme juridique 研究会訳『フランス法律用語辞典』(三省堂, 1996年) は後者第9版の翻訳)。

3-5 法律雑誌・判例集

■判例誌　　フランスには300種類以上の法律雑誌があるといわれているが、その多くは分野ごとの専門雑誌である。どの分野にも共通の一般雑誌としては、Recueil Dalloz, Semaine juridique (Jurisclasseur périodique), Gazette de Palais の3誌がある (フランスの文献でよく見かける D, JCP, Gaz.Pal. はこれらの略号)。いずれも、論文掲載や立法紹介のほかに、判例を掲載している点に大きな特徴がある。破毀院の公式判例集としては、Bulletin civil de la Cour de cassation も存在するが、今日でも、古い歴史をもつ上記の判例掲載雑誌が引用されることが多い (これらの雑誌に掲載されるにあたっては、各判例に note とよばれる解説が付加されるのが普通であるが、この note の存在も判例掲載雑誌の効用を高めている)。なお、1986年以降については、Lamy 社の CD-ROM、Juridique Cassation に未公刊判例も含めて全判例が収録されている。このほかに、破毀院の活動を示すものとして、Annuaire de la Cour de cassation が刊行されている。判例の動向を知るのに参考になることもある。

■理論誌　　これらの一般雑誌以外でとりわけ重要なのは、Revue trimestrielle de droit civil (RTDC) である。20世紀の初めに創刊されたこの雑誌は、民法研究者の共通の媒体として重視されてきた。そのタイトル (trimestrielle=3カ月ごとの) が示すように年に4号が刊行され、毎号の巻頭には article de fond とよばれる30頁程度の論文が1, 2本掲載される。Dalloz や JCP に掲載される数頁の論文に比べると、その内容は重厚である (フランスでは100頁を超えるような論文は普通は雑誌には掲載されない)。また、chronique とよばれる判例紹介欄は各分野の有力な専門家の手になるものであり、最近の判例の動向を知るのにきわめて有用である。そのほか、民事法を中心とした文献リストや書評も付されており、いずれも有用である。

第1節 「索」——資料の検索

■専門誌　公証実務，銀行実務をはじめとする実務専門雑誌もあるが，ここでは紹介を省略し，法理論に関する Archives de philosophie du droit (APD), Droits, Revue internationnale de droit comparé (RIDC), Travaux de l'Association Henri Capitant を掲げておく。前二者は契約とか責任といった基本概念に関する特集を組むことが多く，民法研究にとっても役立つ（とくに Droits の文献紹介欄は法律以外の領域の関連文献を知るのに有益である）。後二者には，さまざまな比較研究が収録されており，これも有益である（とくに最後のものは，ある特定のテーマにつきフランスとそれ以外の多くの国々を比較したシンポジウムの結果を収録するものであるが，当該テーマに関するフランス法の状況を概観するのにも有益である）。

3-6　その他の出版物

■学位論文　その他の出版物として欠くことができないのは，何といっても，thèse（テーズ）とよばれる（博士）学位論文である。20世紀のフランス民法学は，これによって発展してきたといっても過言でない。学位論文のうちすぐれたものは商業出版の対象となる。分野ごとにシリーズ化された叢書も存在するが，民法に関しては，LGDJ 社の Bibliothèque de droit privé が著名であり，この40年のあいだに300冊ほどの学位論文がこのシリーズで公刊されている。ほかに，Economica 社の学位論文のシリーズも存在する。また，地方大学の出版局などから刊行される学位論文もある。商業出版の対象とならない学位論文については，ここ20年ほどのものについては，マイクロ・フィッシュ化が行われており，日本からもフィッシュの購入が可能である。頁数にかかわらず1件1000円程度で入手できる。手続などについては，金山直樹「文献調査のための最新情報」日仏法学15号134～135頁（1988年）に案内がある。

■研究集会記録・記念論文集　学位論文を提出し，教授資格試験に合格し，教職に就くと，フランスの民法学者は一般には大きな論文を書かなくなる。もちろん，大規模なモノグラフィーを刊行する者もないわけではないが，雑誌に掲載される短い論文や判例・立法の解

第4章 「技」——論文のテクニック

説を書くほかには，colloqueとよばれる研究集会での報告や，mélangesとよばれる記念論文集への寄稿を主な研究活動とする者が多い。したがって，日本の民法研究者としても，各種の研究集会記録や記念論文集をフォローすることが必要になる。日本のような個人の論文をまとめた論文集は，特別な場合にしか出版されない（たとえば，戦後家族法改革において原案起草者をつとめたカルボニエの家族法関係の論文集（Carbonnier (J.), Essai sur les lois (Defrenois, 2ᵉ éd., 1995)) などがその例。本書はフランス家族法を研究しようとする者には必携である）。

■人名録　　なお，各研究者の経歴や主要業績を調べるためには，エクス・アン・プロヴァンス大学のイニシアティヴによって作成された Annuaires des juristes et politistes universitaires, Economica, 1986 が便利であったが，その後，新しい版が出たという話は聞かない。

3-7　フランス法に関するわが国の文献

■概説書など　　最後に，フランス法に関するわが国の文献について触れておこう。大革命までのフランス法の歴史を概観するには，野田良之『フランス法概論・上巻(1)(2)』（有斐閣，1954, 55年。ただし，絶版）が有益であるが，その後の歴史については，すでにあげた山口俊夫『概説フランス法・上』を見なければならない。さらに，滝沢正『フランス法』（三省堂，1997年）も参照。また，債権法については，山口俊夫『フランス債権法』（東京大学出版会，1986年），家族法については，やはり山口・前掲『概説フランス法・上』が要領のよい概観を与えるほか，改正の歴史も含めて稲本洋之助『フランスの家族法』（東京大学出版会，1985年）がある。なお，20世紀フランスの民法・民法学の特徴については，杉山直治郎『法源と解釈』（有斐閣，1957年），大村敦志『法源・解釈・民法学——フランス民法総論研究』（有斐閣，1995年）を参照されたい。

■書　誌　　フランス法を研究対象とした論文類は数多い。その所在は，最近のものについては，日仏法学会の機関誌『日仏法学』巻末の文献紹介欄によってある程度まで知ることができるし（会員の自己申告に基づ

き作成されているので網羅的ではない)、日本法について述べた文献検索方法は、フランス法を扱う日本の文献についても当然に用いることができる。フランス法研究にあたっては、フランス法研究を含む著名なモノグラフィーの何冊かをまず一読するとよい。研究の仕方や資料の所在につき、得るところが大きいはずである。

■ 研究の水準　なお、雑誌論文であり単行書としてはまとめられていないが、日本における外国法研究としてのフランス法研究の最高水準を示すものとして、北村一郎「契約の解釈に対するフランス破毀院のコントロオル(1)〜(10・完)」法学協会雑誌93巻12号〜95巻5号（1976〜78年）をとくに掲げておく。ここまでしなさいとはいわないが、ここまでできる人もいることは知っておいてよい。

4 英　　米

4-1 教科書類

■ まずは代表的な教科書から　英米、とりわけアメリカについては、網羅的な文献探索の方法が発達しており、これについてはくわしい紹介がすでに行われている。ここまでにも幾度かとりあげた田中ほか『外国法の調べ方』のほか、田中英夫『英米法総論（下）』661頁以下（東京大学出版会、1980年）、モーリス・L・コーエン＝ケント・C・オルソン（山本信男訳）『入門アメリカ法の調べ方』（成文堂、1994年）を参照されたい。

もっとも、網羅的に文献を集め、すべてを読んでいくというのは、本当は非現実的である。「たいへんだから」という理由によるのではない。そもそも、最初の段階で、英米法の何を研究すべきかがきちんと特定され、それに応じて文献を集められるわけはないからである。研究を進めていくうちに、何について書いてある文献を探索すべきかがだんだんと決まってくるし、また、いったん決まったと思っても、集めるべき文献の種類は、研究の進展に

第4章 「技」——論文のテクニック

つれて，どんどんと変化していくはずなのである。とりわけ，日本法に基礎を置いて形成された問題意識によって，対応する英米法の資料を探そうとすると，何が対応するのかすら最初はわからない。研究を進めていって，やっとわかってくるのである。もちろん以上のことはドイツ法，フランス法でも多かれ少なかれ同じなのであるが，法系の異なる英米法についてはとくに注意を要する。

そういうわけで，まずは代表的な教科書から始めて，その分野の基礎知識をおさえ，その後，だんだんと手を伸ばしていく方がよい。直接に最先端の論文を読み，基礎知識の不足から思わぬ誤解をしないためにも，基礎を固めることが第一である。

■ 代表的教科書の見つけ方　そこで，正確な基礎知識の得られる代表的な教科書にはどんなものがあるか，が問題となる。この点では，日本における英米法の教科書・論文をながめ，そこで多く引用されている教科書類をピックアップする，というのが現実的である。また，大学の図書館には，多くの場合，代表的な著書が所蔵されている。大学間の相互貸借で借り出すことの手間や，書店に注文して入荷するまでの時間を考えると，自分の所属する大学の図書館に存在する本から始めるほかはないし，多くの場合，妥当でもある。もう少し客観的な方法によりたいならば，NACSIS Webcat 総合目録データベース（http://webcat. nacsis. ac. jp）を用いることもできる。これは，多くの大学のオンライン図書目録を総合したものである。ここにおいて，たとえば，"property law"を検索すると，たくさんの書名が出てくるが，そのうち，多くの大学で購入されている本は代表的なものだと考えて大過ない。

また，とくにイギリス（イングランド）の場合，代表的な教科書については改訂が続けられている。たとえば，Chitty on Contracts (Sweet & Maxwell) は，現在，第27版，Cheshire's Modern Law of Real Property (Butterworths) は，現在，第15版である。こういう書物は古くから定評のあるものであり，最初に読むのに適している。

若干，問題となるのは，アメリカに多いケースブックである。たしかに定

評のあるケースブックの教育的配慮は見事なものだし，ところどころにある編者のコメントには鋭いものが多い。しかし，やはり授業で用いられることが前提となっており，一人で最初に読んで全体構造をつかむのに適したものではない。少し邪道な感はあるが，Nutshell series（West）から入る方が適切である。

4-2 論文・著書

■ 芋づる式の限界と利点　　わが国の民法の教科書類には，かなりの著書・論文が引用されているものも多く，そこから代表的な著書・論文をたどっていくことも，ある程度可能である。アメリカの定評のある教科書も，そのうち大部のものは代表的な著書・論文を的確にあげているものが多い（J. D. Calamari & J. M. Perillo, Contracts (3rd ed., 1987, West)，J. J. White & R. S. Summers, Uniform Commercial Code (4th ed., 1995, West) など）。また，領域は限定されるがリステイトメントには，問題点ごとに代表的な論文があげられている。しかし，イギリス法の教科書類には，一般に著書・論文の引用はない。芋づる式は難しい。関係する単行の研究書が見つけられたなら，その末尾に文献が整理されているからよいが，そうでないときは，何らかの検索ツールを用いることが必要となる。

　ただ，芋づる式をばかにしてはならない。論文を読みながら，引用されている文献をノートに整理しておくのは重要である。誰でもが引用する基本文献，最近注目されている文献，相手にされていない文献──こういった区別が自然についてくる。

■ 雑誌論文の検索　　英米の雑誌論文の検索のためには，以前から，Index to Legal Periodicals (1908–) (H. W. Wilson) が最もよく用いられてきた。しかし，現在では，Current Law Index (Information Access Company) (1980–) の方が明らかに使いやすい（双方ともCD-ROMもある）。このような検索用資料の良し悪しは，対象としている雑誌の数だけでは決まらない。検索のためのキーワードを上手に定めてあることが重要である。この点で，Current Law Index は工夫が凝らされている。

第4章 「技」——論文のテクニック

　検索にあたって注意すべき点を二つ述べておく。
　第一は，英米法に限らないが，外国法と日本法との概念はぴったりとは一致していないことである。したがって，論文を検索するときには，複数のキーワードでかなり広めにピックアップした後，実際にその論文を読んで，必要でないものを落としていくという作業が必要である。最初から範囲を狭めてしまうと，重要な論文を落としてしまうことになる。そして，どのようなキーワードが適切かを知るために，最初に概説書をきちんと読んでおくことが欠かせないのである。
　第二は，アメリカ合衆国やイギリスで評価が高い文献だけが，重要なものではないことである。これまでの判例・学説を整理しただけのものだと，その本国では高い評価を得られていないかもしれない。しかし，とっかかりとして読むのには適当なものもある。とくに，さまざまな雑誌に存在する"Recent Cases"といった欄や，アメリカのロー・レヴューにおける"Notes"の欄の論文は，独創性には乏しいが，大変便利なことが多い。このことを考えると，論文の引用の多い著書にめぐりあっても，一応は検索資料を用いた網羅的検索を施してみた方がよい。

■ **著書の検索**　　以上に比べて，著書の検索はなかなかやっかいである。実際には，まずは論文を検索し，多くの論文にあげられている著書を見つけるのが簡単である。また，とくにアメリカの場合，ケースブックに引用されている著書（論文も）は，重要だと考えてよい。しかし，これらの方法によると，比較的近時に出版された著書を見つけだすことができない。近時の出版物を探すためには，ブック・レヴューを利用するのがよい。すでにあげた論文検索資料には，"Book Review Index"が付いている。つまり，さまざまな雑誌に掲載されたブック・レヴューを，著書ごとに整理してある。そして，すぐれた著書のほとんどは，ブック・レヴューの対象となっているので，ここから最近の重要著書を知ることができるのである。あわせて書評を読めば，その著書の評価や，論争点も知ることができる。

4-3 判　決

■ **アメリカの判決**　アメリカ合衆国の判決については，American Digest System（West）を用いて検索することが基本である。これは，1658年以来のアメリカの全判決（もちろん判例集に載り，公表されているもの）につき，非常に細かい分類（キーナンバー）を施し，整理したものであり，これを見ればすべての判決を収集することができる。しかし，ここでもアメリカ法と日本法との概念の違いが問題となる。つまり，キーナンバーはあくまでアメリカ法の概念に基づいて付けられているわけであり，日本法上の問題意識から判決を収集しようとすると，なかなかうまくいかない。広めに収集するために，関連しそうな複数のキーナンバーを用いるようにしなければならない。論文探索の場合と同じである。また，アメリカ法の概念に従って判決を収集しようとするときも，キーナンバーの編集者と論文執筆者とで問題意識が一致しないときには，ぴったりとあてはまる分類が存在しないこともある。このときも，最初は広く判決を収集する必要がある。そのうえで，一件一件，ていねいに読んでいき，必要な判決をピックアップすることになる。本書の著者の一人は，アメリカ各州の判決を約100件使って論文を執筆したことがある。このとき，実際にコピーをとり，読んだ判決は，400件以上だった。キーナンバーを複数用いて400件の判決を収集し，コピーをとり，すべて読む。それで約100件が残ったのである。

　検索にあたって，現在ではLEXISとか，Westlawとかのデータベースを用いることができるようになった。判決そのものもダウンロードできる。もっとも，読みながら確認していく，という作業は大切である。

　ただし，最初からAmerican Digest Systemを使うのは，現実的ではない。教科書・論文等に引用されている判決をカードにとっていき，それらの判決から読みはじめることによって，具体的な収集方針も定まる。

■ **イギリスの判決**　イギリスの判決についても，一応Current Law Citator（Sweet & Maxwell）という本があり，全公表判決に分類が施されている。しかし，分類の精緻さはAmerican Digest Systemに遠く及ばない。ところが，よくしたもので，教科書類における判決

引用は，アメリカよりずっと網羅的である。したがって，芋づる式が現実的な場合が多い。

4-4 法　　令

■ **英米法における法令の重要性**　　英米は判例法国である。しかし，さまざまな分野に重要な法令が存在する。英米法系の国々の特徴は，「契約違反の場合の損害賠償の範囲に関する一般原則を定める民法416条や不法行為の要件の基本を定める民法709条に相当するものは，制定法の中には見出されない」ところに存するのであって，逆に「わが国なら法典を補充するいわゆる特別法に相当する制定法」は日本に劣らず多いのである（田中英夫『英米法総論上』15頁（東京大学出版会，1980年））。

　これらの制定法にどんなものがあるのか，自らの研究に関連する制定法はどれか，を自ら探りだそうとするのは，困難であるだけでなく，一般にさほど必要がない。論文や教科書，判決に引用されている制定法を見れば十分である。

　法令集にどのようなものがあるかは，田中ほか・前掲『外国法の調べ方』に譲るが，ここでは，二つのことを追記しておきたい。

　第一は，『外国法の調べ方』の執筆された時代には存在しなかったインターネットの利用法である。とくにアメリカについては，連邦法，各州法ともに，インターネット上でかなり原文を入手できるようになっている。くわしくは，東北大学法学部のアメリカ法のページ（http://www.law.tohoku.ac.jp/uslaw-j.html）や，指宿＝米丸・前掲『法律学のためのインターネット』を参照されたい。政府・議会資料等も同様である。

　第二は，学生向けの法令集がけっこう便利だということである。さまざまな出版社から，さまざまな法令集が出ているが，日本と違って，広い分野の基本法令を一書に集めたものは存在しない。"Commercial Law Statutes"，"Property Law Handbook"，"Company Legislation" といった名前でその分野の学習に必要な法令を収録している。図書館などで見て，便利そうなものがあれば，1冊購入することを勧めておく。

4-5 その他

■ わが国の文献

その他として二つとりあげておく。

まず、英米法に関するわが国の文献についてである。これは、田中英夫＝堀部政男編『英米法研究文献目録 1867-1975 年』（東京大学出版会，1977 年）、日米法学会編『英米法研究文献目録 1976-1995 年』（東京大学出版会，1998 年）およびその補遺として『アメリカ法』（日米法学会の学会誌）に毎号掲載される文献目録で、ほぼ完全である。また、田中英夫編集代表『英米法辞典』（東京大学出版会，1991 年）は常に手元に置いて参照すべきものである。

■ 引用方法

次に、引用方法である。アメリカ合衆国については、論文、判例、法令等の引用方法の統一化をめざす、A Uniform System of Citation という冊子があり、かなり多くの法律雑誌で採用されている（第 13 版の翻訳として、山本信男監修『法律文献の引用方法——アメリカ法を中心に』（三浦書店，1984 年）がある）。しかし、すべての文献で従われているわけではないし、また、そこで使用が要求されているスモール・キャピタル（HANDBOOK の 2 文字目以下のような小さな大文字体のこと）やイタリックス（斜字体）、一定の記号（たとえば¶）などは、わが国の大学の紀要では（印刷所の能力、および費用の点から）使えない場合もある。

これに対して、イギリス、オーストラリア、カナダ等については、定まった引用方法はない。若干の慣例が存在するだけである。これらは、それぞれの国の文献から学んでいくほかはない。

いずれにせよ、日本語の文献の引用が混在するわけだから、アメリカ合衆国やイギリスの引用方法に完全に従うことは不可能である。わきまえていることは必要だが、臨機応変に対処すべきだと思う。

第4章 「技」——論文のテクニック

第2節 「磨」——原稿の執筆

1 構造をつくる

1-1 論理的な組立て

■ 構造をつくること　　「書くというのは何よりも構造を作ることで，論文書きにはそれが最も大切なことです」——これは，澤田昭夫『論文の書き方』103頁（講談社学術文庫，1977年）からの引用である。

　本書は，ここまで，論文の構造づくりについて述べてきた。そして，本節に至って，「原稿の執筆」というと，「よい文章の書き方」についていろいろな秘訣が述べられるのだと思うかもしれない。たしかに，そのことについても後に述べる。しかし，「原稿の執筆」にあたって最も重要なのは全体の構造である。個々の文についていえば，それが論文全体の構造のなかでいかなる地位・役割を果たす一文なのかを著者が正しく認識し，個々の文にその役割をきちんと果たさせることによって，論文全体の構造を的確に形づくっていくことが大切なのである。それ以上に重要な「文章の秘訣」はない。「たくさんの短文は，相寄って機械を組み立てている部分品のようなもの」（清水幾太郎『論文の書き方』17頁（岩波新書，1959年））なのである。

1-2 同レベルのものは同レベルの位置に

■ 勉強した順番ではダメ　　以上を前提とすると，一つ一つの文の書き方を論じる前に，論文の組立てについて考えてみなければならないことになるが，この点はすでに繰り返しくわしく説明したところである。そこで，本節では，より具体的な一つのアドバイスを付加する

第2節 「磨」——原稿の執筆

だけにしておこう。それは，章，節，款，項，パラグラフ（段落）——これらはすべて論理的にすっきりとした組立てになっていなければならない，ということである。そして，このとき最も重要なのは，同レベルのものは同レベルの位置に置くことである。

たとえば，契約締結前の説明義務について検討する論文があるとする。第3章は，題して「説明義務違反の法的性質に関する学説」である。これが次のような節で構成されているとすると，その論文はダメである。

「第1節　序説
　第2節　不法行為とする学説
　第3節　不法行為説に対する批判
　第4節　説明義務の基礎
　第5節　事前的効力の概念
　第6節　信義則の機能
　第7節　小括」

架空の例だが，よく似た実例はたくさんある。

このような節立てにした執筆者の心理状況が理解できないわけではない。説明義務については，その違反を不法行為として処理する判決例・学説があり（第2節），しかし，それに対しては，事後的にしろ契約で結びつけられた当事者間における当該契約にかかわる問題なのだから，不法行為はおかしいのではないか，という批判がある（第3節）。しかし，そうなると，なぜ契約上の問題として処理しうるのか，説明義務は契約上いかなる内容のものとして構成されるのか，という問題点が生じ，議論がなされる（第4節）。この際，根本的には，いくら両当事者がのちに契約で結びつけられたにしても，説明義務違反があったとされるのはあくまで契約締結前についてであり，契約の効力がそこまで及ぶのはおかしいのではないか，ということが問題となり，そのために，契約の事前的効力の議論がなされる（第5節）。こういう形で話が続いていく，というわけだろう。

しかし，第2節が「不法行為とする学説」という題になっている以上，第3節は「債務不履行とする学説」とならなければおかしい。同レベルのまと

第4章 「技」——論文のテクニック

まり（章，節，款，項）には，同レベルの話がこなければならない。もちろん，時系列に沿って話を展開させていくことがよい場合もある。そのときは，第2節の題名を「不法行為とする学説の登場」などとしなければならないが，上記の節立ては時系列にも完全に沿っていないので救いようがない。勉強した順番に並べただけではダメなのである。

1-3　明快な理解あってこそ

■ **レベルの意識**　　同レベルのものを同レベルにそろえるにあたっては，何と何とが同レベルなのかを判断することが必要である。そして，この判断は，その対象をどのようなものとして理解するか，ということと密接に関係する。すでに学説理解の注意点として，「主唱者名を学説名とすることの危険性」と「構造化の必要性」について述べた（第3章第1節第1款 *3-2*, *3-3* 参照）。これは，具体的な執筆にあたって，レベルの無意識に陥ることを避け，同レベルの学説（のまとまり）を，論文構造上，同レベルに置くために必要なことでもある。

　これは個々の学説の位置づけについてだけあてはまる話ではない。判決例を分類するときは当然だし，ある制度の効果を説明するときも，「第三者に対する効力」という項目立てをしたならば，「当事者の内部的な効力」という項目と対置しなければならない。さらに，もう少し抽象度の高いレベルについても同様である。たとえば，いくつかの外国法を分析するときは，自分の論文のなかで，それぞれの外国法がどのような位置づけを有しているのかを考えて，構成をつくらなければならない。内田貴『抵当権と利用権』（有斐閣，1983年）においては，ベルギー法，ドイツ法，イギリス法が扱われている。ところが，ドイツ法とイギリス法はそれぞれ第4章，第5章を与えられているのに対し，ベルギー法は，第2章第2節第2款に位置づけられている。これは，ドイツ法とイギリス法との研究が，賃借権保護の態様が各国で異なることを示し，日本における規律を相対化するためのものとして位置づけられているのに対し，ベルギー法は，日本法の母法であるという観点から，日本法の沿革を探る目的で分析がされているからである。

叙述対象および叙述目的について明快な理解があってこそ，明快な構造をつくることができる。そして，明快な構造は，論旨を誤解なく伝えるために必須の条件である。それだけではない。対象のレベルを意識して，つねに構造化を心がけていると，従来の議論の欠落や矛盾を見つけだし，比較法にあたっての視点や調査対象を確定することができる。レベルの意識は，著者を拘束するものではなく，論文作成において著者を手助けしてくれるのである。

2 文をつくる

2-1 何よりも明晰さが重要

■ **指示代名詞の指示対象は明確に**

個々の文については，何よりもその意味が明晰であることが重要である。

まず，指示代名詞の指示対象が不明確であってはならない。こんなことは当然のように思われるかもしれない。ところが，原稿執筆中はさまざまな思いこみをしてしまい，あとから客観的にながめてみると，指示代名詞の指示対象が不明確になってしまっているのに気づくことがしばしばある。

　「代位物の特定性が失われると，物上代位権が行使しえなくなるのは
　　当然のことであり，差押えにはたしかにそのような意義がある。」

この文における「その」は，指示対象が不明である。おそらく，「代位物の特定性を失わしめないこと」のつもりだろう。しかし，日本語の文法としては，そうはなっていない。

次の事例はどうか。

　「表意者は，意思表示の内容となった法律行為の要素に錯誤があると
　　きは，民法95条に従って，当該意思表示の無効を主張できるはずで
　　あるが，この点につき問題がある。」

「当該意思表示」の「当該」の指示対象は明確であるが，「この点」とはどの点なのだろうか。たとえば，執筆者に，「法律行為の要素に該当するか否かの判断基準を判決例から析出する」という問題意識があるとすると，つい

つい,「この点」が「『法律行為の要素』の点」であることは当然だと思いこんでしまう。しかし,客観的にはけっしてそうなっていない。

■ **主語と述語はきちんと対応させる** 次に,主語と述語がきちんと対応していなければならない。これもいうまでもないが,思いこみから,とんでもない文が生みだされる。悪い例を一つ。

「契約締結前の説明義務が認められるかどうかという問題は,説明義務がどのようなものであるかが明らかにされていなければならないように思われる。」

「悪い例」といったのは,「問題」という主語を受ける述語が存在していないからである。「明らかにされていなければならない」の主語(主節)は,「説明義務がどのようなものであるか」である。したがって,最低限の修正を加えれば,

「契約締結前の説明義務が認められるかどうかという問題は,説明義務がどのようなものであるかが明らかにされていなければ論じられないものである。」

となる。しかし,実はもう一つ問題を含んでいる。「契約締結前の説明義務が認められるかどうか」という文の意味が不明確なのである。すなわち,「個々具体的な場面において,契約締結前の説明義務が存在するといえるか否か」という問題なのか,およそ,理論的な問題として,「契約締結前の説明義務という観念が承認されうるか否か」という問題なのかがはっきりしない。この点でも思いこみは禁物である。

2-2 短く,短く

■ **ゆがんだ文** そして,各文はなるべく短いことが大切である。もちろん,短い文が名文であるわけではない。また,長くても明晰な文はある。しかし,論文を書き慣れていない人が長い文を綴ると,往々にして文構造が途中でゆがんでしまう。

次のように書いてはならない。

第 2 節　「磨」——原稿の執筆

「不動産の所有権を移転するという形態をとる譲渡担保の権利者は，契約書の文言上においては所有権の移転を受け，登記名義を有することによって，所有権者である外部的状態を有しているわけではあるが，債務者は債務を弁済し所有権を回復し，または，実行時に清算金を要求でき，ただ担保たる範囲においてのみ所有権を有するにすぎないから，完全な所有権者とはいえない。」

こんなひどい文で書かれている論文があるのか，と思うかもしれない。ところが，けっこうある。上の文は，ある論文（それもかなり有名な著書）に実際に存在するものを，素材を譲渡担保に変更して書き直したものである。文構造自体は，現実に存在する。

■ 長いから混乱する

最も悪いのは，「ただ担保たる範囲においてのみ所有権を有するにすぎない」という節の主語が「譲渡担保の権利者」であり，その前の節（「債務者は債務を弁済し所有権を回復し，または，実行時に清算金を要求でき」）の主語（「債務者」）とは異なるにもかかわらず，主語が省略されているところにある。しかし，何よりも全体として長すぎる。長すぎるから途中で混乱するのである。

書き直すと次のとおり。

「不動産の譲渡担保は，目的物である不動産の所有権を移転するという形態をとる。譲渡担保の権利者は，契約書の文言上は当該不動産の完全な所有権の移転を受け，また，所有権移転登記を受けることになる。したがって，完全に所有権者である外観を有している。しかし，債務者は，債務を弁済すれば，その所有権を回復することができるし，譲渡担保が実行され，債務者がもはや所有権を回復できなくなる時点においては譲渡担保の権利者に対して清算金支払いを要求できる。したがって，譲渡担保の権利者は，ただ担保たる範囲においてのみ所有権を有するにすぎず，完全な所有権者とはいえないのである。」

また，短い文を書く癖をつけると，いわゆる「逆茂木型の文」を書かなくてすむ。「逆茂木型の文」というのは，木下是雄『理科系の作文技術』（中公新書，1981年）に出てくる言葉であり，やたらに修飾節，修飾句が付いた文

のことである。たとえば，次の文を見てみよう。

「共通の目的使命を有する有体物の集団，例えば軍隊の武器，家畜の群，店舗の商品などについて物の一体として取り扱い，ここに集合物の概念を認めるギールケの見解を紹介した平野義太郎の所説によってわが国に導入の基礎の築かれた集合物論は，我妻栄がエルトマンの見解を紹介するというかたちで行った著名な論文のおかげで，学説上は通説的見解を占めていたが，判例によってそれが承認されたのは，集合動産譲渡担保に関する昭和54年の最高裁判決によってであった。」

一読して理解できるとは思えない。

2-3 「が」に気を付ける

■「が」が文を長くする

文を簡単に長くできるのが，「が」によってつないでいく方法である。先ほど書き直しの例として，

「不動産の譲渡担保は，目的物である不動産の所有権を移転するという形態をとる。譲渡担保の権利者は，契約書の文言上は当該不動産の完全な所有権の移転を受け，また，所有権移転登記を受けることになる。」

という文章をあげた。これは二つの文で構成されている。しかし，「が」によって，簡単に一つの文とすることができる。

「不動産の譲渡担保は，目的物である不動産の所有権を移転するという形態をとるが，譲渡担保の権利者は，契約書の文言上は当該不動産の完全な所有権の移転を受け，また，所有権移転登記を受けることになる。」

一見，問題ない。しかし，一見，問題がないからこそ，「が」の多用は，長い文を心理的抵抗なく生み出してしまうという恐ろしい効果をもつのである。

「が」には気を付けなければならない。先にも引用した清水幾太郎『論文の書き方』は，その第3章の題名が「『が』を警戒しよう」である。つまり，まるまる一章をこれにあてているのである。

第 2 節 「磨」——原稿の執筆

■逆説？　順接？　　「が」には気を付けなければならないもう一つの理由は，本多勝一『日本語の作文技術』182～183 頁（朝日文庫，1982 年）に述べられている。

> 「この種の『が』を使われたとき困るのは，読者がここで思考の流れを一瞬乱されるからなのだ。『が』ときたら，それでは次は逆接かな，と深層心理で思ったりするが，それは後まで読まないとわからない。それだけ文章はわかりにくくなる。これが対話として語っているときだと，文章になったときほどわかりにくくはないだろう。抑揚や表情その他が補ってくれる。しかし作文のときには，よほど注意しないと意味のわかりにくい文章の原因になりやすい。」

前頁に例示した文章における「が」は順接だが，次のような文もありうる。

> 「不動産の譲渡担保は，目的物である不動産の所有権を移転するという形態をとるが，これは妥当ではない。」

ここで使われている「が」は，逆接の接続助詞である。「が」の後に順接で話が続いていくのか，逆接になるのかは，本多勝一氏がいうとおり，文の終わりまで読まないとわからない。それによって，読みやすさが損なわれるのである。

2-4　論文において目につく悪文

■「は」が二つある文を追放しよう　　語の順序，とくに修飾語の順序，句読点の打ち方など，文を書くにあたっておろそかにしてはならないことが多い。これらにつき，それぞれ悪い文の例をあげ，一つ一つ直していくのでは，いくらページがあっても足りない。これまでも引用してきた，本多『日本語の作文技術』や木下『理科系の作文技術』のほか，さまざまな文章読本で勉強してもらうほかはない。初歩的なものとして，成川豊彦『〔改訂版〕成川式　文章の書き方』（PHP 研究所，1998 年）というものもある。

しかし，論文においてしばしば目につく悪文を 1 種類だけ指摘しておこう。次のようなものである。

265

第4章 「技」――論文のテクニック

- 「わが国の多数説は，民法760条は強行規定であると考えている。」
- 「上記の理論は，賛成することはできない。」
- 「この問題は，それを取り扱った下級審裁判例は少ない。」

三つの文に共通する特徴は，「は」が2回使われていることである。それぞれ次のように書き直した方がよい。

- 「わが国の多数説は，民法760条を強行規定であると考えている。」
- 「上記の理論には，賛成することができない。」（「上記の理論は，賛成することができないものである。」）
- 「この問題を取り扱った下級審裁判例は少ない。」（裁判例の少なさを強調するとき）

「この問題は，下級審裁判例でもほとんど取り扱われていない。」
（当該問題の検討不足を強調するとき）

実は，書き直し前の三つの文のうち，最初のものは必ずしも許されないものではない（これに対して，他の二文は文法的にも妙である）。しかし，読者は，論文を読んでいて，「は」があれば，その次に，その説明（『～だ』）を求める。ところが，その説明の中に，さらに「は」があると，一瞬とまどう。

大したことはないと思うかもしれないが，文章の読みやすさというのは，そのような細かいことの積み重ねで決まってくるのである。直せるならば，「は」を複数回使わない方がよい。

■ 翻訳調はやめよう　「古典的な契約観念に慣れ親しんだ法学者が，仮に『契約関係にない当事者間に契約上の債権債務関係の存在を認めうるか』と問われたならば，そこに肯定の返答を見いだすことはかなり困難であろう。」

こういった文を平気で書く人がいる。それも本人はよい文だと思っているから始末が悪い。

何か特別の効果をもたらすために上記の文体を意識的に採用し，それが所期の効果をあげる場合もたしかに存在する。しかし，よほどの名文家でないと手に余る。やめた方がよい。

また，外国語の影響から，勝手に新しい言葉をつくってしまう者も絶えな

い。最近，気になるのは，「前提する」という動詞である。これは，ドイツ語の voraussetzen の翻訳であろうが，「前提する」という日本語はない。「前提とする」のである。かつての翻訳調の文章には見られたかもしれないが，現在の国語辞典で，「前提」は「する」を付けて動詞を形づくる名詞とは分類されていない。

■ 語尾を一律にしない　文の積み重ね方について，本書で述べうることには限界がある。すでにいくたびも引用した木下教授，本多氏の著書を参考にしてほしい。ただ，2点だけをとくに注意しておきたい。

　一つは，同じ語尾の文を重ねない，ということである。「のである」が続く例が論文では最も多い。これは文章にリズムをなくし，読む気を失わせる大きな原因となる。

　もう一つは，これと関係するが，一つの文の中に同じ言葉を繰り返さない，ということである。「あるからである」と「あるのである」の二つが最も多い例だが，「であり，」「であり，」と重ねるものも多い。たとえば，

　　「中川教授の見解は家族制度のもとで説かれたものであり，その後の
　　学説の批判にもあるように，理論的には問題があるものであり，
　　……」

といった調子である。「であり，」「であり，」は文を短くすることを心がければ避けることができる。

2-5　外国語の扱い方

■ なるべく翻訳　とりわけ外国法について叙述するにあたり，個々の言葉をどの程度まで翻訳するか，は悩むところである。しかし，大原則は，外国語の単語は日本語に翻訳して示す，ということにある。

　翻訳によって一定のニュアンスが失われてしまうことはたしかである。しかし，ニュアンスをいっさい犠牲にしないためには，日本語という外国語で，ドイツ，フランス，イギリスといった他国の法を叙述すること自体をあきらめるほかはない。日本語の論文として書くのであるから，なるべく翻訳する

第4章 「技」——論文のテクニック

のが当然である。

　もっとも，翻訳をしなくてもよい場合もある。たとえば，フランス法における「フォート (faute)」という言葉は，日本語に訳さないで用いている人も多い。もちろん，「フォート」について「過失」と訳す例はある。しかし，「過失」という言葉は，すでに，日本語として一定の意味を有しており，読者に誤解を生ぜしめるおそれがある。そこで，「非行」と訳して，誤解を避けようとする人もいるが，「非行少年」などを連想してしまい妙な感じもする。そこで，原語のまま（そうはいってもカタカナにして）用いるというわけである。

　もっとも，このようなことをいいだすと，日本法，日本語における「契約」と，英米法上の"contract"は異なるから，「契約」とは訳しえない，ということにもなってしまう。行きすぎは禁物であるし，翻訳しない理由の説明は必要である。

　また，以上の誤解を避けるために，翻訳はするが，かっこ内に原語を併記する方法もある。たとえば，フランス法における「コーズ (cause)」という概念は，「原因」と訳されることも多いが，「原因」はあまりに日常語で，一定の意味がしみついた日本語である。そこで，誤解を避けるために，「原因（コーズ）」としたり，「原因 (cause)」としたりするわけである。

　しかし，これも行きすぎは禁物である。何のために原語を併記するのかをきちんと自覚して行わなければならない。たとえば，

　　「ローマ法といえども，このような生活の充満した現象 (diese lebens-
　　volle Gebilde) を抑圧することはできなかった。」

というのは，悪い例の典型である。原語を挿入することによって，読者の理解はまったく増進されない。ただ，翻訳がこなれていないことを自覚しているが，「それは自分が悪いのではなく，原語にそう書いてあるから仕方がないのだ」という言い訳のための挿入である。ちなみに「このような生活の充満した現象」というのは，誤訳に近い。直訳しても，「このような生き生きとした形成物」というべきであり，実際の意味は，「生活の必要性から生み出された（脱法的な）形態」ということである。

第2節 「磨」──原稿の執筆

■ 既存の訳語の尊重　　さて，日本語に訳そうとするとき，既存の訳語に従うか否かは一つの考えどころである。結論からいえば，「従う。変更するのならば，きちんと理由を示す」ということだろう。むやみな変更は混乱を生むだけに終わることも多い。

　また，外国語について，やたら省略形をつくってしまう人も跡を絶たない。「c. i. c. 責任」「c. s. q. n. の理論」「r. v.」，これらはすべてやめた方がよい。講義中にノートをとる際，「→」「but」「∵」「∴」などいろいろな符号を使った経験のある人も多いだろうが，論文は私的なノートではない。

　なお，細かい話だが，条文を翻訳して示すにあたっては，原文の文の数を変更しない方がよい。一般には，外国語において一文で書かれているからといって，一文に訳すことに拘泥してはならない。必要があれば，複数の文に分け，日本語としてわかりやすい文章にすべきである。しかし，条文については，その後，「○○○条の第二文においては，……」という形で議論が展開されることがある。このとき，原文と文の数を合わせていなければ，議論が混乱してしまうのである。

2-6　各文のつながり

■ パラグラフの意識　　各文は，積み重ねられて，一つのパラグラフを形成していく。このとき重要なのは接続詞の使い方である。順接，逆接，並列・添加，説明・補足・例示，対比・選択，まとめ，話題転換──接続詞はこのように分類できるとされるが，前の文と次の文は，これらのうちいずれの関係にあるのか，はっきりと認識しておかなければならないのである。最初のうちは，すべての文の頭に接続詞を付けるつもりくらいがよい。その方が，各文の論理的なつながりに対して意識が高まる。

　このような各文で形成される一つのパラグラフは，内容の一かたまりをなしていなければならない。改行によるパラグラフづくりとは，「だいぶ長くなったから，そろそろ改行する」というのではまったくない。木下・前掲『理科系の作文技術』62頁は，次のように定義する。

　「パラグラフは，……内容的に連結されたいくつかの文の集まりで

第4章 「技」——論文のテクニック

（一つの文だけから成るパラグラフもある），全体として，ある一つのトピック（小主題）についてある一つのこと（考え）を言う（記述する，明言する，主張する）ものである。」

そして，このパラグラフが積み重ねられて，一つの項や款を形成していく。このときも，各パラグラフの論理的つながりが重要であることは，各文について述べたのと同様である。項は積み重なり款を，款が積み重なり節を，さらに節が積み重なり章を形成していくのであるが，このときも注意点はまったく同じである。

「一かたまりの内容」となっているか否かを確かめるためには，そのパラグラフの内容が，一文で的確に表現できるかを検討してみるとよい。そして，各パラグラフを一文で表現したところの各文を並べてみたとき，それがスムーズに意味のとおる内容となっていることが必要である。そうであれば，パラグラフとパラグラフとの論理的接合関係がしっかりしているといえる。

■ **パソコンの弱点**　これに関連して，パソコン，ワープロを用いて論文を書く際に注意すべき点を指摘しておきたい。

かつては，判例を読み，論文を読み，それをノートやカードに書き留めておき，その後，このノートやカードを見ながら，現実に原稿を執筆するという作業が存在した。その際，ノートやカードに書き留められている言葉は，必然的に書き直された。ところが，パソコンが使われるようになって，書き直しは必然的ではなくなった。1976年のドイツの一つの判決について，事案と判旨をファイルに書き留めておくと，原稿を整理するときに，そのファイルをそこに挿入したり，あるいは，そのファイルから必要部分をコピーして貼り付けることによって，そのまま原稿が埋まっていくようになった。

これは時間的には大変な節約である。しかし，そのために，全体の論理の流れがはっきりせず，つながりのはっきりしないパラグラフがポロッ，ポロッと並んでいる論文が増えたように思われる（より大きな視点から，第3章第2節 *3 - 1* も参照）。

小学生がクラス全体で描く大きな竜の絵を考えてみるとよい。それぞれの児童が八つ切りの画用紙に，自分の割り当てられたところの絵を描く。色も

指定されている。しかし，各人がバラバラに描くので，それを貼り合わせていくと，どうしても色の濃さが違ったり，つなぎ目がぴったり合わなかったりする。判決例や学説を一つ一つバラバラに書いていき，それを後から貼り合わせるという手段をとると，この竜の絵のような問題が生じてしまうのである。これは，大きな絵を大きな画用紙に自分だけで描いているときには生じなかった問題点である。

パソコンを利用することはもはや必須だが，気をつけるべき点もあることに注意されたい。

3 内容をつくること

3-1 レッテル貼りの功罪

■ いい気にならない　　内容をつくるためには，一語一語から注意する必要がある。その具体的第一の注意点は，勝手に言葉をつくらない，ということである。これはさらに二つに分かれる。一つは，大した指摘でもないのに，それに大げさな名前を付けていい気にならない，ということであり，もう一つは，名前を付けることによって豊穣な内容を切り捨てない，ということである。

前者の例は次のとおりである。

「わが国の民法上，一般不法行為の要件・効果を定める条文は709条の1箇条である。しかし，不法行為に対する救済方法として，差止めを認める場合には，金銭賠償にとどめる場合とは異なる，一定の考慮が必要である場合があるのではなかろうか。たとえば，差止めの対象となる行為が一定の公共性を有する場合，その公共性をも考慮の対象としなければならないように思われるのである。私見は，これを，『差止めにおける考慮要因の多様化』とよぶ。」

これは，既存の学説・判例に対する理解力のなさ，または，不勉強，もしくは，論文と答案との混同を表すだけのものである。「なかろうか」「思われ

第4章 「技」——論文のテクニック

るのである」といった言葉が、恥ずかしさを増幅させている。自分の説に、自分で名前を付けたりするのもこの例であり、よほどのことがない限り、笑われるだけである。

■ 内容の切捨て　　後者の例は、上記の例を少し変えることによって示そう。「わが国の民法上、一般不法行為の要件・効果を定める条文は709条の1箇条である。しかし、不法行為に対する救済方法として、差止めを認める場合には、金銭賠償にとどめる場合とは異なる、一定の考慮が必要であると解されている。たとえば、差止めの対象となる行為の公共性を考慮するわけである。これを『差止めにおける考慮要因の多様化』とよぶことにしたい。」

一見、問題なさそうである。しかし、その後、論文中でだんだんと分析のマジック・ワードへと育っていって、悪影響を引き起こす場合もある。たとえば、同じく差止めを扱っている二つの判決があるとする。その二つの判決は、理論構成も、要素判断の枠組みもかなり異なり、その比較は興味深そうである。ところが、いったん、「差止めにおける考慮要因の多様化」という言葉をつくり、それだけで気持ちよくなった著者は、「いずれも、『差止めにおける考慮要因の多様化』の実例といえよう」とするだけで、それ以上の分析に至らない。もちろん、必ずそうなるわけではない。ただし、言葉をつくることによって、そのおそれが生じるのはたしかである。気をつけなければならない。

以上の問題点は、レッテル貼りの怖さ一般へとつながる。レッテルを貼ってしまうと扱いやすくなり、単純化へと至る。そして、このようなレッテル貼りを既存の学説等に適用すると、「決めつけ」が生じる。たとえば、ある学説を、「特殊ドイツ的」と評するという類である。もしも、その学説が、ドイツ法特有の事情が背景に存するドイツ法学における考え方を、その事情が日本法については存在しないことを無視したままに、日本法においてもあてはまる考え方だ主張しているのであれば、そのことをていねいに指摘して批判すべきである。「裸の利益衡量」「悪しき概念法学」などという言葉もその例であり、その言葉自体は無内容である。深い考察なしに用いることがで

きる。ドイツ法学で支持を受けている学説を日本法の学説として主張することなどを，なぜそれが悪いのかを突き詰めて考えずに批判できるマジック・ワードである。そして，そのことによって，著者の思考は停止する。

■ **見事なネーミングもある**　もっとも，新しい言葉も効果的に用いれば，うまくいくこともある。近年では，「原状回復的損害賠償」というのがその例であろう。これは潮見佳男教授による創作であるが（潮見佳男「規範競合の視点から見た損害論の現状と課題(1)」ジュリスト1079号94頁（1995年）），「成立した契約（ないしその履行）が不公正な取引あるいは詐欺的商法にあたると評価された場合に，不法行為を理由とする損害賠償により契約の名の下で支出した金額に相当する額の回復を命ずることで，被害者にとっては，契約を（一部）無効と評価したうえで給付利得の返還が認められたのと同様の経済的効果を導きだ」すという意味での「損害賠償」を表している。これは，そのような「損害賠償」が不当利得制度と密接に関連していることを意識させるうえで，見事なネーミングといえよう。

3−2　批判は率直に

■ **前提としての正確な理解**　批判はきちんと詳細に行うべきである。
若手の学者が論文を書く際，けっこう気になるのは，先行学説をどのように批判するか，である。大先輩の学説，場合によっては指導教官の学説を批判するとなると，どのように書いたらよいのかと悩んでしまう。この点で最初にいうべきなのは，大学院生や助手にはそんな余裕はない，ということである。

「衣食足りて礼節を知る」という言葉があるが，大学院生や助手はまだ衣食が足りていない。つまり，礼節をもって事にあたろうとするためには，それだけの余裕が必要だが，そのような余裕はなく，ただがむしゃらに，先学にぶつかっていくことができるだけなのである。誰の学説であろうと，はっきりと率直に批判すればよい。言葉を選ぶ必要はない。

ただ，批判するためには，その前提として努力が必要である。まず，その学説を正確に理解することが大切になる（第3章第1節第1款 *1* もあわせて参

照)。ある学説の一部分だけを切りとって批判してはならない。全体としてきちんと理解しなければならない。また，その学説に対して，複数の理解が可能ならば，「仮にこういう意味ならば妥当であるが，こういう意味ならば妥当ではない」というように，可能な理解をなるべく広くとりあげて論じるべきである。できれば，その学説のメリット・貢献も正しく評価したうえで，「こういった貢献があったことはたしかであるが，しかし，論理的には問題が残っている」と書くのがよい。

■ **きちんと理由づけること**　批判するのならば，その理由はしっかりと述べなければならない。すでに述べたマジック・ワードによる批判はもってのほかである。理由の不十分な批判は，批判としての価値がないし，何よりも失礼である。

そして，自分も先学を批判するわけだから，論文を書いたあと，自分も批判される立場になることは最初から覚悟しなければならない。ほとんどの学説は相手にもされないわけだから，多くの論者から批判の対象となるのは喜ぶべきことである。そして，自分の学説が批判されることを通じて，民法学が発展していけば，すばらしいことである。この点で，まず，自説の弱点をあらかじめ率直に認めておくことが大切である。「先行の学説にはこういった問題点がある。そこで，私はこう考えるのがよいと思う。しかし，私の主張にも次のような弱点がある」というように，率直に手の内を明かしておくことによってこそ，民法学の発展につながるのである。

3-3　注の書き方・その1

■ **出典を示す注は絶対に必要**　どこまで本文に書くか，どれを注に回すか，さらには，いっそ削除してしまうか。このような判断も最初は難しい。

まず，出典を示す注は絶対に必要である。最初のうちは，しつこいくらいに注を付けておくとよい。剽窃・盗作がばれないと思ったら大間違いである。先行の研究者たちは，引用したことがなくても，多数の文献を読んでいる。見くびってはいけない。「オーストリアのマイナーな雑誌に載っていた論文

第2節 「磨」——原稿の執筆

だから，誰も読んでいないだろう」とか，「業界の内部報告書だから，簡単には手に入らないはずだ」とかと思ったら甘い。意外なところにちゃんと読者はいる。表ざたにはなっていなくても，剽窃・盗作が問題となった例は多い。なお，引用の仕方，具体的には，雑誌名をどのように省略するか等については，法律編集者懇話会が「法律文献等の出典の表示方法」という統一基準を作成している。たとえば，『法律関係8学会共通会員名簿』の末尾に転載されている。

　もっとも，ありったけのものを，すべてあげればよいというものではない。気を付けるべき点がいくつかある。

　①複数の典拠を引用するときには，年代順にする　抵当不動産の売却代金への物上代位を否定する説の比較的初期のものをあげるとき，次のようにしてはならない。

　「鈴木禄弥『抵当制度の研究』118頁（一粒社，1968年）〔初出，民商法雑誌25巻4号（1950年）〕，近藤英吉『改訂物権法論』206〜207頁（弘文堂，1937年）。」

学説のプライオリティは大切であり，順序を変えてはならない。もしも，鈴木教授による詳しい議論の展開を重視したいと思うならば，次のようにすべきである。

　「近藤英吉『改訂物権法論』206〜207頁（弘文堂，1937年）でいち早く主張されていたが，議論を詳しく展開したのは，鈴木禄弥『抵当制度の研究』118頁（一粒社，1968年）〔初出，民商法雑誌25巻4号（1950年）〕である。」

ただし，何でもかんでも年代順にすべてを引用すればよいわけではない。その意味で，単に年代順に並べるだけでなく，若干文章を補って，近藤教授，鈴木教授の学説史上の意味を明確にした方がよい。

　②目的にあった典拠を引用する　たとえば，起草趣旨はこうだった，というとき，

　「梅謙次郎『民法要義巻之二物権編』〇〇頁（有斐閣，1896年），星野英一『民法概論Ⅱ〔合本新訂〕』〇〇頁（良書普及会，1976年）。」

第4章 「技」——論文のテクニック

というのはまったくおかしい。星野教授は民法典を起草していないからである。おそらく，星野教授の書物において起草趣旨がすでに指摘されていることを表したいのだと思うが，それならば次のようにすべきである。

　「梅謙次郎『民法要義巻之二物権編』〇〇頁（有斐閣，1896年）。この点は，星野英一『民法概論Ⅱ〔合本新訂〕』〇〇頁（良書普及会，1976年）がすでに指摘している。」

　③通説の典拠を引用するときは，代表的なものにとどめる　たとえば，債務不履行について，履行遅滞，履行不能，不完全履行という3分類を採用するのが通説である，というとき，有斐閣双書などの純粋に学生向きの教科書，実用書（『何が何でも債権回収』といった類の本），はては予備校の教材まで引用する必要はない。代表的ないくつかの体系書で十分である。

　「多数説」というときも同じであるが，このときは，若干多めの数を引用することが必要である。たとえば，親族法の分野で，我妻栄『親族法』（有斐閣，1961年）と中川善之助『新訂親族法』（青林書院，1965年）の二つだけをあげて，「通説」であることを示すことはできるが，「多数説」であることは示せないのである。

　④意味不明な引用はしない　単に「参照」とか「cf.」として文献をあげていると，何のために引用しているのかがわからず不親切である。「詳しい学説史については，cf.……」とか，「それ自身は反対説に立つものではないが，成り立ちうる反対説については，……参照」とか，引用の趣旨を明確にしてほしい。

　また，本文において，「場合によっては権利濫用とされる可能性がある」と書いているだけなのに，わざわざ注において，「なお，権利濫用については，以下の文献がある」といって，網羅的に文献をあげるのは無意味である。本文における叙述の典拠を示す意味もないし，補完する意味も有しないからである。文献表をつくることが目的なのではない。

　■「さしあたって」「とりあえず」「労作」　関連して，「学説史については，さしあたって，……参照」という引用の仕方について注意を促しておきたい。これらの表現を，「まずはこれ

から見てみるとよい」という積極的な意味を込めて使っている人もいる。また，多くの人は気にしていないのであろう。しかし，「さしあたって」というのは，「将来どうなるかはわからないが」という意味であり，そうなると，「学説史については，さしあたって，……参照」というのは，「まあ，この論文は不十分なもので，将来はもう少しましなものが公表されると思うけれど，曲がりなりにも学説史を扱った論文は今のところこれしかないから，仕方なくあげるけれど，……参照」という意味をもちうる。このほか，「とりあえず」というのも使われるが，これも「本来もっときちんとした論文があるべきだけれど，今のところはこの程度の論文しかないから，仕方なくあげるけれど」という意味になりうる。このニュアンスを感じ，少数であっても，不愉快に感じる人もいることは知っておいた方がよい。少なくとも，「とりあえず」は避けた方がよいだろう。

　また，「労作」というのは決して否定的な意味を有しない言葉だが，内容の良し悪し，レベルの高さとは関係のない評価である。「労作」とは，「苦労してつくられた作品」ということであって，「すばらしい作品」という意味ではない。そこで，「労作である」などと評価されると，「内容は大したことないが，時間はかかっているタイプの論文だ」といわれているような気がする。これに対して，「力作」というのは内容についてのプラスの評価も若干入っている語感があるが，それでも，「長いだけ」というイメージを引き起こさないではない。いずれにせよ，大家が若手の論文に対していうのならともかく，若手の研究者が，先学の論文に対して，「苦労してつくられた論文」だとか，「精力が費やされている論文」だとかと評価するのは失礼である。内容がすばらしいのならば「すばらしい」といえばよいし，すばらしくないのならば，率直に批判すべきである。

3-*4*　注の書き方・その2

■ 説明を補足する注　　　説明を補足する文章を，どこまで本文に組み込み，どこから注に落とすかは，なかなか難しい。抽象的にいえば，その文章なしに，本文の論理が過不足なく通るか否かによって決

まり，本文での論旨の展開に直接に関連しないものは，注に回すということになる。具体的には悩むところであるが，それを本文に入れることによって，自分が読者に伝えたいことが，より効果的に伝わるかを考えなければならない。おそらく，「注に回した方がいいかな？」と考えたくらいのものは，少なくとも本文には入れない方がよいことが多いだろう。

そうかといって，注においてならば，何を書いてもよい，というわけではない。注におけるその説明によって，読者の本文理解が容易になったり，深くなったりする場合にのみ，注における説明が許される。本文の展開とはほとんど関係のないことがらを，「勉強したから」という理由のみで注に書くべきではない。不要な注を書かないための秘訣を一つ教示しておこう。それは，「ちなみに」や「ところで」という言葉を使わないように心がけることである。「ちなみに」を使えば，どんなことでも書ける。それだけに，不要なことを書き始めるきっかけになってしまうのである。

また，「ここで……について一言しておきたい」といった叙述が，無関係な，また，論拠に基礎づけられていない主張を導きやすいことは，すでに述べた（第3章第2節 *4−1*）。

3−5　引用は正確に

■ **きちんと引用**　　判決や教科書・論文，契約書などの文章を直接に引用する際には，正確に書き写すことが重要である。中途を省略するときは，リーダー（……）をきちんと付けて，そのことを明らかにする必要がある。

また，「……であり，それは……」と続いていく文の前半部分だけを引用するときには，勝手に，「『……である』と述べられている。」としてはならない。

「『……であ』る，と述べられている。」

とするか，

「『……であ（る）』と述べられている。」

としなければならない。

ある論文を，それが後にまとめられた論文集から引用する際には，初出の雑誌名，刊行年も必ず書かなければならない。実は，書かなくてもよい場合もあるのだが，その判断は難しい。ちゃんと調べてきちんと書く癖をつけておくことは若手研究者にとって重要であるし，論文全体がしっかりしたものに見える。

■ **正確な理解に基づく引用**　一部を省略して引用したり，一部だけを引用するときには，それによって，当該判決・論文等の趣旨を変じることがないかを十分に吟味しなければならない。

関連して述べるならば，著者が，たとえば判決の理解として述べているところを，その問題に対する著者の見解として引用する例が多々ある。これはダメである。たとえば，

> 「本判決によって，賭博債権の譲渡につき異議なき承諾をした場合でも，債務者はなお賭博契約の無効を主張してその履行を拒むことができるとされた。ここにおいて判決は，賭博行為が公序良俗に反することが甚だしく，賭博債権が満足を受けるのを禁止すべきことは法の強い要請だとしている。同じことは麻薬の売買代金債権についてもいえるのであって，したがって，麻薬の売買代金債権の譲渡につき債務者が異議なき承諾をした場合でも，当該債務者は債権が有効に成立していないことを主張できることになる。」

このような叙述を，「麻薬の売買代金債権の譲渡につき債務者が異議なき承諾をした場合でも，当該債務者はなお麻薬の売買契約の無効を主張してその履行を拒むことができるとする見解」として引用することはできない。著者は，「本判決」を前提とすると，判例法理においてはそうなるはずだ，と主張しているだけであり，それが自分の見解に合致しているとは一言も述べていないのである。

ところが，こういった引用は跡を絶たない。これは，読み方が悪いとしかいいようがないが，わが国の民法学のあり方にも関係しているように思われる。すなわち，すでに繰り返し述べたように，民法学には，歴史認識を示すこと，判例法理の現状を明らかにすること等々，さまざまな仕事がある。し

第4章 「技」——論文のテクニック

かるに，一定の条文解釈論を述べることだけが民法学者の役割だと勘違いしている人は多い。このような人は，「判例法理においてはそうなるはずだ」という主張が論文中に示されているとは思いもつかないのである。

3-6 敬称・職名について

■ 大きめに間違った方がよい

人名に敬称を付けるか，付けるとすると，どのような敬称にするかは悩むところである。「教授」「助教授」「講師」などを区別するか，博士号を有する著者については，「博士」とするかなど，悩みは尽きない。それぞれの論者につき，現在の職名を確定するのはやっかいだし，博士号を有するか否かを確かめることなど不可能に近い。

したがって，すべての人に敬称を付けないことにするのも一案である。「星野英一は次のように述べる」と書いたからといって，決して失礼にはあたらない。

それでも抵抗があって，どうしても職名を付けたいときには，なるべく調べるように，としか言い様はない。ただし，間違うのならば，大きめに間違った方が問題は小さいだろう。

また，すでに退職していて，「名誉教授」となっていても，「教授」でよい。仮に「名誉教授」になっていなくても，「教授」でよい。わざわざ「元教授」とするのは，何か犯罪で捕まったかのようでかえって変である。

また，すでに亡くなった著者についても，「教授」でよい。ただし，あまりに過去の著者になると，「教授」も妙な感じがする。たとえば，「梅謙次郎教授」と現在において引用するのは違和感があろう。そうであるならば，すでに亡くなった著者については，すべて「博士」で統一するのも一法である。もちろん，博士号を有していない著者もあろうが，「物故者『博士』の原則」でもよいと思う。

弁護士や裁判官，また銀行や商社などの実務家については，「教授」とはできない。「○○弁護士」「○○判事」「○○氏」ときちんと区別することになる（ちなみに，「○○法務部長」は妙である）。

日本人についてだけ,「平井宜雄教授」とか,「前田達明教授」とかと付けておいて,突然に,「ラーレンツは」「カルボニエは」というのは本当はおかしい。しかし,許容されているといえよう。外国人の名前だけ原語で表示する論文も多いが,なるべくならばカタカナで示し,原綴はかっこ内で示すべきであろう(「ラーレンツ(Larenz)は」のように)。

4 さらにいくつか

4-1 推敲,推敲,また推敲

■他人の目で読み直す　　一度書いた原稿は何度も読み返して推敲しなければならない。場合によっては文章の手直しだけでなく,構成そのものを抜本的に改めなければならない場合も出てくる。

　論理はうまくつながっているか。形容詞や副詞の係る言葉がどれであるかは明確か。判決年月日,引用頁などは正確か。すらっと読める文章か。チェックしなければならないことは多い。

　ワープロやパソコンを利用しているとき,こういったチェックを画面上で行ってはならない。なるべく打ち出した紙の上で推敲する方がよい。推敲という作業にあたっては,自分の原稿をいったん突き放して,他人の目でなるべく客観的に見ることが必要である。プリントアウトは,この環境づくりのためである。

　論文作成にワープロやパソコンが使われるようになって,自分の原稿を客観視することはずいぶん楽になった。以前は自分の手書きの原稿相手であるから,他人の目でそれを読むことはなかなか難しかったのである。

　しかし,ワープロ原稿でも信頼できる友人に読んでもらうに越したことはない。自分にはどうしても思いこみがある。内容が最後までわかっているから,指示代名詞が何を指すのかが不明確な場合にも,なかなかそれに気づかない。率直に,「ここがわからない」といってくれる友人をもっていると,思わぬ有益な指摘が得られる。

第4章 「技」——論文のテクニック

4−2 細かいことだが重要な点

■勘違いしないでほしい

論文を書いていると，躁と鬱とが繰り返しやってくる。「すばらしい論文だ。この問題の古典となるような出来栄えではないか」と自信がわいてきたかと思えば，次の日には，「何年もやっているのに，どうしてこんな内容のものしか書けないのだろう。これでは誰にも読んでもらえない」と自らの適性に疑問が生じてくる。

しかし，自信がないときはもちろんのこと，自信満々であっても，他人に対して，「私の論文はすばらしい」と思っている態度を示してはならない。当たり前のように思うが，実際には「何か勘違いしているのではないか」と思われる行動に出くわすことも多い。

まず，指導教授などに論文を提出するときには，きちんと製本しなければならない。「きちんと製本」といっても，製本屋に注文し，硬い表紙を付けなさい，といっているわけではない。もちろんそうしてもよいが，クリップでとめてあるだけで，内側が読みにくくなっている論文をポンと渡されると，何を考えているのだろう，と思う。「自分の論文はつまらないものです。先生がお読みになっても，何ら得るところはないものです。しかし，私としては一所懸命に書きましたので，宜しくご指導ください」と思っているのならば，相手が読みやすい形のものを提出するのは当然ではないか。

同じことは，出版社や印刷会社に対する態度においてもいえる。「自分の論文は，権威あるこの雑誌に載せていただくには不適切なものです。しかし，運良く，こういったチャンスをいただくことができました。いろいろご迷惑をおかけしますが，よろしくお願いします」という気持ちをもっていれば，制限枚数や締切日は当然に守るべきことになる。制限枚数を超え，締切りに遅延するというイレギュラーな行為は，「自分の論文は，枚数超過や遅延に値するほどの立派な論文である」という意思表示にほかならない。

原稿提出後の校正もしかりである。校正で大量に直し，印刷会社や出版社に迷惑をかけるのは，自分の原稿が迷惑に値するほどのものだといっている

のと同じである。若い研究者は，校正で手を入れる必要がないように，完全に仕上げた原稿を提出しなければならない。もちろんそれでもミスはある。そのときは，ちゃんとわかりやすい校正を必要最小限の範囲で行うのである。

4-3　最も重要なことのために最も大切なこと

■ どれだけその気持ちがあるか　　本節の冒頭に，「最も重要なのは全体の構造である」と述べた。その後，明晰な構造をもった論文，章，節，款，項，段落の作り方について不十分ながら説明し，さらには若干の付随することがらも指摘した。しかし，「最も重要なこと」に到達するために最も大切なのは，明晰な構造をもったものを書きたい，という気持ちである。

　気持ちは誰でももっている，というかもしれない。しかし，あなたは文章の書き方について，どれだけの本を読んだことがあるだろうか。世の中に「論文の書き方」またはそれに類似した題名の本は多い。「文章読本」という書名の本も多い。書店を歩いていて，また，図書館の書棚にそのような本を見つけたとき，「読まなければならない。読みたい」と思う人は，明晰な文章が書けるようになる可能性が高い。そのような本に興味をもたない，あるいはもてないのなら，しょせんは「縁なき衆生」である。

　いま私の手元にある本だけをあげても，以下のごとく多種多様である。すでに引用した，清水幾太郎『論文の書き方』（岩波新書，1959 年），澤田昭夫『論文の書き方』（講談社学術文庫，1977 年），木下是雄『理科系の作文技術』（中公新書，1981 年），本多勝一『日本語の作文技術』（朝日文庫，1982 年）のほか，ハワード・S・ベッカー（佐野敏行訳）『論文の技法』（講談社学術文庫，1996 年），ウンベルト・エコ（谷口勇訳）『論文作法――調査・研究・執筆の技術と手順』（而立書房，1991 年），谷崎潤一郎『文章読本』（中公文庫，1975 年），丸谷才一『文章読本』（中央公論社，1977 年），川喜田二郎『発想法――創造性開発のために』（中公新書，1967 年），小林康夫＝船曳建夫編『知の技法』（東京大学出版会，1994 年），斉藤孝『増補学術論文の技法〔第 2 版〕』（日本エディタースクール出版部，1998 年），広中俊雄＝五十嵐清編『法律論文の考

第4章 「技」——論文のテクニック

え方・書き方』(有斐閣，1983年)，木下是雄『レポートの組み立て方』(ちくまライブラリー，1990年)，大野晋『日本語練習帳』(岩波新書，1999年) などが机の横に積まれている。

このなかには役に立つ本もあれば，そうでない本もある。私たちに役立った本でも，他の人には役立たないものもあるかもしれない。しかし，問題はそこにはない。少しでも自分の文章を明晰で読みやすいものとするために，どれだけの努力を払うか，どれだけその気持ちがあるか，が重要なのである。私たちもつねに悩んでおり，それなりの努力を払っているのである。

Column ④ パソコン

　パソコンは，研究者の必需品である。いや，まさに研究者のような人間のためにこそ，パソコンはある。そう断言してもよい。

　まず，パソコンといえば，ワープロである。ワープロは，誰にとっても便利なものであるが，これはとくに研究者にあてはまる。研究者というのは，論文のほかにも，研究ノートや講義ノートなど，長い文章を日々書き続けるのが仕事である。まさにこういう仕事にこそ，ワープロは絶大な威力を発揮する。たとえば，思いついたことをそのままタイプし，それを後から自由に修正したり入れ替えたりする。これができるだけでもすごいことである。あれこれと迷いながら，書いては消し，消しては書く。それが，普通の研究者の姿だろう。ワープロは，まさにその作業を助けてくれる。しかも，ワープロで書いておけば，ストックも容易である。必要とあらば，以前に書いたものをいつでも呼び出して参照することができる。これを利用しない手はない。

　実際また，いまどき手書きのレジュメなど，誰もがまんして読んではくれない。指導教授としても，手書きで書かれた原稿を読まされるのは，苦痛以外の何ものでもない。出版社も，電子データで原稿をもらえれば，そのまま活字にできるのに，手書きの原稿を渡されたのではうれしくないだろう。原稿料に差があってもおかしくないくらいである。

　パソコンの効用は，ほかにもたくさんある。たとえば，データベースソフトが使えれば，文献の管理はもちろん，調べた判例の整理にも威力を発揮する。判例 CD-ROM などを活用すれば，そこからダウンロードしたデータを貼り付

第2節 「磨」——原稿の執筆

けることによって，簡単に自分用の判例データベースを作ることができる。キーワードなどを割り振っておけば，後で検索するのも容易だし，類型ごとの整理も簡単にできるようになる。

そのほか，表計算ソフトも非常に役に立つ。たとえば，判例を類型ごとに整理して，年代ごとに件数がどう変化したかを調べることはよくあるが，そのような作業は表計算ソフトを使えば簡単にできる。あっという間にグラフが作れるのは快感だし，何よりグラフ化するといろいろなことが思いつくものである。さらに表計算ソフトは，そういう数値を扱う場合だけでなく，普通の表を作るときにも役立つ。もちろん，ワープロでも表を作ることはできるが，あとで修正したり加工したりするのが難しい。これは，表計算ソフトを使えば，簡単にできる。

さらに，電子メールとインターネットを使えることも重要である。電子メールは，もともと研究者の世界から広がったものである。研究者どうしの連絡をほとんどコストを意識せずに，机の前に座りながらできるのは，革命的である。電話だと，仕事を中断させられたりする恐れがあるが，電子メールにはそれがない。使い出すと，こんな便利なものはない。インターネットも，同様である。必要な情報をパソコンひとつで探してくることができる。これはすごいことである。いままでの苦労は何だったのかと思うときもある。最近では，日本でも，遅ればせながら，最新の情報をホームページで公表することが普通になりつつある。外国の情報はもちろん，日本の情報を扱ううえでも，インターネットはいまや必需品になったといっていいだろう。

結論を述べよう。パソコンは，いますぐ買った方がいい。このひとことである。たしかに安くなったとはいえ，大学院生や助手にとって，まだまだ高価な品物である。しかし，これなしでは生きていけない。そう思って覚悟を決めてほしい。

第 5 章 「響」
論文のインパクト

第 5 章　「響」——論文のインパクト

1　「おもしろい」とは何か

1-1　なぜなんだろう

■ 公表後の憂鬱　　ようやくのことで第一論文を完成させた。今日は、この論文の内容を発表する研究報告会の日だ。新規性のある問題意識、既存の研究との関係の明確化、幅広い文献渉猟、適切な構成。どれをとってみても、本書がこれまでに述べてきた基準をクリアしていると思える。あなたは、それなりの自信を胸に秘めて、研究会の会場へと向かう。

その日の報告者は二人。一人は、もちろんあなたである。そして、もう一人は、あなたと同様に、最近、第一論文を完成させたばかりのA君。二人の報告が終わり、それに対する質疑応答も終わった。あなたとA君の論文に対しては、さまざまな質問が発せられた。ともかく答えたが、緊張していたので、うまい受け答えができたかどうかはわからない。どんな答えをしたのかさえよく覚えていない。

それにしても、とあなたは思う。研究会ではどうも、A君の論文の方が高い評価は得ていたように思うが……。気のせいだろうか。そんなことはないはずだ。あなたの論文もA君の論文も、同じような構成で同じような問題を扱い、同じような結論に達している。異なる評価がされるわけがない。そう自分にいいきかせてみる。それでも、ちょっと心配である。そこで、あなたは、研究会に出席していた後輩のB君に感想を聞いてみる。あなたとは親しい間柄なので、率直な感想を言ってくれるだろう。彼はいいにくそうにつぶやいた。「ご自身でも、Aさんの方の評価が高いとお感じになりましたか……」。

やっぱりそうだったのか。でも、なぜなのだろう。

■ インパクトの有無　　同じような（少なくともあなたはそう思う）二つの論文の評価を分けたのは何か。一言でいえば、それは、その論文にインパクトがあったかどうか、である。A君の論文報告には、

それを聞いた出席者の心に響くものがあったが，あなたの論文報告には，それが乏しかったのである。それ自体，一つの作品として完成していなければ，それは論文とはいえない。しかし，論文としては成り立っていても，それだけでインパクトをもちうるわけではない。インパクトのない論文は，あなたに修士号をもたらしてくれはするが，ほとんど読まれずに放置され，そして忘れられる。それは，論文である以上，まったく無意味な存在ではない。しかし，まったく無意味ではないということと，（一定程度の）積極的な存在意義があるということとは，同じではない。

それでは，どのような論文がインパクトのある論文なのだろうか。実は，この問いに答えるのは，なかなか難しい。難しさの原因は，ひとくちに「インパクト」といっても，その内容は多義的であるところに求められよう。確かに，今日の研究報告会ではA君の論文が評価された。しかし，10年後はどうだろうか。何らかの事情によって，急にあなたの論文に注目が集まることもありうる。最終的に，学説史にその名が刻まれるのは，A君の論文ではなくあなたの論文かもしれない。また，報告会では，C先生もD先生もA論文を評価していたように見えた。だが，その理由がまったく同じだとは限らない。E先生が出席していれば，あなたの論文の方を評価してくれた可能性もある。

ここまで読んで，自信を取り戻すのは早計である。ほとんどの場合には，今日，評価されなかったあなたの論文は，10年後にも評価されていない。また，E先生が出席したとしても，あなたが思ったようには，あなたの論文を評価してくれない可能性が高い。絶対唯一の基準はないとしても，ある程度の客観性をもった基準は，やはり存在するのである。

1-2 「おもしろい」と「つまらない」

■「おもしろい」の語源　　インパクトのある論文とはどのようなものか。繰り返しになるが，インパクトの有無を判定する基準を言語化するのは，簡単なことではない。しかし，基準がないわけではない。基準はある。それは「おもしろい」か否かである。多くの人に「おもし

第5章 「響」——論文のインパクト

ろい」と感じさせる論文，それがインパクトのある論文なのである。C先生もD先生も，A君の論文を「おもしろい」と評していなかっただろうか。でも……とあなたは，まだ不満な様子である。それでは，「おもしろい」とはどういうことか。あなたはそう質問したいにちがいない。

「おもしろい」を漢字を交えて書くと，「面白い」となる。語源的には，「面」，すなわち目の前が白くなること，つまり，「明るい景色などを見て，目の前が白く開け，心が晴ればれする感じ」を意味する。実は，ある論文が「おもしろい」というのは，この語源にかなり忠実な場合を意味する。つまり，「その論文を読んで，目の前が白く開け，心が晴ればれする」，そういう論文を「おもしろい論文」というのである。そして，多くの人々にこのような知的体験をもたらす論文が，インパクトのある論文なのである。

それでは，「おもしろい」論文を書くには，どうすればよいか。

この点に立ち入る前に，「おもしろい」論文の対極にある論文について，一言触れておきたい。そうすることによって，「おもしろさ」についての理解も深まるはずである。ある論文（たとえば，あなたの論文）が「おもしろい」と評価してもらえないのは，「つまらない」からであることが多い。当たり前だ，ふざけないでほしいと，あなたはちょっと気分を害したかもしれない。だが，「おもしろくない」＝「つまらない」には，単なる言い換え以上の意味がある。

■「つまらない」の語源　　「つまらない」は，漢字を交えて書けば「詰まらない」となる。「詰まる」とは，「充ちてふさがる」こと，「十分に納得のいく状態になる」ことを意味する。この言葉の含意は，意外に大きい。まず，あなたの論文自体が，論文として十分に成り立っていない，たとえば，問題設定が不鮮明だとか，論証が不十分であるという欠点をかかえているとしよう。この場合には，あなたの論文は（あなたの立場に立つとしても）十分に納得のいく状態に達していない。「つまらない」論文である。しかし，本書がこれまで述べてきたところに従って書かれているのなら，あなたの論文は，この意味では「つまらない」論文ではないはずである。この点に関しては，あなたは自信をもってよい。ところが，「つま

らない」には，もう一つ別の意味がある。あなたの論文は，読者にとっては（読者の立場からすると）充ちてふさがるところのない，という意味で，「つまらない」論文なのかもしれないのである。

さて，「つまらなくない」＝「おもしろい」ならば，「つまらなくない」（＝充ちてふさがる）論文もまた，「おもしろい」論文であるということになる。そうだとすると，「おもしろい」論文とは，読者に，開放（心が晴ればれする）感や充足（充ちてふさがる）感を与える論文であるということになるだろう。

以上をふまえて，「おもしろさ＝開放感・充足感」の正体に，もう少し迫ってみよう。

2 「おもしろさ」を生み出す

2-1 「位置づけ」が「おもしろさ」を左右する

■「それでどうしたの？」　論文報告会で「つまらない」と評価された（らしい）あなたの論文は「フランス法における非嫡出子の相続分差別」，「おもしろい」と評価された（らしい）A君の論文は「ケベック州法における成年後見」という表題であった。いずれも，特定の外国法における一つの制度をとりあげて，その状況を概説し，そこから日本法への示唆を汲みとろうとしたものであったとしよう。確かに，一見すると，どちらもそう変わらないように思われる。それにもかかわらず，異なる評価がなされたとすると，何が評価を分けたのだろうか。

考えられる理由はいくつかあるが，最も可能性が高い（しばしば見かける）のは，二つの論文における主題の位置づけの良し悪しの差だろう。「フランス法における非嫡出子の相続分差別」にしても「ケベック州法における成年後見」についても，これまで断片的に言及されることはあったとしても，まとまった形で論じられた主題ではない。その意味では，二つの論文はいずれも新規性の要件を満たしている。また，いずれも，日本法において関心がもたれている問題にかかわるものであり，その意味では，学界のトレンドに沿

ったものであるといえる。分岐点はその先にある。あなたの論文は，フランスにおける議論をひととおりたどってはいるが，その内容は日本でもいわれているのとそう変わらない。あなたの論文は，フランスでも同様の論議がなされていることと，結論として差別が原則として撤廃されていることを示しているにすぎない。多くの読者は「それで？」と思うだけである。読者には欠落感が残る。物足りないのである。このとき，あなたの論文は「つまらない」。ところが，A君の論文は，同じように，ケベックでの議論を紹介しているのであるが，そこには，要件の一元化の可能性を考慮に入れつつ，最終的に，多元的な要件が設定された理由が示されていた。これを読んだ読者は，（立場の違いを超えて）「なるほど」と思うであろう。日本法において一元論か多元論かが問題として強く意識されていて，それぞれのメリット，デメリットを明らかにしなければならないという問題意識が生じているからである。A君の論文は，このような要請に応えるものとなっているために，読者は「おもしろい」と感じるのである。

■ **主題と共通課題の結びつけ**　「フランス法における非嫡出子の相続分差別」という同じ主題をとりあげても，「おもしろい」論文が書けないわけではない。フランスでは，原則平等化から完全平等化へと進む立法論が主張されているが，これはなかなか実現に至らない。そこで，新進のF助教授は，完全平等化反対論に焦点を合わせて，その論拠を紹介し検討する論文を発表した。完全平等論は既存の親子・婚姻の観念を揺るがすために，強い抵抗にあっているというのである。あなたの論文の後に現れた論文であり，しかも論点を絞った小論文なのに，この論文の評価は高い。この論文は，日本法における平等化推進論が克服すべき課題が何であるかを示唆しているからである。

「おもしろさ」は選ばれた主題そのものに内在しているわけではなく，同時代の研究者が共通の課題としてかかえている諸問題に影響を与えるような仕方で，主題の位置づけがなされているかどうかに依存しているのである。換言すれば，多くの人が待ち望んでいる問題に解決（あるいはその手がかり）を与える論文，あるいは，多くの人が考えている問題に新たな展望（あるい

はその手がかり）を与える論文が「おもしろい」論文なのである。

このように考えてくると，「おもしろい」論文を書くには，学界が何を待ち望んでいるかを知っていることが必要になる。本書では，論文のテーマ設定に際して，「民法学のトレンド」を知ることの重要性を指摘した（第1章第2節 *2-5*）。「トレンドを知る」とは，学界の状況をよく把握して，次に論ずべきことがらを把握するということである。

2-2 トレンドの追跡，トレンドへの影響，トレンドの創出

■ 流行のテーマは「おもしろさ」を保証しない

繰り返し注意しておく。非嫡出子とか成年後見とか，近時，よく論じられているテーマを例にあげたので，結局，流行のテーマを扱えばよいのだ，と思うかもしれないが，そうではない。実際，流行のテーマである非嫡出子の問題を扱っても，A君の論文はおもしろくないと評価された。

逆に，「物権的請求権の法的性質」という古典的なテーマを扱ったときでも，著者が提示した基礎的なデータや分析が，さまざまな問題に連なっていればトレンドに合致したものとなりうる。物権的請求権に関する考え方の史的な変遷を示すデータの分析からは，その変遷が物権と債権との峻別についての考え方の発展と密接な関係があることが示されている。すると，その論文は，「債権とは何か」という問題にも必然的に影響を与える。そして，さらに読者の想像力を刺激する。物権的請求権の史的変遷の議論と，債権における救済方法の問題を比較してみるとどうなるのだろうか。不法行為法は「差止めの可否」という形で物権的請求権の問題と直接のつながりを有する。そして，これが「債権とは何か」という問題の再検討と結びつくと，「契約とは何か」「債務不履行と不法行為とはどのような関係にあるか」という問題にも影響を及ぼしてくる。「差止めの認められる不法行為」とは，不法行為のなかでどのような特色を有するのか。契約の問題に近いといわれる「取引的不法行為」の場合はどうなのか。また，わが国では，契約の不履行について直接強制が認められる範囲が英米よりも広い。これは物権的請求権の問題とどのように結びつくのだろうか。契約の履行強制の問題は，物権的請求

第5章 「響」──論文のインパクト

権との関係でどのように理解すべきなのだろうか。英米ではどうなっているのか。さまざまに存在するトレンドのなかで，重要な意味をもつ「おもしろい」論文となる。

また，同じく「フランス法における非嫡出子の相続分差別」問題を扱っても，「おもしろい」論文は書ける。F助教授の論文は，「フランス法における非嫡出子の相続分差別」問題を扱いながら，既存の親子・婚姻の観念との相克を描き出すがゆえに，親子とは何か，婚姻とは何かという，より一般性の高い問題へと，拡大・展開することが考えられる点で，学界の議論状況をふまえつつも，それ自体を変化させる契機をも含んでいる。トレンドの今後の行方に大きな影響を与えうるものであり，「おもしろい」のである。

■「組み換え」の「おもしろさ」はあぶない

それならば，トレンド自体をまったく変えてしまう，あるいは，新しいトレンドをつくりだす論文は，もっと「おもしろい」のではないか。一般論としてはそうだろう。たとえば，戦後民法学において最も成功した第一論文であると思われる平井宜雄教授の『損害賠償法の理論』（東京大学出版会，1971年）は，損害賠償の範囲に関する考え方を大きく転換させた。あるいは，第一論文ではないが，内田貴教授の『契約の再生』（弘文堂，1990年）は，「関係的契約」という契約観念を新たに措定した。以後，これらを前提とした諸研究が続いている。そんな論文が最も「おもしろい」。こういう論文をめざそう。あなたはそう思うかもしれない。

たしかに，上に掲げた二つの研究は魅力的であり，若い研究者がこれらを目標としたくなる気持ちは十分に理解できる。しかし，問題意識の組み換えには，慎重な態度で臨むべきだろう。志の高さはよしとするにしても，現実としては，十分な検討もなく，広い視野から多くを論じたつもりになっている論文が少なくない。それらは，高層ビルの林立するところで，ミカン箱の上に立っただけで鳥瞰図を描いているようなものである。短絡的に「大理論」を提示している論文は，その多くがミカン箱を高層ビルよりも高いものと勘違いしているだけなのである。私たちは，すでに，「大きな問題を一度に解決する必要はない」と述べた（第1章第2節 **2-1**）。周囲のビルの高さと

自分の位置を的確に測り，着実に研究を進めることが重要なのである。

■「深さ」は「おもしろさ」に通じる　　むしろ，まず目標とすべきは，外見的に（表見的に）射程の長い論文を書くことではなく，潜在的な（本質的な）射程を広げるということだろう。求めるべきは，「広さ」ではなく「深さ」だといってもよい。適切に限定された対象につき，歴史をきちんと遡り，重厚なデータが綿密に分析されているからこそ，読者は知的に興奮し，その視野は拡大する。その「深さ」ゆえに，読者は新たな場に身を置かざるをえなくなり，そこで「目の前が白くなる」状況を体験する。

　星野英一教授は，山本桂一教授の論文について次のように評している。

> 「同じことは，未完の絶筆となった『フランス各種法領域における所有権とくに無体所有権の観念について(1)』（法学協会雑誌87巻3号）についてもいえる。そこでは，フランスの『所有権』概念がとりあげられているだけのようで，実はわが国でよくいわれる所有権の概念が決して普遍的なものではないことが示唆されている。これも私が教を受けたものであった……。
> 　それらは，対象に沈潜した結果がおのずから従来の通説に対する重要な問題提起となっているものであって，直観的な着想よりも一層堅実で貴重な成果ということができるのである（星野英一『心の小琴に』
（有斐閣出版サービス，1987年）70頁）。

「おもしろい論文」を書くには，何よりも徹底して素材を集め，ていねいに分析を施すしかない。「おもしろくしてやろう」「広がりがあるようにしてやろう」と思うと，底が浅くなり，つまらなくなる。

　しかし，また同時に，自分がいま深く沈潜しているところは，結局，どこにつながっているのだろう，と考えることは必要である。山本桂一教授の論文が，「所有権概念の普遍性を疑うことにつながる」と星野教授に感じさせたのは，山本教授の意識が「所有権概念の歴史性・多様性」にまでつながっていたからである。それが分析視角を形づくる。ただ，山本教授は，自分がなしえたことから一足飛びに「所有権概念の歴史性・多様性」を主張するこ

第5章 「響」——論文のインパクト

とはしなかったし，また，「所有権概念の歴史性・多様性」を説くことに性急になり，素材を深く検討することをおろそかにはしなかった。まさに，「対象に沈潜した結果がおのずから従来の通説に対する重要な問題提起となっている」のであり，それゆえに感銘を引き起こすのである。

2-3 「きれ」の「おもしろさ」は難しい

■「おもしろさ」は小さなところにも宿る　論文全体で示している深い考察が，そのまま「おもしろさ」につながっている論文はきわめてすぐれたものである。しかし，実は，「おもしろさ」は小さなところにも宿すことができる。

　これまで，既存の学説や判決例，外国法について，その分析の仕方をさまざまに述べてきた。判例研究については，補論でもくわしく検討する。たとえば，日本の学説については，それを共時的に分析する際も，構造化が必要だと強調した（第3章第1節第1款 **4-3**）。また，通時的に分析する際には，全体の配置図（マトリックス）をつくることが重要だと述べた（同節第1款 **4-3**）。外国法の分析にあたっても，大きな流れを把握し，相互の影響関係，背景事情との関連を意識することが大切だと説明した（同節第3款 **4-5～4-7**）。内在的理解の必要性もしかりである（同節第1款 **1-4**）。大きな論文のときには，これら一つ一つは，論文全体のなかで一部を占めるものでしかない場合もある。しかし，たとえば我妻博士が一定の場面については具体的な結論を示していないとき，我妻説を内在的に理解したうえで，そこから導き出されるはずの結論を示すだけでも，読者はそこに「おもしろさ」を感じることができる。学説史を叙述するにあたり著者が示した枠組み，多岐にわたる既存の学説を整理するにあたって著者が利用した分類軸。それら一つ一つは，十分に「おもしろさ」をつくりだす。

　多数の学説が一見ばらばらに林立し，混迷状態にあるとき，たとえば，それらの学説はある観念の理解いかんによって大きく二つに分かれる，ということが示されただけで，読者は，新たな場に身を置くことになり，これまでの混迷が整序される。論文全体の「深さ」によるのではなく，個々的な場面

での分析の鋭さ，議論の「きれ」とでもいうべきものによって「おもしろさ」をつくりだすわけである。

■「きれ」の統合　しかし，大学院生や助手は，所々に存在する「きれ」のみによって勝負しようとしない方がよい。大学院生や助手の時代は，これからの基礎力を養うために重要な時期だからである（第1章第2節 2-4 参照）。しかし，「深さ」によって「おもしろさ」をもたらすためには，いくつかの箇所に「きれ」が存在しなければならない。そして，その「きれ」によって生じた輝きが，きちんと整理された適切な位置づけをもって構成要素となり，論文全体を支えていかなければならないのである。

各所に鋭い分析がなされているにもかかわらず，全体としては何をいっているのか，何が結論なのかがわからない論文も多い。本書において，第2章すべてを「論文の『型』」の説明にあて，さらに第3章第2節で論文の構成について詳細に説明したのも，複数の「きれ」をどのように統合していくかが大切だからである。

2-4　「解釈論」は「おもしろさ」を約束しない

■条文解釈のカタログを増やすことが論文の役割ではない　論文のインパクトとして，最も目立つのは，新しい解釈論を提示することではないかと思っている人も多いだろう。「きれ」のある解釈論を示せば，「おもしろい」と感じてもらえるだろうというわけである。しかし，必ずしもそうではない。

第一論文を発表し，その中でせっかく新しい解釈論を打ち立てたのに，誰もほめてくれないことがある。たとえば，「遺産分割協議の解除の可否」について検討した「論文」を書き，そこで，ある一定の事由が存するときには解除できる，という新説を生み出したとする。もちろん，一定の事由があるとき解除ができるという説は存在したが，自分は，そこにおける「一定の事由」について新しい基準を示した。実際上，公平な結論を生み出すものであり，その後，最高裁も同じ立場を打ち出した。

それにもかかわらず，その分野の専門家として処遇されているわけではな

第5章 「響」——論文のインパクト

い。ところが，その後，詳細な判例評釈を著した別の若手研究者は，専門家としての地位を確立した。「なぜだろう。自分は最高裁判決よりも早く，同じ結論を出していた先駆者である。それに対して，判例評釈なんてしょせん後追い的なものではないか。オリジナリティーは自分にこそある」——このように感じてしまうわけである。

　それは，その論文が，深くまで掘り下げることによる「おもしろさ」をもたらしていなかったからである。率直にいうと，結論としての解釈論そのものは一定の修練を積めばさほど難しいわけではない。たとえば，「遺産分割協議において，相続人の一人が他の相続人に対して負担した債務を履行しないとき，民法541条が適用されることはないが，当該不履行が協議の前提を崩すほど重要なものであり，かつ，第三者を害しない限り，信義則上解除が認められる」といった解釈論を提示するのは簡単であり，それなりの理由づけも容易である。それを最高裁よりもたまたま早く活字にしたからといって誇るほどのことではない。そして，安易な理由づけで以上のような解釈論を展開しても，その後に何かをもたらすわけではない。話はそこでおしまいであり，だから，評価されないのである。これに対して，すぐれた判例評釈は，たとえば，その判決の理論的な位置づけをクリアにすることによって，今後の展開をうながすのである。

　本書では，条文解釈のカタログを増やすことが論文の役割ではないと，繰り返し述べてきた。また，あなたの条文解釈には誰も興味を示さないとも述べた。もう一度思い出してほしい（第1章第2節 *1-2*，第3章第2節 *4-2*）。

■「場」の「おもしろさ」に貢献しよう

　論文報告会で先生方の前で報告すると，自分がせっかく「遺産分割協議の解除の可否」について判例・学説を整理し，妥当な結論を引き出しているのに，そこについては誰も質問しない，ということもしばしば経験するところである。遺産共有の法的性質や，錯誤理論や，一見，関係のない点ばかり質問される。なぜ，自分の学説を議論の対象としてくれないのだろう，と疑問に思う。

　それは，報告された論文の「広がり」を確かめる方が重要だからである。

あるいは，論文の「広がり」を示唆し，指導してくれているのである。「遺産分割協議の解除の可否」について深く研究すれば，そもそも分割とは何だろう，分割の対象となっている遺産とはどのような性質を有するものなのだろうか，協議とは何だろう，協議の解除とは通常の契約の解除とどのように違うのだろう，ということが気になりはじめる。そうでなければダメなのであって，どこにつながるテーマなのかを考えていなければならない。

　民法学におけるブレークスルーは，解釈論のレベルにおける議論によって達成されるわけではない。繰り返しになるが，遺産分割協議の解除につき，解除肯定説に対して否定説を対置したり，両者を受けて折衷説を主張することには，それほど大きな意味はない。そうではなくて，「遺産分割協議の解除の可否」という問題が論じられていることの意味を明らかにするほうが重要なのである。それができれば，解釈論の方向もおのずと明らかになるはずである。めざすべきは，具体的な「解釈論」ではなく，それを方向づける「解釈理論」であるといってもよい。

　このようにいうと，「それは，問題の組み換えをはかることが大事だ，というのと，どう違うのですか。危ない道……という話はどうなるんですか」と疑問に思う人がいるかもしれない。この質問に対しては，次のように答えよう。問題の組み換えをはかることは大事である。しかし，それは一人の研究者が一つの論文で簡単にできることだと考えてもらっては困る。ある論文の登場によって，トレンドが大きく変わることも確かにある。だが，それは例外的な場合である。多くの場合には，さまざまな試行的な議論が蓄積し，議論の「場」が流動化し，あるきっかけによってトレンドが動きはじめ，やがて新たな「場」が形成される。問題の組み換えには，多くの研究者の多年にわたる協同が必要なのである。研究者は，とりわけ第一論文を書こうという若い研究者は，議論の「場」が「おもしろく」なるような，そのことによって「場」の「組み換え」に貢献するような，そのような論文をめざしてほしいと思う。

第5章 「響」——論文のインパクト

3 「おもしろさ」を育てる

3-1 小さな「おもしろさ」と大きな「おもしろさ」

■「おもしろさ」の萌芽　第一論文だけで、「新たな『場』」ができあがったことを学界に認めさせることは難しい。それができれば、すごい。一般的には、おぼろげながらでも、それを浮かび上がらせることができれば大成功である。もっといえば、一生のうちに、一つでも「新たな『場』」をつくりあげることができたならば、その学者人生は成功である。

しかし、現実には、それに至らない論文が大多数である。そして、それでもよいのである。大きな「おもしろさ」を備えていなくとも、小さな「おもしろさ」があればよい。大小さまざまな「おもしろさ」が重なりあい、相互に作用することによって、「場」の組み換えは進むからである。

実際のところ、自分の論文の小さな「おもしろさ」を他人に育ててもらうことも多い。著者自ら気が付かなかった小さな芽を見つけてもらい、それを大きくしてもらう。これは大変楽しいことである。そのために最も重要なのは、正確で地道な基礎的な研究である。論証のために提示された基礎的なデータが、学界の共有財産となり、他者の新たな研究の手助けとなる。大きく育つ「おもしろさ」の萌芽は、そのようなデータのなかに埋まっているのである。

逆に、他人の論文の「おもしろさ」の萌芽を発見し、養子にして育てることも重要である。これは既存の研究についての正確で地道な分析からのみ可能となることである。

第一論文を執筆することにより、本書の読者は民法学界の一員となる。そして、一員となった以上、先人の業績の上に立って、民法学を少しでも発展させていく使命を有することになるのである。一方、自らが示した「おもしろさ」の萌芽を育ててもらうことに喜びを見いださなければならない。「お

もしろさ」の萌芽を他者に対して示す基礎的なデータを供給し続けなければならない。他方，先人の示した萌芽を正しく評価し，それを育てていかなければならない。

　先人および同時代人との共同作業において，しかるべき役割を担っていくことになるのである。

3-2　小さな「おもしろさ」から大きな「おもしろさ」へ

■第一論文の展開・発展

　もちろん，「おもしろさ」は自分で育てることもできる。第一論文で得た成果をもとにして，後続の論文でそれを展開・発展させた例は少なくない。たとえば，何度も引き合いに出している平井宜雄教授の『損害賠償法の理論』も，正確には第一論文そのものではなく，第一論文と一連の後続論文とをあわせて一書としたものである。仮に，平井教授の研究が第一論文だけで終わっていたとしたら，現在ほどのインパクトはもたなかっただろう。その賠償範囲論が，契約責任を超えて不法行為責任に及ぶことによって，また，不法行為責任に関しては，賠償範囲論が過失論と結合することによって，平井論文は「新たな『場』」を提示することに成功したのである。

　ある究極的な目標をもちながらも，当面の「対象に沈潜し，深く井戸を掘り進めた論文は，「おもしろい」論文へと育っていく資質を有している。私たちが，「第一論文には研究能力の証明という意味がある」と述べてきた（序論 1-3，第1章第2節 2-3）のは，そういう意味においてである。外国語が読める，既存の学説を正しく理解できる，判例を検索できる，整理できる，という個々的な能力を見て，「著者には研究能力がある」と判断しているのではない。「おもしろい」論文へと育っていく研究ができているか，という判断なのである。

　また，第一論文が，将来の自分の研究にとってどのような意義があるのかを考えることの必要性を説き（第1章第2節 2-6），その位置づけを論文上にも明記すべきだと述べた（第3章第2節 2-7，4-3）。これは，「この論文は『おもしろい論文』へと育つものです」と読者に対して主張し，自らの研究

能力を示す意味がある。しかし，同時に，「育てる」べきことを自らつねに意識するためにも重要なのである。

　判決例や学説に早々に具体的な影響を与えた論文と，当面は何らの変化ももたらさなかった論文とがあるとき，後者の方が著者の研究能力の高さを示しており，大きく育つことを予想させることはいくらでもある。第一論文がちやほやされなくても，そのことを気にする必要はない。それがしっかりした論文ならば，研究が育っていくとともに，著者自身も立派な民法学者へと育っていくことができるのである。

Column ⑤　抜刷の送り方

　初めて書いた論文が活字になった。これはとてもうれしいことである。できれば多くの人々に読んでもらいたい。しかし，誰もが君の論文に関心を持って，雑誌が発行されるや否や読んでくれるというようなことは，普通考えられない。多くの民法学者は君の論文の存在を知らないし，そもそも君自身の存在すら知らない。

　そこで，君は，論文の抜刷を送ることになる。程度の差はあれ，君の論文が依拠している・影響を受けている研究者や，君の扱ったテーマに関心があるだろうと推測される研究者をピックアップして，その人たちに君の論文の存在を知らせるわけである。君のために掲載誌の出版社が（有償あるいは無償で）提供してくれる抜刷の数は限られているから，誰に送るかはよく考えなければならない（君の専門やテーマとはあまり関係がなくとも，これまでにお世話になった先生には，少なくとも第一論文に関しては，お礼の意味を込めて送った方がよいかもしれない）。

　さて，抜刷を送るときには，送り状をつける必要がある。無造作に封筒に入れて，しかも「星野英一様」などと宛名を書くのは失礼である。そもそも，未知の人に突然に郵便物を送りつけるのは無礼なことである，という感覚が必要だ。送り状には，自分が何者で，どんな論文を送るのかを簡潔に説明し，非礼を詫びて，お忙しいでしょうが目を通していただけないでしょうかと頼まなければならない。

　抜刷の送付に対して何か応答があれば，それはとてもうれしいし，ありがたいことである。しかし，自分の都合で送りつける君は，応答を期待してはなら

ない。内心では期待していても，そんなことは期待していませんという態度をとるのが礼儀だ。「ご批評・ご教示を賜れば幸いに存じます」といった類の文章は押しつけがましくならないように注意して書く必要がある。また，時に「礼状は無用に存じます」と書いてくる若手研究者がいるが，これは「本来はあなたは返信をくれるべきだが，特に免除する」と受け取られることもある。大家には許されるが，君には許されない気の使い方であろう。

　逆に，もし，君が抜刷をもらったら，必ず返事を書くように心がけるべきだろう。

補 論

判例評釈の書き方

補論　判例評釈の書き方

1 判例評釈の意義と目的

1-1 「判民」設立を唱導した末弘博士の「判例」研究の方法

■ **末弘博士の問題提起**　序論でも説明したように，本書では「判例評釈の方法」を独立の項目として「補論」とすることにした。その主たる理由は，研究論文一般との関係において，さらにいえば，判例を素材とする研究一般との関係において，「判例評釈」がジャンルとしての独立性・特殊性を有することにある。判例評釈には一定の意義ないし目的があることが，共通の了解とされているわけである。

　この点を理解するためには，現在の「判例評釈」のスタイルを形成する出発点となった，東京大学の民法判例研究会（1923（大正12）年度からは「民事法判例研究会」と改称。いわゆる「判民」）の設立を導いた末弘厳太郎博士の問題提起から説きおこすのがよいだろう。

　末弘博士は次のように説く。大正中葉当時までは，「『判例批評』の名のもとに判決がその理由づけとしてつかっている理論的説明に対して理論的批判を加えることが，多くの学者によって行われていたが，それらはいずれも判決の理論的説明を学説と同一視して，これに抽象的な批判を加えたにすぎなかった」（末弘厳太郎「判例の法源性と判例の研究」『民法雑記帳（上）〔末弘著作集Ⅱ（第2版）〕』29頁（日本評論社，1980年）〔初出，法律時報13巻2号，3号（1931年）〕）。すなわち，「全く判決中に書き示されている法律の解釈が学理上正しいか否かを批評するだけで，法律適用の対象たるべき事件そのものを具体的に観察・研究することをしなかった」（末弘厳太郎「判例の研究と判例法」『法学入門〔末弘著作集Ⅰ（第2版）〕』125頁（日本評論社，1980年）〔初出，『法学問答』（日本評論社，1928年）〕）のである。しかし，「裁判所が或る具体的事件について与へた結論の中から，抽象的原理乃至理論を抽出して，之に『判例』なる名称を与へ，之を以て成文法の欠缺を塡補し得べしと考える」従来の学者の

判例研究の仕方は「甚しい誤」である（民法判例研究会編『判例民法(2)(大正11年度)』序 6 頁（有斐閣，1924 年））。「法律的判断においては，事実と法律と結論とが総合的に関連しつつ一切一時に相決定し合う関係をもって」おり，「具体的の事件について事実を選択・構成すると同時に，法律を解釈・適用して結論を出す」という裁判官の働きは一つの法の創造であるから，上に見たような「態度でいくら判例を研究してみても，結局学理的にうわすべりをしているだけで，真に当該の裁判がなされるに至った理由を具体的に明瞭ならしめることができない」（末弘・前掲「判例の研究と判例法」125 頁）のである。

■「判例」研究の方法　　以上の見地から，判例研究の方法については，次のように説く。

「判決の実質的本体は……裁判所が当該事件を裁断するために創造した法規範にある。裁判所は当該事件の実質を類型的にとらえて，それと類型を同じうする他の事件にも適用しうべしと考えられる法規範を創造した上，それを適用して当該事件に裁断を与えているのであるから，判例研究者の何よりもまず努力すべきはその法規範が何であるかを当該判決全体のうちからよみだすことでなければならない」。そのためには，「まず第一に当該事件において具体的に問題になっている事実関係の実質が何であるかを判決全体について研究確定」したうえで，「裁判官がそれを規律するものとして創造した法規範が何であるかを，さらに判決全体のうちからよみ出す必要があるのであって，かかる研究的操作を通じてみいだされた法規範のみが正しい意味における判例であり，後の裁判官に対して法律的拘束力をもつ判例である」（末弘・前掲「判例の法源性と判例の研究」39〜40 頁）。

1-2 「判民型」と「民商型」

■判例研究における二つの「型」　　末弘博士の説くところにおいては，判例研究のあり方として，次の二つの「型」が対比されて論じられている。すなわち，ある判決によって示された法規範を当該事件の具体的事実関係と対応させつつ判決全体から抽出するという営みと，ある判決が述べた抽象的な法律論や理論をとりだして，これを論評す

るという営みである。末弘博士による問題提起は，それに先行する判例批評（『法学志林』に掲載された梅博士の「最近判例批評」や『京都法学会雑誌』の「判例批評」など）が，もっぱら後者を目的としたものであったのを批判し，先例としての「判例」の研究では，前者を重視すべきことを説いたのである。この二つの型は，その後に，前者が「判民型」と，後者が「民商型」と称されるようになる。

前者の「判民型」というのは，ある判決が定立した先例規範を抽出することを主たる目的とするものであり，それが個別的事件の具体的解決として示されることから，事案と結論の対応に重点を置いて検討がなされる。

これに対し，後者の「民商型」というのは，ある判決の法律論の批評を目的とするものであり，具体的な事案と切り離して，判旨の述べる抽象論・一般論をあたかも学説のように扱い，その法律論の当否を批判するものであるとされる。これによると，「ただ判決理由中に或る理論が述べられているのを機会に，それに批評を加えながら自己のその点に関する見解を述べる」にすぎない（末弘・前掲「判例の法源性と判例の研究」30 頁）ことになる。要するに，「民商型」の判例批評というのは，自説の展開素材ないし触媒として判決の抽象論を利用した論文であるとみることができよう。

■二つの「型」の目的・対象の相違　これが論文のスタイルの一つとして成立しうるものであるかは，ここでの関心ではない。重要な点は，「判民型」と「民商型」とでは，「判例」研究といっても，それぞれの目的が異なっているという「ズレ」をきちんと確認しておくことである。また，ひとくちに「判例」というときも，一方で，「裁判上の先例」という意味で用いられる場合があるとともに，他方で，「裁判例」「判決例」，あるいは，単に「判決」または「判決中の法律論」という意味で用いられる場合があることも認識しておかなければならない。そして，「『判例（裁判上の先例）の研究』と『裁判中に表明されている法律論の論評』とは，別の目的で別の対象を論究しているものであることを明確にした上で，そのそれぞれの価値・使命を論ずべき」（傍点原著）（川島武宜「判例と判決例──民事裁判に焦点をおいて」『川島武宜著作集第 5 巻』193 頁（岩波書店，1982 年）

〔初出，兼子一還暦『裁判法の諸問題（下）』（有斐閣，1970 年）〕）であり，自分が行う研究の目的と対象を明確にすることが重要である。

このことさえ自覚していれば，判例研究のスタイルとしては多様なあり方があってもよいといえなくはない。もっとも，実際上は，判例研究を公表する媒体の趣旨や性格に応じて，目的が定まっていることも多いことに注意すべきである。それぞれの発表媒体において執筆者に何が要求されているのかを十分に自覚することなく，それを自説展開の場と勘違いしている者が少なくないことに鑑みれば（判例評釈等の質のバラッキのひどいことは，周知のとおりである），現在でも上に述べた点を強調することは無用とはいえないだろう。

1-3 「判民型」方法の一般化

■「民商型」の不存在？　　上に述べた「民商型」については，さらに説明を補っておく必要があろう。

「判例民事法型」の用語は，椿寿夫『不法占拠（総合判例研究叢書・民法㉕）』（有斐閣，1965 年）に由来するとされる。もっとも，これとの対比で「民商型」と称するネーミングに対しては，そもそも統一的な民商「型」というのは存在していなかったとの指摘もある（小橋一郎ほか「座談会・判例批評の方法論をめぐって㈠」民商法雑誌 56 巻 1 号 103 頁（1967 年）〔谷口知平発言〕）。『法学協会雑誌』に掲載されている「判民型」が，東京大学の民事判例研究会による討議を経た，いわば共同作業の所産であるのに対し，『民商法雑誌』に掲載される「民商型」にはそれに対応する研究会はなく，執筆依頼を受けた者の単独作業だからである。

■「判民型」の共通化　　いずれにせよ，末弘博士・川島博士と続く，「判例」研究のあり方をめぐる問題提起を経験した現在においては，上に述べたような「判民型」の影響は，広く学界一般に及び，共通化がある程度まで形成されているとみられている。その意味では，「かつての民商型」と称するのがより正確だろう。もっとも，なお幅があるともいわれるが，「流れとか事実と結論との対応関係を重視するという点は，個人差はあるとしても，民商もほとんどの人が，少なくとも留意はしている」とさ

補論　判例評釈の書き方

れる（小橋一郎ほか・前掲座談会 86 頁〔沢井裕発言〕）。したがって，判民型と民商型の相違が，判決理由中の法律論を重視するか否かにあるとすれば，それは相対的なものにすぎなくなっている。

　このことは，ある意味では，自然な流れなのかもしれない。判例を研究の対象とするかぎり，そもそも何が先例規範としての「判例」であるかは，すべての判例研究に共通の課題となるはずだからである。「判例」に対して評価（批評・批判）を加えることを目的とする場合でも，何よりもまず最初に，その評価の対象を確定する必要がある。後で述べるように，実は，評価の対象たる判例という先例規範を抽出し，確定する操作は難しいところである。「判例批評」が，その作業を精確に行わずに，判決理由中に述べられる抽象的法律論や，公式判例集が掲げる「判決要旨」を対象として，コメントを加えるものだとすれば，それは単に稚拙な「判例評釈」にすぎないともいえよう。

　そうだとすれば，いずれにせよ判例研究を行う際しては，個々の判決から先例規範としての「判例」を抽出する方法についての共通理解をわきまえておくことが，きわめて重要になる。これを知らなければ，「判例」を語ることなどできないはずだからである。

■「判例」の抽出方法の普遍性　　ただし，ある判決から「判例」を抽出する際の共通のルールといっても，それは国や時代によっても異なりうるものである。すべての国に普遍的に妥当するルールが必ずしもあるわけではない。したがって，わが国の最高裁判決から先例規範を読みとる方法を習得した者が，それをそのままフランスの破毀院判決に応用しても，フランスの法律家共同体が理解する先例と一致しないのは当然のことである。以下で説明されるのは，わが国の最高裁判決から先例規範を抽出するときのルールとして，わが国の現在における法律家共同体において共有されていると思われるところであり，その限界には注意しておいてほしい。

1-4 研究者の養成・訓練過程における判例評釈・判例研究

■**判例評釈の教育的意義**　　本書が判例評釈の方法を独立の項目としてとりあげたもう一つの理由に，判例評釈に教育的意義が認められていることがある。この点について一言しよう。

判例評釈に取り組むことを通じて，一つの具体的ケースをとらえて，多面的・徹底的に検討するのは非常によい解釈論の訓練になるといわれる。また，自己が専門とする分野に偏らず各方面について判例評釈をすると，視野が広くなるともいわれる（小瀬保郎ほか「座談会・判例研究の再検討」ジュリスト469号241頁（1971年）〔星野英一発言〕）。解釈論の力量は総合力であるから，若いときに熱心にこの訓練をするとしないとでは，その後の学者として伸び方が違うとの指摘にも，かなり説得力がある。

これに加えて，第一論文のテーマを探すという点からも，判例評釈は重要な機会を提供するものでもある。たまたま報告を命じられた判例評釈で扱ったことがきっかけとなって，論文のテーマに発展していったという例も少なくない（第1章第1節*3-3*参照）。

■**判例研究の「方法論」をめぐる論議**　　ところで，判例研究の方法論をめぐっては，すでに見た末弘博士の主張を先駆として，今日に至るまで，さまざまな「方法論」の系譜がある（その代表的なものとしては，柚木馨博士と川島武宜博士との間の論争。最近では，平井宜雄「判例研究方法論の再検討(1)～(3・完)――法律学基礎論覚書・その三」ジュリスト956号～962号（1990年）〔同『続・法律学基礎論覚書』44頁以下所収（有斐閣，1991年）〕）。そして，大学院生や助手が判例評釈を行うにあたって，あるいは，論文中で分析する前提として，これらの方法論一般やその展開の歴史をたどり，さまざまに考えをめぐらすことはよいことである。

しかし，まずもって確認しておくべきであるのは，評釈対象となる判決から先例規範を抽出する際の方法について，現在，共通の了解となっている最低限のルールである。もちろん，何が共通の了解かをめぐっては，ある程度の幅が観念されるだろう。しかし，私たちの間には，「判例は……である」という言説を行う共通の土俵が成立しており，少なくとも一定の範囲では共

通の了解が存在していることを否定する者はいないだろう。以下の説明は，このような共通ルールとして広く受容されていると想定されるものを，できるかぎり言語化したものにすぎない。

　その意味で，本書は，新たな判例研究の「方法論」を提唱する意図に出たものではない。むしろ，大学院生や助手が判例研究という作業に臨む際に，共通ルールの理解に迷ったり，そのルールの意味について疑義を生じたりすることがしばしばあることを考慮して，あらかじめそのような疑問に対して一定の（暫定的な）解答を与えておくことが目的なのである。

2　判例研究の諸態様

2-1　判例評釈だけが判例研究ではない

■「判例研究」の分類　　広く一般に，判決・裁判を素材とした研究には種々のものがある。判例評釈の方法についての問題提起を行った川島博士が説くところも，「裁判上の先例」の研究のみが「判例研究」の唯一のものであるべきだと主張するわけでない。裁判に関する諸々の研究の対象や問題の焦点を明確に区別し，その方法論を純化することによって，研究を高度化することの必要性を主張するものである。

　川島博士自身，①裁判上の先例の研究，②裁判中に表明されている法律論の研究ないし批評，③裁判の政治的・経済的・社会的な含意・背景・影響等の研究，④裁判の心理的判断過程（いわゆる裁判過程）の研究，という分類を施し，それぞれに実際上・理論上の有用性があるとされている（川島・前掲論文199頁）。

　以下では，これとはやや違った観点から，判決・判例を「素材」として用いた研究の諸態様について，若干の分類と説明を試みる。もちろん，およそ研究である以上は，そのタイプは無限に存しうるし，また，以下に述べるいくつかのタイプを組み合わせた研究もありうる。素材としての判例の利用目的も，理解深化のため，理論抽出のため，問題発見のため等々，論者が設定

した課題との対応で，さまざまなものがあって当然である。しかし，いずれの研究についても，判例を扱う研究の目的と，実際に行っている分析・検討の方法とがぴったり対応していることが重要である。

2-2 判例評釈

■「判例評釈」の特殊性　「判例評釈」が独立のジャンルを形成していることはすでに述べた。もっとも，判例評釈も，判例研究という論文の特殊な一形態であるといえなくもない。ただ，その問題設定（先例規範の抽出，つまり，ある判決にいかなる先例規範としての意義があるかを分析する）と，そこで援用しうる方法（先例規範を抽出する際のルール）が定まっているという点で，特殊性があるにすぎない。そして，後者の先例規範の抽出の方法は，そのような意味での「判例」を扱うすべての研究に共通するものである。

判例評釈において，検討の対象や方法が定まっているということは，裏を返せば，勝手な問題の設定や土俵の限定は許されないことを意味する。評釈者の主観的関心から，判決のある面のみを切り取った検討は，判例評釈としては許されない。関連する視点をすべて含んだ多面的検討が必要とされるわけである。

■いわゆる「総合判例研究」　より広い観点からは，先例規範としての「判例」を対象とする研究にも，次の二つのタイプがある。

一方で，単体としての判例を対象とする研究がある。これは，個別の判決から先例規範を抽出するものであり，上に述べた「判例評釈」がこれに相当する。

他方で，集合体としての判例を対象とする研究がある。実際，ある主題を包括的に扱う長大な論文には，集合体としての判例の研究を含むものが少なくない。これは，ある主題をめぐる複数の判決の総体から，先例規範を抽出するものであり，さらに加えて，個別の判例の内容を明らかにしたうえで，それらの関係を明らかにすることを通じて，これに目的論的に構成を与え，

補論　判例評釈の書き方

体系化を行うこともある。これが，一般に「総合判例研究」と称されるものである。そのような研究としては，『総合判例研究叢書』（有斐閣，1957～66年〔ただし民法部分〕）や，我妻栄編『判例コンメンタール』（判例コンメンタール刊行会，1963～75年）のシリーズが代表例である。もっとも，後述のように，判例評釈においても，対象判決に関係する複数の判例の総体との整合的理解が問題となるので，両者は力点の置き方に相違があるにすぎないといえよう。

2-3　判決理由中の法律論を素材とした研究

■「商判型」の判例研究　　具体的なケースを想定した法律論の検討を行うために，判決を素材として用いる研究がありうる。主に下級審裁判例を素材として多く用いる「東京大学商事判例研究会」における研究（『ジュリスト』に掲載されている）は，このタイプであるとされる（小瀬ほか・前掲座談会226頁，241～242頁〔前田庸発言〕）。そこでは，「自分が裁判官であったらどう判断したかを述べる」ものだとされる。評釈部分の冒頭において，「判旨に賛成（または反対）である」とか，「判旨の結論には賛成であるが，その理由づけには疑問がある」といった叙述がなされるのは，このタイプである。

　このようなタイプの判例研究には，ある判決の具体的な事案を前にして，従来の理論・自分の説を徹底的に反省してみる契機となるという意味があるとされる。しばしば見られる，「〇〇判決を契機として」という副題を付した論文には，このタイプのものがあろう。また，体系書を著した学者については，具体的事件に即した展開としての意味があるとされる。

　すでに述べたように，判決理由中の法律論を対象とする研究は，判決中において裁判官が述べる法律論を，いわば一個の「学説」として扱うものととらえることができる。下級審判決には通常は先例規範としての価値が認められないと考えれば，その検討はこのように位置づけられることになろう。下級審判決ないし下級審裁判例を対象とする研究における留意点については，第3章第1節第2款で説明したところを参照されたい。

2-4　判決の「理解深化」を目的とした研究

■「実在事実」の探究　　ある判決について，どうしてそのような判決が下されたかを，それに作用したと考えられる諸要因を探究し分析するという研究がある。

判例へのアプローチには，①この判決がなぜこういう結論に至ったかを調べるもの（判決に影響したであろう事実をできるだけ詳しく調べる）と，②その判決が後にどういう影響を及ぼすかを検討するもの，とがありうるが（たとえば，鎌田薫ほか「シンポジウム・続・民法学の課題と方法」法律時報61巻5号16頁（1989年）〔能見善久発言〕），上のような研究は，このうち①を追究するものである。

このタイプの判例研究においては，事実審の認定事実に限られない生の事実（「実在事実」）の探究に向かうことがある。当事者や弁護士への聞取り調査を行ったり，ある紛争の社会的・歴史的背景を探ったりすることにより，広い意味で，裁判官の行動を規定する諸要因を分析しようとするものである。

そのような諸要因の探究と先例規範の抽出とがどのような関係に立つかについては争いがある。

一方で，先例の抽出を目的とした判例評釈を行う際にも，判決に影響を及ぼしたと想定しうる諸要因の探究が不可欠であるとの立場が存在する。たとえば，瀬川教授によれば，当事者の法律構成の選択にも背景に実在事実があるから，「それを踏まえないで」判決に出てきた事実と法律構成だけで判例の位置づけと予測をしても不十分であるとされる（鎌田ほか・前掲シンポジウム17～18頁〔瀬川信久発言〕）。また，ここまで徹底しないとしても，可能であるかぎり，実在事実の探究が望ましいとする中間的な立場もある。他方で，川島博士は，先例の抽出においては，認定事実以外には検証可能な事実はないのであって，諸要因を探究しようと意図して行った当該研究がつかんだ事実が，客観的な実在事実と一致するという保証はないことを強調する（川島武宜「判例研究の方法」『川島武宜著作集第5巻』165～167頁（岩波書店，1982年）〔初出，同『科学としての法律学・新版』（弘文堂，1964年）〕）。

補論　判例評釈の書き方

■ 唄教授の判例研究の特色

ところで、このタイプの判例研究として有名なのが、唄教授による「婚姻予約有効判決」の研究である（唄孝一『内縁ないし婚姻予約の判例法研究（唄孝一・家族法著作選集第3巻）』（日本評論社、1992年）所収の一連の論文）。

この研究を行った動機として、唄教授には、先例を抽出するさいの、事案との対応で結論をみるという場合の『事実』というのは、認定事実ではなく、裁判官が直面したすべての生の事実（実在事実）のはずである、という想定があったとされる。そして、「書かれた判決理由」と区別されるところの「実質的判決理由」の理解のためには、『『なまの事実』からの『へその緒』』を無視することはできないとする。そして、『『なまの事実』への接近が限りなく不可能に近く、『表象事実』にいたってはせいぜい近似値の推測にとどまらざるをえ」いことは覚悟しなければならないから、「結果として、『これが実質的判決理由だ』ということはいえないが、『実質的判決理由はこれではない』ということがいえる場合は十分にありうるということが重要なのであ」り（傍点原文）、その場合は先例的な価値が存在しないことが明らかになる、とするわけである。

もっとも、唄教授自身、そのような意味で先例的価値がないとされる判決であっても、実際上、先例として機能することはあるとされる（「先例機能的裁判規範」）。しかし、こういう先例的な機能は、「当該判決の個別的研究を超えるものであり、厳密にはそれ以後の関連判決の個別研究の積み重ねではじめて明らかになる」とするのである（以上、唄・前掲書「自著解題」316〜323頁）。

このように、先例的価値の確定において、判例集の記載を超えて、「なまの事実」を探究し、判決への影響を考えなければならないとする立場もありうる。しかし、まさに唄教授の研究がそうであるように、このためには莫大な作業が必要である。仮にそのような判例研究をめざすのならば、それが論文全体の主題とされざるをえないであろう。そこで、本書では、唄教授のような研究を「判例評釈」とは区別し、ある判決の「理解深化」を目的とした研究を別のカテゴリーとして説明したわけである。

2-5　裁判例に現れた紛争形態の研究

■ 社会的「事実」としての判決　　裁判例を通じて，社会において実際にいかなる紛争が生じているかを探究する研究がある。裁判例を素材として，ある法理の現実の機能と実態を明らかにするために，各紛争の類型化を試みるタイプの研究などが，それである。

このタイプの判例研究は，判決を社会的事実として，「生ける法」の一つの材料として，つまり，判決を「事実」としてみる法社会学的な研究であるということができる。先例としての「判例」の研究を目的とするものではないので，その対象も先例的価値が認められている最上級審判決に限定されるものでなく，下級審を含めたすべての裁判例が広く視野におさめられることになろう。

この観点からの下級審裁判例を広く収集・整理するという研究方法は，一方で，下級審判決において認定された事実は，社会の現実の姿の一面を示すものであるから，生きた社会的な法律事実を把握する手段となるとされる。また他方で，裁判官は社会の法的意識に因果的に影響されるものであるから，その下した判決は，大なり小なり社会の法的意識を反映するものであり，社会の法的意識を明らかにするうえで不可欠の資料を与えることになるとされる。下級審判決ないし下級審裁判例を対象とする研究における留意点については，第3章第1節第2款で説明したところを参照されたい。

2-6　ある紛争に判決が与えた影響を探る研究

■ 紛争過程における判決の意義　　判決それ自体に関心があるのでなく，ある紛争過程に判決が絡んでいるが，研究の直接の対象となるのは，当該紛争過程の総体であるタイプの研究もありうる。たとえば，公害や薬害等の事件において，それに関する判決や和解が当該紛争過程にどのような意義を有したかを検証することを目的とした研究がこれにあたる（一例をあげれば，淡路剛久『スモン事件と法』（有斐閣，1981年））。

3 先例規範としての「判例」

3-1 裁判規範としての判例

■判例の「規範」的性格　これまで「先例規範」という用語を用いてきたが、そもそも判例の規範的な性格とは、どのようなものなのだろうか。この点が気になる読者のためには、先例・裁判「規範」の意味を確認しておくことから始める必要があろう。

学説には大別して、判例の法源性を肯定する見解と、それは事実上の拘束力を有するにすぎないとする見解とがある。しかし、ある判決が、後の判決に規定的影響を及ぼすことがあるのも、そのことが肯定・承認されていることも事実である。したがって、ある判決が、一種の裁判「規範」として機能していることは争いがない。

もっとも、すべての判決が、同様の強さをもつ「規範」として認識されているわけではない。すなわち、判例の拘束力の程度はさまざまなレベルがありうる。たとえば、強い判例と弱い判例であるとか、確立した判例（判例法）・不安定な判例（判例法）などの表現がなされるときには、拘束力には程度があることを示している。

そうなると、判例評釈の対象となるのは、先例規範として機能しうる判決のみであり、その先例規範の内容を判例としてとりだし、その拘束力の強弱・範囲を考察するのが判例評釈だということになる。

■判例の「理解」の複数性　ところで、ここで注意しておきたいのは、そのような判例の「理解」には、必ずしも、唯一の正しい理解が存在するわけではないということである。公式判例集の冒頭に掲げられる「判決理由」や「判決要旨」（判例委員会の公認理論）が判例なのではない。判例の「理解」は、いかなる点に着目して先例規範を抽出するかによって、つねに複数の読み方が成立する可能性がある。

判例の「理解」に複数ありうるとすると、そのうちのどれを選択すべきか

を決する際には，評釈者の評価が入り込む余地がある。こういう先例規範として機能させるのが望ましいと評釈者が考えるところが，「合理的な『理解』」だとして主張されることも十分にある。もちろん，価値判断といっても，ここでは，あくまでも判例の「理解」として示されるものである以上，学者が自己の見解としてある解釈を主張する場合の価値判断とは，レベルが異なるものである。

3-2 判例と学説（法律家共同体）の協働による判例法の形成

■ 判例の「理解」の形成過程

判例の「理解」が複数成立しうる場合があるといっても，それらがすべて判例として通用するわけではない。通常は，判例評釈等における判例の読み方をめぐる論議が繰り広げられる過程で，そのような複数の判例「理解」のなかから，ある特定の「理解」が，最も適切な，共通の判例「理解」として，法律家共同体のなかに受容されるようになる。その時点以降は，そのような判例の理解が先例として機能することになる。つまり，裁判官や当事者に対して裁判規範として受けとられ，一定の行動の指針を与えるわけである。判例に事実上の拘束力があるというのは，このように形成された理解に即してである。最終的に，判例の理解が確立すると，体系書や教科書等においても，「判例は……と解している」というような記述が安定的になされるようになる。

判例の理解が学説に分かれたままで，どちらの見方が有力とは断定しえないような拮抗した状態が続く場合もある（たとえば，民法96条3項の第三者の登記の要否をめぐる判例の理解）。しかし，判例の通説的な「理解」が確立している場合でも，それはある判決をめぐって学説の判例評釈における論議を通じて，一定の通説的な判例「理解」が成立するに至るというプロセスを経たものなのである。

■ 解釈を通じて成立する「判例」

このようなプロセスが存在するという見方に立てば，ある判決が出されたといっても，それだけで先例規範が存在していることにはならない。実際にも，判決理由を一読しただけでは，それにどのような規範的意味があるのかが判然

補論　判例評釈の書き方

としないこともある。その判決がどのような先例規範を定立したものと解されるのか、という解釈の作業がなされることを通じて、はじめて判例がそこから抽出されるわけである。その意味では、ある判決が出された直後においては、判例理解が未生成の状況にあるといってよい。そして、そこでは、判例評釈は、いわば「新法解説」としての意味を有するわけである。

3-3　判例の「理解」の修正・変更

■判例の漸次的形成　　また、いったん判例の理解が確立したとしても、それが後になって変わることもありうる。ある判例の読み方が、その後の学説の批判によって適切ではないとされ、そのような指摘が広く受容されるようになれば、先例規範として機能している判例が、事実上変更されることになる。

　このような判例理解の修正・変更は、最高裁自身によってもなされることがある。後の判決において、先の判決の読み替えがなされる場合がその典型例である。たとえば、従来一般に広い射程を有するものとして理解されていたある判例が、後の判例において、当該事案との関係でその射程を限定して解すべきだとされた場合がそれである。

　したがって、後に述べるように、判例というのは、個々の判決を単独で観察することによって抽出されるものとは限らず、それに続く判決の総体によって漸次的に形成されていく側面があることに注意すべきである。

3-4　判例評釈において期待される学説の役割

■判例評釈を通じた学説の寄与　　以上に述べたように、法律家共同体における判例の「理解」をめぐる議論を通じて、判例が抽出されるとみると、判例評釈という営みにおいて学説が果たしている役割とは何か、を語ることができよう。

　先に述べたように、学説は、判例評釈を通じて、判例の「理解」について議論を繰り広げることになる。その際には、判例の「理解」を提示するだけでなく、その問題点を内在的に検討し（たとえば、とくにある問題と他の問題と

の体系的なバランスや，考えるべきファクターを指摘すること），判例を修正・補完し，発展させるような提案をすることが期待されている。とりわけ，ある問題について一定以上立ち入ることを回避し，それを後の学説の議論に残すような判示をしている判決については，そのような学説の役割が重要になってくる。そして，判例評釈を通じた，このような学説の寄与が，それに続く判例法の展開にとっても，一定の意味を有するわけである。

■ **学説の実践的行動としての判例評釈** 以上のように見てくると，判例と学説の協働によって，「判例法」が継続的に形成されてくるというイメージを描くことができるだろう。

もっとも，判例評釈における学説の役割をめぐっては，これまでニュアンスの異なる見解がいくつか示されてきた。判例は「生成途上の法」であり，判例研究を通じて「正しい法」の形成に寄与するのが学説の役割であるという考え方（柚木馨「判例と判例研究」神戸法学雑誌1巻2号238頁（1951年））や，将来の裁判を過去の判例によってどのようにコントロールすべきかという当為の次元の問題を指摘し，将来の裁判を「判例によって制御する」という考え方（川島武宜「『法律学』の現代的問題点」『川島武宜著作集第5巻』289～291頁（岩波書店，1982年）〔初出，法学セミナー146～161号（1968～69年）〕）などがその代表例である。

しかし，いずれによっても，学説が判例を指導するわけではない。むしろ，学説は，判例法の形成にさまざまな形で参加し，関与するといった方がよい。そして，先に触れたように，その意味では，自覚的・意識的に行うか否かは別として，判例評釈というのは，学説の実践的な行動であるといえるわけである。

■ **学説に期待される役割** このような判例評釈の役割は，裁判官サイドの見方とも一致する（中野次雄編『判例とその読み方』（有斐閣，1986年）〔中野次雄執筆〕は，「互いに影響し合い協力し合うという密接な関係」という）。より具体的にいうと，裁判官の側から学説に対する期待としては，次のようなものがあろう。

第一に，裁判官が，新たな法理論を構成して，その具体的な内容を正面か

補論　判例評釈の書き方

ら明らかにして判決を下すことがいまだ難しい場合に，学者がそれをフォローして，新たな法理論を構築していくものがある。

第二に，判決が述べる判決理由のなかに含まれる「隠れた法律論」を，学説が「発見」し，それに意味づけを行う場合もある。

第三に，いくつかの判決の積み重ねによって一つの新たな法理が形成されてくる過程において，学者による理論的なバックアップが行われる場合である（たとえば，信頼関係破壊の法理をめぐる判例の形成における広中教授の一連の判例研究（広中俊雄『不動産賃貸借法の研究（広中俊雄著作集3）』Ⅰに所収のもの（創文社，1992年））があげられよう）。

このように判例の形成において，学説の役割が期待されているといっても，その際に重要なことは，内在的な視点に立つことである。学説の意見や批判があってもよいといっても，外在的な批判は意味がない。したがって，確立した判例とその前提を共有しないようなタイプは，判例評釈としては意味がない（たとえば，形成権は理論的にみて除斥期間に服するものであり，消滅時効はおよそ認められないとの立場から，解除権の消滅時効に関する判例を批判するというもの）。判例評釈においては，判例の理解として成立可能な見解であるとか，判例に受入れ可能な提案をすることこそが，まずめざされるべきなのである。

3-5　陥りやすい問題点

■ **いくつかの留意点**　　判例規範を抽出する際の主要な方法とそれぞれにおける留意点は，順次述べていく。しかし，その前に，大学院生や助手といった若手研究者が陥りやすい過誤をまとめて指摘しておきたい。

①**学説の対立枠組みに従って判例を理解するもの**　　最も陥りやすい過誤として，学説の対立枠組みにそのまま依拠して判例を理解するというものがある。ある論点をめぐる従来の学説の対立状況を，「A説・B説……」というふうに図式的・並列的に整理したうえで，判例はA説に従ったものであるとか，B説に近いとかを論ずるタイプの評釈である。もちろん，このような分析方法が有効である場合がありうることまで否定するものではない。しか

し，ある最高裁判決が提示した先例規範は，既存のどの学説とも異なるものであることも少なくない。そのようなときに，既存の学説を通して判例を理解しようとすると，不正確な判例の「理解」しか得られないことになってしまうので，とくに注意を要する。

判例評釈において，学説の検討は，先例規範を抽出するうえでの補助的ないし付随的な意義しか有しないことを肝に銘じておくべきである（同じ意味で，判例評釈を既存の学説の整理から始めることも回避した方がよい）。

②**判例をそれに外在的な枠組みによって切ること**　これと同様に，判例を検討するうえでの分析軸の設定が，判例にとって外在的なもので，いわば自分勝手なものであるタイプの過誤がある。もちろん，判旨の意味を明らかにするために，分析軸を立てることが有用である場合はありうる。しかし，あくまでも分析軸は，判旨の理解にとって有用なものであることがその前提である。この点は，評釈者の分析能力との関係もあるから，大学院生・助手にとってみれば，最初から大上段の議論を展開することは回避した方が無難である。

③**判旨に外在的な評価を加えること**　繰り返しになるが，判例評釈においては，判例とその前提を共有しない外在的な評価・批判というのは意味がない。自説の展開の場ではないことを忘れてはいけない。このことからすると，とりわけ判例評釈においては，「私見」という言葉の使用は極力避けるのが適当であろう（たとえば，「私見によれば……」といった叙述はしない）。

④**具体的事案から離れて過度の抽象論に流れないこと**　判決理由中の法律論の抽象化や一般化を重ねるうちに，過度の一般論に流れてしまうことも多い。また，判旨の抽象論をいくつかの部分に分断して，各部分のテクストの注釈を別々に行うのも，同様に無意味である。分けること自体は悪くない。しかし，それによってバラバラな抽象的な理解になってしまうのが問題なのである。

これらはいずれも，判例が具体的事件の解決として示される裁判規範であることを忘れてしまったことによって陥りやすい誤りである。判旨の単純な一般化や，自分勝手な理解をすることのないようにするためには，「評釈」

の最初の部分で，本件事案にはどのような特徴があるかを列挙しておさえておくのも，一つの堅実な方法であろう。

4 先例規範の抽出の方法・その1——事案と結論の対応関係による方法

4-1 法律家共同体の共通のルール

■ 先例規範の抽出方法の組合せ

さて，判例評釈の中心をなす作業である，ある判決から先例となる裁判規範を抽出するには，どのようにすればよいのか。

このような先例規範を抽出する際の方法には，いくつか異なったアプローチが存在している。複数の方法があるといっても，その一つを選択するというのではない。それらの複数の方法を組み合わせて，説得的な判例の「理解」は何かを提示するのである。そして，その際，抽出方法の援用の仕方や力点の置き方によって，論理的には複数の判例「理解」が成立しうる。以下では，代表的な先例規範の抽出方法の内容について，少し立ち入って説明することにしたい。

■ 事案と結論の対応関係による方法

さまざまな先例抽出の論法のうち，中心的な位置を占めてきたのは，事案と結論の対応関係によって，先例となる部分を確定するという方法である。後に見るように，事案との対応関係で判例を抽出するという方法を理論的に根拠づける際には，論者の間にニュアンスの差がある。しかし，いずれによるにせよ，そのような方法は，わが国の法律家共同体の共通のルールとして承認されていることは，間違いないところである。

そのことは，ほかならぬ最高裁自身が，事案との対応で先例の範囲を限定する手法を用いることがあるという事実によって支持される。

まず，ある判決を下す際に，最高裁自身がその射程を限定しようとする場合がある。「事例判決」と称されるものが，それであり，一定の結論を提示するだけで，あえて一般論を展開することを回避しようとする場合である。

次に，ある判決について後の最高裁がその先例規範の射程を限定しようとする場合がある。先の判決が一般論を展開している場合でも，後の判決がそれを当該事案との関係で判示されたものであると「解釈」する可能性はつねにある。上告人の援用する判例は，「事案を異にし，本件の場合に適切な先例といえない」というわけである。
　それでは，なぜ事案との対応において先例となる範囲を限定するのか。その理論的な根拠については複数の正当化が主張されている。高度に理論的な背景を含む争いであるが，一応簡単なところでもおさえておくのは必要である。

4-2　なぜ事案との対応で先例を限定するのか

■ **具体的事件の解決として示される裁判規範**　　理論的な根拠については，主張は大きく二つに分けることができるであろう。
　一つは，判例とは，具体的な事件に即してその解決として提示される裁判規範である，という点に基礎を置くものである。もっとも，このなかも，さらにいくつかの立場に分かれる。
　判例の法源性を肯定する立場からは，判例は，裁判所が与えられた具体的事件を裁断するために創造した法規範であり，裁判官はその事実関係の実質をとらえたからこそこれを規律すべき法規範を創造しえたのだから，具体的に問題となっている事実関係の実質を確定する必要がある，と説明される（末弘・前掲「判例の法源性と判例の研究」39頁）。
　しかし，判例の法源性を真正面からは肯定しない立場からも，判例とは，具体的な事件に即してその解決として提示される裁判規範だから，それを超えた一般的な射程を有しないとする説明もなされる。すなわち，判例は特定の裁判において示された判断であるが，裁判の使命はあくまで個々の具体的事件の解決にあり，一般的な法原則を宣明することにない。したがって，結論命題からその具体的事実中の重要ならざるものを捨象し，ある程度抽象的な内容としたものが「判例」であるというわけである（中野・前掲書52頁）。

また，利益考量論の立場から，判例が客観的にどのような利益・価値を重視していることになるかをとらえるためには，具体的な事実との関係で分析しなければならないから，とするものもある（小瀬ほか・前掲座談会224頁〔星野英一発言〕）。

■ 裁判官の心理過程のモデルによる説明　　もう一つは，裁判官がその判決の結論を導き出した心理過程（いわゆる「裁判過程」）の仮説から説明する立場がある。判決理由中に言語的に表明されている法律的説明は，裁判官の実際の心理過程において裁判的決定の規準となったものを示しているのではなく，多くの場合において当該裁判の結論の正当性を説得するための論理にすぎないという見方である（川島・前掲「判例研究の方法」145頁，同・前掲『法律学』の現代的問題点」229～230頁）。現実の裁判官の行動は，個別的・具体的な事実について具体的な裁判規範を形成することにほかならず，判決における先例的要素は，当該事件の事実関係とそれに対して与えられた判決の結論という客観的事実からのみ導き出されるべきであるとされる。

　後者の「裁判過程による正当化」に対しては，以前から批判がある。このような裁判官の心理過程のモデルは，すべての場合には妥当しないとされ，また，判決理由は結論の「合理化」にすぎないとの見方に対しては，裁判官の側からも，実際の価値判断の過程をできるだけ忠実に判決書に表現するのが，裁判官の普通の行き方であると反論される（（小橋ほか・前掲「座談会・判例批評の方法論をめぐって㊀」80頁〔藤原弘道発言〕）。理論的にみても，裁判官が判決を下すにあたって，事実が裁判の結論に到達するに至る心理過程において何らかの影響を与えているとすると，そういう「事実」を，結論の正当化の手段である「判決理由」と切り離して位置づけるのは非論理的であって，「事実」も結論の「正当化」の一手段ではないかとの疑問が呈される（平井・前掲書56頁）。さらに，より根本的には，裁判官の心理過程は評釈者が推測するよりほかなく，それが確定不能の場合が多いという問題もある。加えて，最高裁判決に関与した複数の裁判官の心理過程が同一であるとは限らないし，また，「判例」は，個別の判決ではなく，複数の判決の総体の上に

存在するものと一般に考えられている。だが，このような複数の判決に関与した裁判官は同一ではないのだから，その心理過程は一様ではないはずである。このように見てくれば，そもそも先例規範としての判例は，個々の裁判官の心理過程とは独立の客観的存在としてとらえるべきではないか，というわけである。

4-3 定型的事実と定型的結論の抽出と相関結合

■ 三つの抽出プロセス　さて，事案と結論の対応関係から先例規範を抽出するという作業はどのようなプロセスを経て行われるのだろうか。一般的にいえば，次の三つのプロセスから成り立っている。すなわち，「定型的事実の抽出という作業」「定型的結論の抽出という作業」，そして，「その相関結合という作業」である。要するに，どのような事実関係に対してどのような法的決定がなされたと理解するのかが，定型的事実と定型的結論の相関結合という作業の意味するところである。

■「定型的事実」の抽出　このなかで，最も難しいのが，「定型的事実」を抽出するという操作である。ある判決の前提となった事実関係は，その構成要素を細かくすべて拾い上げるとなれば，きわめてユニークな（唯一無比な）ものとなり，それとまったく同一の事件が再び起こることはありえないことになる。そのようなユニークな事案に対応する法的決定が，判例として機能することは考えられない。したがって，ある判決に先例規範を見いだすとなれば，当該事案からある程度定型化された事実を構成し直すことが必要となるわけである。これが「定型的事実」という耳慣れない言葉を用いる理由である。

　定型的事実の抽出において問題となるのは，いかなる事実から出発すべきかということと，事案についてどの程度の，また，どのような態様の抽象がなされるべきかという抽象化の程度である。

4-4　事実の抽象化の程度および態様

■原審の認定事実からの抽出方法　「定型的事実」を抽出するに際して、その基礎とするために、裁判官が直面した「生の事実」（実在事実）の探究が必要であるという立場もあることはすでに紹介した。しかし、現在の通説というべき考え方によれば、先例規範を構成する定型的事実を抽出する際に、その対象となる「事実」とは、事実審である原審において裁判官が認定した事実であるとされる。

認定事実として判決に記されたところから、重要な事実を選別し、定型的事実をつくりあげる主体は、あくまで評釈者である。具体的には、判旨の事案へのあてはめ部分を参照するという方法が一般によく用いられる。判決理由においては、一般的な形式での法律論が展開されたあとで、原審の認定事実にその法律論をあてはめたうえで、結論（原審の判断に対する評価）が下されるという部分が存することが多い。この部分を分析・検討するわけである。判決の法律的結論の前提となる事実がピックアップされて判決理由中に示されている場合には、その裁判所が「重要な事実」だと思って書いたものだから、それを知る有力な手がかりとなる。

しかし、最高裁の判決において、法律論のあてはめの対象となっていない事実であっても、原審で認定されている事実ならば、それを「重要な事実」に加えることができないわけではない。このような事実であっても、定型的事実を構成する際にそれに加えることは一般に許容されている。結論の導出に無意識的にせよ影響したと推測される事実を摘示したうえで、先例規範を構成するのは、いわゆる「隠れた法律論」の発見に役立つことである。

■「傍論」との区別　事案との対応で先例の範囲を確定する作業に関連して、いわゆる「傍論」についても触れておかねばならないだろう。

この「傍論」（obiter dictum）とは、一般に、「当該の裁判の結論を導き出すための論理的前提として表明されているのでない規範命題ないし法律論」と定義されるものであり（川島・前掲「判例研究の方法」159頁）、傍論を先例価値のある規範と考えないのは、事案と結論の対応関係を重視する立場から

の論理的な帰結でもある。

　もっとも，傍論が後の判決にとって先例として機能する場合があるという事実も知っておく必要がある。したがって，判例評釈において，傍論の内容を検討することは可能である。その傍論が，事実として先例たる機能を有すると予想されるならば，検討は必須でもある。しかし，それは厳密な意味での「先例価値的裁判規範」ではなく，事実上，先例として機能する規範（「先例機能的裁判規範」）であることには注意をしておいた方がよい（川島・前掲「判例研究の方法」159～162頁）。

　また，判決理由中に示されている規範命題ないし法律論のうち，何が「当該の裁判の結論を導き出すための論理的前提として表明されているのでない規範命題ないし法律論」にあたるのか，という判断も，一律になされうるわけではない。ここに評釈者による解釈の余地が生まれる。そして，事案との対応で先例となる規範の範囲をできるだけ限定しようという意図を有するときには，傍論の範囲を広げて解釈することもある。とりわけ，ある判決が定立した先例規範が妥当なものでないと評釈者が判断した場合に，この手法が用いられることが多い。その意味では，何がレイシオ・デシデンダイ（ratio decidendi）で，何が傍論であるかは，理論的に一義的に定まるわけではなく，ある実践的な目的から分けられるという側面がある。

5　先例規範の抽出の方法・その2——判旨のテクストの読解による方法

5-1　テクスト読解の重要性

■「判民型」に対する誤解

　「判民型」を重視する立場から，判決理由中の抽象的な法律論の批評を行う「民商型」に対する批判が展開されたことからすると，先例規範の抽出において，判旨が展開する理論構成にはあまり重要な意義は認められないと考える者がいるかもしれない。しかし，それは「判民型」に対する誤解である。

補論　判例評釈の書き方

　実際に，いわゆる川島理論においても，判旨の理論構成が軽視されていたわけではない。川島博士によれば，上告審の判決のなかで「適用」されたとして述べられている規範命題は，「先例」として機能することについての明確な意識のもとになされるのが普通だから，先例としての価値を有すると認めるべき場合が多く，後の裁判所によって先例として準拠される事実上の蓋然性も大きいとされ，要するに程度の問題にすぎないとされる（川島・前掲「判例研究の方法」158頁）。したがって，「民商型」に対する批判のポイントは，判決理由がそのまま直ちに先例規範となるという見方にあったと解すべきことになろう。

　裁判所がその結論を導くに際し，どういう理論構成を用いたかを重視しなければならない，という指摘は多くの論者によってなされている。先例規範を抽出する際に，判決理由中に示された法律論を重要な要素として考慮するのが，現在の共通のルールとみてよいだろう。

5-2　判決理由を構成する各部分の意味づけ

■判決理由の区分け　　先例を抽出しようとする際に重要となるのは，判決理由というテクストをどのように区分けするかである。一般に判決理由は，①当該判決が示した結論部分と，②その理由づけ部分，そして，③結論部分の法命題の事実関係へのあてはめを行う部分とに分けることができる。判旨の各部分の意味づけをきちんとおさえたうえで，それぞれの読み方を習得することが大切なわけである。

　以下で，各部分の読み方について，若干の注意点を説明しよう。

　①**判旨の結論部分における法命題の定式化**　　判旨において，当該判決の結論となる法命題が一般的な形で定式化されていることはよく見られるところである。これが検討の重要な出発点となることは疑いないが，この法律論をそのまま直ちに先例規範としての判例として受けとってはいけないことは，すでに繰り返し説明した。つまり，事案と結論の対応関係による検証が必要となるわけである。

　②**判旨の理由づけ部分における法律論──「理由づけ命題」**　　これに対し，

結論部分の法命題を正当化するための理由づけを述べる部分がある。「けだし，……」として以下に導かれる部分がその典型例である。

　それでは，先例規範を抽出するにあたって，理由づけの部分はどのように考慮すればよいのだろうか。まず，理由づけ部分の一般的な法命題が直接に判例となるわけではないことにはほぼ争いがない。その理由は，次のように説かれる。すなわち，最高裁といえども，裁判という面では，受理された個々の事件を裁判する以上の何らの権限ももたず，法令解釈の統一機能といっても，個々の事件を通じて事後的に発揮されるのであって，事前に一般的に統一を図るわけでない。ところが，一般論を判例と認めることは一般的指示を認めるに等しくなってしまって妥当でないというわけである（中野編・前掲書55〜64頁）。

　この点は当然のことのようでもあるが，大学院生や助手のレベルでは，結論部分と理由づけ部分を明確に意識しつつ区別していない者がしばしば見られる。注意を喚起しておく。

　もっとも，理由づけのための法命題は，判旨が述べる結論命題を理解するうえでの手がかりを与えるという点で，考慮するに値することもたしかである。判例も規範命題である以上は，一定の論理を含んだものであるから，一般に理由づけ部分の法命題は，かかる「判旨の論理」を確定するための有力な手がかりとなる。

　③結論命題の事案へのあてはめ部分　　この部分が，事案と結論の対応関係から判例を抽出するうえで，重要な意味を有することは，すでに述べたところである。この点を除いても，判旨の一般論を原審の認定事実にあてはめる部分から，判旨の一般論が抽象的に述べていることの具体的な意味を理解する手がかりが得られることも少なくない。

5-3　判決のタイプ——「原理判決」と「事例判決」

■「事例判決」の注意点　　そのほか，判旨のテクストを理解する際に重要と考えられるポイントとして，判旨が一般論を展開しているものか，それとも逆に，判旨において一般論を提示することを回避

したような判示の仕方をしているか，ということがある。前者を「原理判決」，後者を「事例判決」とよぶ。

　もっとも，事例判決であっても，事案と結論の対応関係という方法によって，そこから先例規範を抽出することは可能ではある。そもそも，すべての裁判は何らかの意味で「事例」であり，「事例判決」という観念自体に対しても批判がある。

　しかし，そうはいっても，「事例判決」と称されるタイプでは，最高裁が先例として抽象化・一般化されることを回避しようとの意図からそのような判示の仕方が採られているとみるのが素直である。だから，「事例判決」から射程の広い一般論を抽出することには，多くの場合，無理を伴う。はじめて評釈を担当する大学院生や助手の立場からすれば，力みすぎて，過度の読み込みを行い，不当な一般化を行わないように注意する方が重要である。

6 先例規範の抽出の方法・その3──判例法総体の整合的理解による方法（共時的な見方）

6-1 評釈の対象判決の先例とみられる判例との整合的な解釈

■総体としての判例法　　さて，これまでは個々の判決から先例規範を抽出する局面に着目して，その方法について述べてきた。ところが，通常は，対象となる判決以前にそれが扱っている問題に関係するとみられる複数の判決がすでに出されていることが多い。そこで，評釈の対象となっている個別の判決を単体として見るだけでなく，それらの判決の総体を観察する方法が必要となってくる。

　一般に，判例ないし判例法とは，単体の判例だけでなく，複数の判例の総体によって構成されるものと理解されている。そして，「判例は，……という立場をとっている」といった類の表現がなされる場合には，複数の判例を通じて，ある一貫した解釈が提示されているかのように観念されていることになる。そこでは，判例法の背後には，あたかも統一的な人格が存在するか

のように解釈するという方法がとられる。もっとも、個々の判決を下す際の裁判官の構成は、時とともに変わるから、実際には、統一的な人格などは存在しない。このような判例法の観念というのは、法規範が本質として有するところの無矛盾性ないし一貫性が投影されたものということができよう。つまり、判例法も法規範である以上は、（少なくともある一時点において）その具体的内容が矛盾したものであってはならない（「矛盾した法は存在しない」）という想定によるものである（これは、「等しきものは等しく扱え」という正義の要請でもある）。

以上のような、判例法を総体として整合的なものと観念するという要請から、対象となる判決を理解する際にも、それに先行する判例との関係を検討することによって、その意義を確定することが可能になるわけである。

■ **判例法上の位置づけ** このような作業は、一般には、当該判決を「判例のなかに位置づける」ものとして、現に広く行われているものである。すなわち、これは、一つ一つの先例規範ないし先例仮説を、既存の先例規範ないし先例仮説のシステムのなかに位置づけて、それらの論理的・体系的な関係を明確にすることを目的とした作業である。そして、そのことを通じて、既存の規範・仮説のシステムの意味も明確となる。また、その論理的関係からの推論によって将来の裁判の予見が可能となる場合もあるとされるわけである（川島・前掲「判例研究の方法」178頁）。

もっとも、以上のように判例法の総体を整合的に理解するという作業をどこまで追求すべきであるかは一個の問題である。この点だけを過度に重視するのも適当ではない場合がある。社会のなかの利害関係・価値観の変化に対応して裁判も変化していくことは不可避であり、すべての裁判の内容が論理的＝体系的に矛盾のないものである保証はないからである。実際には、その変化が既存の法体系に論理的＝体系的矛盾の波紋を起こしつつ、これを変化させているものとされる（川島・前掲「判例研究の方法」178～179頁）。この点は、判例の流れという見方とも関連するので、のちに再論する。

6-2 検討の対象に含めるべき判決

■公式判例集への登載の意味　判例を総体として観察する場合に、検討の対象として含めるべき判決の範囲をどのようにとるかに関連して、公式判例集に非登載の最高裁判決の扱いが問題となりうる。この点に触れておこう。

この点で、かつては、いわゆる「公認理論」があったとされる（川島・前掲『法律学』の現代的問題点」304頁以下参照）。これは、公式判例集の編纂者が、先例とする価値があると認めて自ら選択し、公式判例集に収録して公刊した判決や、判例として示す目的で「判決要旨」として摘出した法律論こそが「判例」であるという立場である。このような見地から、「判例」と「裁判例」とが区別されて、1922年から大審院の「判決録」に代えて「判例集」が公刊され、戦後は最高裁および高裁の「判例集」と、下級裁判所の「裁判例集」が刊行されるようになったというわけである。

このような「公認理論」は、学説上厳しい批判を受け、現在においては、裁判官によっても支持されていないようである。公式判例集の「判決（決定）要旨」というのは、その裁判をした法廷でない第三者（判例委員会）が作成したもので、判決・決定の一部をなすものではないからである。ただ、その作成者が「判例」だと自ら考えたものを要旨として書いたわけであるから、「判例」を発見するのに参考になるにすぎない。

したがって、厳密な意味での「先例価値」を確定するに際しては、公式判例集に登載されているか否かは、重要な意味をもたないというべきである。しかしながら、先例機能の面で差異があることは事実である。この点は、後に述べる「判例の流れ」の検討においては、頭にとどめておいてよい。

6-3 「判例理論」――先例規範を体系として再構成する作業

■「判例理論」の発見　先例との関係に着目しながら、複数の判決を総体として検討するという作業を推し進めると、複数の判決から帰納的にある法的理論ないし法的構成を導くことが可能となる場合がありうる。これを「判例理論」と称することにしよう。

判例理論とは,「一定の法律問題に関する数多くの判例（結論命題）の基底にあってこれらを生み出しているところの裁判所の一般的な法的な考え方」である。多くの個々の判断を通じて一貫したものがあるとすると，その一貫性を支えるものとして，より一般的・抽象的な考え＝判例理論の存在が考えられることになる。しかし，それは外から見えないところに存在し，多くの判例としての結論命題から事後的に帰納推理の方法によって発見せらるべきものである。しかも，その推論は，第三者の立場から客観的になされるべき性質のものであり，判例が積み重ねられていく過程でおのずと成立し確定していくものであるとされる（中野編・前掲書69頁）。

　このように，判例理論とは，そのいくつかの判例の結論命題をすべて説明できる共通の理論として，事後的・帰納的に発見されるものである。そして，すでに述べたように，判例と学説の協働による判例法の形成という観点からいえば，判例理論の発見というのは，学説の果たすべき重要な役割の一つであるといってよい。

　このとき，とくに注意しなければならないのは，判例理論を既存の学説に過度にあてはめて考えないということである。判例理論は，必ずしも学説において主張されてきた既存の理論に限られず，それとは別の新しい理論であることも十分にありうることである。既存の学説に準拠しながら，「判例理論は〇〇説を採用している」と安易に断定しないようにしなければならない。ちまたの「判例評釈」「判例研究」には，このようなものが実に多いことにも注意を要する。

7　先例規範の抽出の方法・その4――その他

7-1　「判例の流れ」による方法（通時的な見方）

■「判例の流れ」をとらえる方法　　「判例の流れ」による方法というのは，「一つ一つの判決よりは，従来の類似の事実に対する判決との関連に重きを置いて眺め，個々の判例の事実に即した

補論　判例評釈の書き方

位置づけと，過去から現在，将来に向かう判例の傾向の流れを捉えようと努める」ことであると定義されている（小瀬ほか・前掲座談会 225 頁〔星野英一発言〕）。

このような「判例の流れ」による方法も，評釈の対象となる判決と関連する（と評釈者が想定する）先例との関係においてこれを検討する点では，判例の総体を観察する方法と共通したところがある。しかし，後者が共時的な見方（現在の判例法理を明らかにする）に立つのに対し，前者はむしろ通時的な見方に立つ点で，やはり相違も認められる。

このような「判例の流れ」による方法に対しては，同じく「判民型」に属するとされる論者の間においても，その評価にはニュアンスの相違が見いだされる。しかし，消極的な立場によっても，「判例の流れ」による方法が否定されているわけではない。

それよりも重要なのは，「判例の流れ」をとらえるといっても，その視角には，やや異なる二つのものが存することである。一つは，事案と結論の対応・利益状況の差異とこれに対する価値判断の対応という面からとらえる方法であり，もう一つは，理論構成の面で，判例がどのように変わっていったかをとらえる方法である。もっとも，必要に応じて，いずれの方法をとるか，あるいは，双方とも検討するのか，を決めれば足りるであろう。

■ 判例の予見・予測　　なお，「判例の流れ」をとらえるという作業に関連しては，判例の予見・予測との関係が問題となりうる。従来一般に，判例の予見・予測が，判例研究の主要な目的であると説かれることも多かったからである。もっとも，判例の予見・予測といっても，それが先例の拘束性との関わりにおける「予見」であるならば，先例規範の射程として論ずれば十分ではないかと思われる。

7−2　当事者の主張方法との関係——法律審としての最高裁

■ 上告審における争点との関係　　判決がある具体的事案に対して一定の解決を与える法的決定であることからすれば，事案と結論の対応関係から先例規範が導かれることになる。しかし，同

時に，最高裁は法律審であるから，最高裁判決には，法律上の問題点について上告審の判断を示すものであるという側面もある。

このことは，先例規範の抽出という作業との関係でいえば，何が上告審における争点であったかという観点から判旨を観察することによって，その先例的な価値を評価しうる場合がある（一般には，その先例としての射程を限定する方向に作用する）ことを意味する。

何が上告審の争点となっていたかとの関係では，上告理由における当事者の主張との関係が問題となりうる。たとえば，当事者が上告理由で特定の点を主張していたにもかかわらず，それを採用せずに，別の観点から最高裁が法律論を展開しているような場合である。

■ 原審までの訴訟経過との関係　　また，当事者が原審までの訴訟経過において行った主張方法との関係が問題となることがある。とくに，当事者が原審においてある法律構成を前提に主張を組み立てて，原審がそれに基づいて法律判断を行ったことから，最高裁はそれに応える形で判示を行った。だが，当事者の採用した法律構成がそもそも適切であったかが問題となるような場合がある。このときは，判旨は当該訴訟の経過との関係でなされたものであって，それにどこまで先例的価値を認めるべきかは疑問であるという評価を与えることが可能である（こういう観点から評釈した例として，星野英一・法学協会雑誌80巻5号155頁〔同『民事判例研究第2巻・2債権』439頁（有斐閣，1972年）〕を参照）。

7-3　原審判決の判断との対比

■ 破棄判決の場合　　最高裁判決の「判旨」の判断について，原審の判断と対比して分析・検討を行うという方法が有効な場合も少なくない。

とりわけ，最高裁が原審を破棄（自判または差戻し）した場合には，「原審の判断のどの点に問題があるとされたのか」を探究するために，両判決の判断の構造を対比させることが不可欠となろう。また，最高裁が原判決を破棄して，事件を原審に差戻しまたは移送した場合には，差戻審は上級審判決の

補論　判例評釈の書き方

破棄理由となった判断に拘束されるので（裁判所法4条），差戻審の判断を拘束するのはどの部分なのかを確定することが，先例規範を抽出するうえで必要となってくる。

■ 理由の差替えの場合　さらに，最高裁が上告を棄却した場合であっても，「原審の判断は，結論において是認することができる」，「……とした原審の判断は，結局正当として肯認することができる」というような判示がなされている場合には，原審と対比する方法は有効である。このような仕方の判示は，原審の結論自体は正当であるけれども，その法律判断には何らかの問題があってそのままでは肯認できないことを意味するのだから，その理由を探究することが必要となる。

7-4　調査官解説の利用

■ 調査官による判例解説　判旨を理解するうえでの手がかりとなる有意義な資料として，最高裁判所調査官による「判例解説」がある。

　事件が最高裁に受け付けられ，いずれかの小法廷に分配されると，その事件を担当する調査官が決まる。そして，担当調査官は，記録を調査し，論点を明らかにし，それに関係ある判例・学説などを調べ，その調査した結果を書面にまとめて各裁判官に報告するが，裁判官が担当調査官の意見を徴することもあるとされる（中野編・前掲書99頁以下）。

　したがって，調査官の解説は——あくまで調査官の個人としての立場で書かれたものとはいえ——，最高裁判決が下される内部の過程を推測するうえで重要な資料を提供するわけである。その意味で，調査官による「判例解説」は，一般の学説が行う判例評釈の一種として，これと同じレベルで並列的に扱うことは問題であり，特別な位置づけが与えられるべきである。

　調査官の「判例解説」は，昭和28年度以降の判例について存するが，その検索方法について，時間的順序に沿って説明しておこう。通常，新たな最高裁判決が下されると，まず最初に『ジュリスト』の「時の判例」欄に調査官による解説が掲載される（なお，『判例時報』『判例タイムズ』等の判例雑誌の

判決に付けられる匿名コメントも，これと同じ内容であることが多い）。次いで，公式判例集に登載された最高裁判決については，『法曹時報』の「最高裁判所判例解説」欄に，より詳細な内容で判例解説が掲載され，しばらく後に，年度ごとにまとめて『最高裁判所判例解説民事篇』に収録されて刊行される（引用の際には，その情報量からみて，後者の方を用いるべきであろう）。

また，公式判例集に登載されない判決についても，たとえば，『訟務月報』等に担当調査官の解説が載る場合もある。

7-5 従来の下級審裁判例や学説の影響の考慮

■ **法律解釈の選択肢の提供** 　最高裁判例が出されるまでには，下級審裁判例や学説において，一定の議論が展開されているという状況がしばしば見られる。そのような議論の推移が，最高裁判決に影響したと考えられる場合もありうる。このような議論状況は，調査官の調査報告を通じて，最高裁判所の判断過程において考慮された可能性があり，場合によっては，法律解釈の選択肢を提供することもあるからである。

ただし，既存の学説を最高裁がそのまま採用したとはいえないことも多いから，それを前提に判旨の理解を行うという態度には，とくに大学院生・助手は注意を要する。

8 判例評釈の構成

8-1 判例評釈の「型」

■ **判例評釈の典型的な「型」** 　ここでは，判例評釈の構成の仕方について説明することにしよう。判例評釈の典型的な構成としては，次のようなものがある。

①序論——本判決の意義
②本判決の判例法上の位置づけ
③従来の下級審裁判例の動向

補論　判例評釈の書き方
　　④従来の学説状況
　　⑤判旨の評価
　　⑥判旨の射程
　　⑦残された問題

■「型」のアレンジ　　当然のことであるが，このような典型的な「型」にそのまま従う必要はない。そうはいっても，はじめて判例評釈に取り組むような大学院生や助手にとっては，オーソドックスな構成に従うのがよいだろう。そして，判例評釈に習熟すれば，各自の工夫によって「型」のアレンジを試みるとよい。評釈の対象となる判決によって，いかなる点にポイントを置いて評釈を行うかは異なってくる。たとえば，判旨の意義と射程とが密接に関連しているような場合には，上の⑤と⑥を分けて論ずる必要はないだろう。また，先行評釈において，従来の下級審裁判例の動向や学説状況の動向がすでに適切に整理されている場合には，それとの重複を回避して，③や④は要約にとどめてもよい。要は，判例評釈において拾いあげるべき（と評釈者が考えた）諸要素を，どのような構成によって提示するのが明快かを考えればよい。その意味では，論文における議論の構成と大差はないともいえよう。

　以下では，評釈の構成の各部分について，それぞれの留意点を述べることにする。

8-2　序　論

■本判決の意義　　判例評釈の冒頭の序論では，「本判決に判例としてどのような意義が認められるのか」を要約するというスタイルが一般的である。本判決が，どのような問題について，いかなる先例規範を定立したものであるか，従来の判例との関係でどのような意義が認められるのか，等々を述べるわけである。もっとも，それらは，本論において具体的に論じられるものであるから，序論は本論における分析全体の要約としての意味がある。したがって，序論が冗長になるのは避け，簡潔に述べるのがよい。

8-3　本判決の判例法上の位置づけ

■先行判例との関係　　評釈の対象となる判決に関連する先行判例がある場合には、それらの判例との関係で、当該判決を位置づけるという作業が必要となる。その際には、事案と結論の対応関係から検討を加えることがとりわけ重要となる。たとえば、従来はいかなる先例があり、本判決はそれらとどのような関係に立つのか、従来の判例法のブランクを埋めたものなのか、従来の判例と抵触するのか、事案の相違から抵触しないような理解は可能であるのか、それとも、従来の判例を実質的に変更したものといえるのか、というような関連づけが検討されるわけである。

■関連判例の選択　　判例法上の位置づけを行う場合に、ときに難しいのは、関連判例を選択する際の視角である。対象判決が定立した先例規範と共通する問題を扱ったものとして、どの範囲のものを拾うべきかを決定する際には、さまざまな観点から多角的にながめることが必要になってくるからである。

8-4　判旨の評価

■「判旨の評価」の意義と方法　　判旨の評価といっても、賛成・反対という意味ではない。判例評釈の本論では、判旨をどのように理解すべきか、そしてそれをどのように正当化することができるのかについて検討が加えられる。その際には、上に説明した多様な方法が用いられるわけである。

　ここでは、問題とされている規定の起草過程や、それに対応する外国法における議論状況などの素材の利用について言及しておこう。判例評釈は、その目的からして、起草過程の探究や外国法の検討を行うことは、必ずしも不可欠なものではない。したがって、これらの素材を利用するとしても、それはあくまでも対象判決から先例規範を抽出するうえで、それらの検討を行うことがとくに有意義な視点を提供する限りで行うべきである。

8−5 判旨の射程

■ 先例規範の射程距離　通常,「判旨の射程」とよばれるのは,対象判決が定立した先例規範の射程を明らかにする作業を意味する。こうした作業も,判例の予見・予測を行うものとして,判例評釈の重要な目的の一つであると考えられてきたことは,すでに述べたとおりである。

■ 判旨の射程が問題となる場合　ところで,一般的にいえば,判旨の射程が問題となるのは,次のような場合があるといえるだろう。

　まず,判旨では一般的な形で法律論が展開されているが,当該事案との対応関係から,その先例となる部分を限定的に理解する場合である。このときには,事案を異にする場合においても,判旨の一般論が同じように妥当するものと理解すべきかを検討することが,さらに必要になる。

　これとは反対に,判旨それ自体においては,限定的な判示の仕方で法命題が展開されている場合がある。このとき,判旨の文言だけに従えば,その射程は限定的に解されるべきことになる。しかし,その理由づけ部分とあわせて理解されるところの判旨の論理から推していけば,判旨に示された場合以外についても同様の趣旨が妥当するのではないか,と考えられるときにも,判旨の射程が問題となろう。

8−6 残された問題

■ 関連問題　「残された問題」と称される部分で論じられるのは,対象判決に関連して指摘しておくべきだと評釈者が考えたさまざまな問題点に関してである。何を「残された問題」と考えるかについては,その関連性の程度の評価によって左右されよう。もっとも,この部分は,判例評釈に不可欠の部分ではないので,判例評釈の公表媒体等の制約から,カットしてもよいものである。

8−7 判旨の結論自体の妥当性

■ 妥当性評価の意義　　以上に言及したほかに，判旨の結論自体の妥当性についての検討に独立の項目があてられることがある。しかし，それにどのような意義があるのかは，実ははっきりしないところがある（先例規範の抽出とは目的を異にする研究は，また別論である）。

■ 妥当性評価の基礎となる事実　　まず，判旨の結論の妥当性を評価する際に，その基礎となる事実は何かという問題がある。判旨の結論の妥当性を論ずることに消極的な見解によると，裁判官だけが決め手となる「事件の筋」を知っており，原審の認定事実だけからは，それはよくわからないから，評釈者がそれを論ずるのは適当でないとされる。これに対しては，裁判官は，判断の決め手となった事実を明示するのが通常であるとの反論もなされている。たとえば，判決の結論を導くうえで必要な事実は，当然判決に表すべきであるとの見解があるほか，裁判官サイドからも，判決に表れた事実以外の事実も無意識的に入ることは否定できないが，判決を書く以上はそこに書いた事実だけから合理的な説得力があるつもりで書いているとの指摘がなされている（以上につき，小瀬ほか・前掲座談会229頁以下参照）。

■ 妥当性評価の方法　　次に，仮にこの点をクリアしたとしても，判旨の結論自体の妥当性を，それを導いた法律論（先例規範）と切り離して論じることに，どのような意味があるのかという問題がある。判旨の結論自体の妥当性というのは，結局は，それを導く際に前提とされた先例規範の妥当性を論ずることにほかならないのではないかとも考えられるからである。そうだとすれば，判旨の評価のなかで論ずればよいことになろう。それとは独立に，判旨の結論自体の妥当性を論じるといっても，それがせいぜい評釈者の直感による「感想」程度のものにすぎないとすれば，あまり意味のあることではないかもしれない。

補論　判例評釈の書き方

Column ⑥ 報告

　研究者の世界で生きていくには，報告をしなければならない。研究会に所属すれば，多くの場合，報告が義務づけられる。学会でも，個人として研究成果を報告したり，共同研究の一員として報告を担当する機会が多かれ少なかれおとずれる。世捨て人にでもならないかぎり，報告を避けてとおることはできない。それだけに，この報告をうまくこなせるかどうかが，研究者としての評価を大きく左右することになる。

　ところが日本では，報告の仕方についてきちんとした教育が行われていない。ほとんどの人間は，見よう見まねで自分なりに報告をしているだけである。そのため，独りよがりの報告や，要領をえない報告が少なくない。忙しいのにそんな報告につきあわされるのは，たまったものではない。報告者としても，それで研究者としての評価まで下げてしまうのでは，あまりに残念である。では，どうすればいいのだろうか。

　まず，報告のエチケットをかならず守ることである。とくに，次の2つの点が重要である。

　①趣旨にあった報告をすること。研究会にしても，学会にしても，わざわざ報告を割り当てられるからには趣旨があるはずである。そこから外れた報告をされたのでは，何のために報告をしてもらったのかわからない。判例研究会なのに，ドイツの学説を延々と紹介されたのでは話にならないだろう。当然のエチケットである。

　②決められた時間を守ること。報告は自分のためだけにあるのではない。あとに別の予定が控えていることもある。時間厳守は絶対である。そのためには，自分はどれだけの量をどれだけの時間で話せるのかを正確に把握したうえで，それに見合った準備をきちんとする必要がある。要するに，心構えの問題である。

　次に重要なのは，わかりやすい報告をすることである。エチケットを守るだけでは，いい報告はできない。いい報告をするためには，内容もさることながら，それをわかりやすく提示することが必要になる。とくに口頭で報告する場合は，聞き手は論文のように読み返すことができない。耳で聞いてわかってもらうためには，聞き手に対する負荷を減らすような工夫が必要になる。たとえば，次のような点に気をつけるべきだろう。

①見通しをよくすること。あらかじめ何をどういう順序で論じるかがわかっていると，聞き手も安心して話についていくことができる。個々の部分についても，最初にそこで何が問題となり，どういう趣旨のことを述べるのかという説明から始めると，格段にわかりやすくなることが多い。要するに，理解の手がかりを最初に与えておくことがポイントである。

②情報を切り分けること。複数の情報を切れ目なく話されると，聞き手の方でそれを整理しなければならないため，しばしば理解が追いつかなくなってしまう。やはり報告者の側で，あらかじめ情報を小さな単位に切り分けて，それを整理したかたちで話す必要がある。これは，1つ1つの文にもあてはまる。1つの文でくどくど述べずに，簡潔に1つの内容だけを述べる。それを連ねながらまとめていくと，聞き手もついていきやすくなる。

③前提をはぶかないこと。自分では当然の前提だと思っていても，聞き手にとってはそうでないこともある。同じ研究者だといっても，みんながみんなその分野の専門家であるわけではない。にもかかわらず，そこで説明を省略すると，同じ話でもさっぱりわからなくなってしまう恐れがある。聞き手の状況にあわせて，前提となる知識を過不足なく提供することが必要である。

④レジュメを配ること。①〜③の努力をしても，やはり耳で聞くだけでは，なかなか話についていけないものである。そこでレジュメがあると，聞き漏らしも少なくなるし，何より報告の全体像と内容を目で追うことができるようになる。項目立てがしっかりした，要点を的確に整理してあるレジュメが配られていると，聞き手としては大いに助かる。少なくとも，あとで報告に即した議論をしてもらいたいなら，きちんとしたレジュメを用意することが必要である。

あ と が き

「ハンドブック」によって，しかし，「ハンドブック」を超えて

　本書を一読した読者はどのような感想を抱いただろうか。一方で，本書が主たる読者として想定している若手研究者のなかには，「これで論文の書き方はわかった。よかったよかった」と思っている人もいるかもしれない。他方，好奇心から本書を手にされたかもしれない私たちの同僚や先輩諸氏のなかには，「こんな本が出てくるようだから，どれもこれも同じような没個性の論文が続出するのだ。困ったものだ」と思われた向きもあるだろう。このようなありうる誤解や異論に対しては，本書の全体を通じて応答しているつもりではあるが，重ねて次の点を確認しておきたい。本書はあくまでも，これから初めて論文を書こうとする大学院生や助手など若手研究者のための「手引き」であるということである。

　私たちは，本書に従えば自動的に論文が書けるとも，本書に従って論文を書くべきだとも主張してはいない。実際のところ，私たち自身も，本書で説明したとおりに論文を書いているわけではない。しかし，本書に書いたことを基礎として論文を書いていることは，事実である。というよりも，次のようにいった方が正確かもしれない。本書には，私たちの論文執筆の経験を言語化して示したが，現在の私たちは，この段階を超えてさらに進むべく模索を重ねている。このことは，私たちの第一論文とその後の論文とを比べていただければ，明らかになるはずである（もっとも，その後の論文が成功しているか否かは，別の問題である）。

　私たちが，第一論文を書いたころ，本書のような「ハンドブック」は存在しなかった。とはいえ，私たちは素手で論文執筆に立ち向かったわけではない。先輩たちの苦闘の成果であるさまざまな先行論文を読んで，そのなかから「論文の書き方」を汲みとり，それを模範として第一論文に取り組んだ。たとえば，私たちの第一論文の学説や外国法の分析方法は，諸先輩の論文に

あとがき

多くを負っており，それらに酷似しているとさえいえるかもしれない。しかし，私たちは，既存の方法を習得するなかで，「これに新しいもの，独自のものを加えることはできないか」と考えてきた。もし，現在の私たちの論文に，何かしら新しいアプローチや独自の方法が含まれているとしたら，それらは，第一論文執筆過程における既存の方法の批判的習得を経て，はじめて垣間見えてきたものにほかならない。

新しいものや独自なものは，無からは生まれない。それらは，伝統を批判的に継承することから生まれる。私たちはそう確信している。それゆえ，若手研究者諸君には次のようにいおう。「『民法研究ハンドブック』は一つの通過点にすぎない。ここまで来なさい。そして，共にその先をめざそう」と。また，同僚・先輩諸氏には，「大丈夫です。彼らも，そして私たちも，この先に進みます」と。

2000年2月

大村　敦志
道垣内弘人
森田　宏樹
山本　敬三

著者紹介

大村　敦志（おおむら・あつし）　学習院大学
道垣内弘人（どうがうち・ひろと）　専修大学
森田　宏樹（もりた・ひろき）　東京大学
山本　敬三（やまもと・けいぞう）　京都大学

民法研究ハンドブック

平成12年4月30日　初版第1刷発行
令和6年4月10日　初版第6刷発行

著者　大村　敦志
　　　道垣内　弘人
　　　森田　宏樹
　　　山本　敬三

発行者　江草　貞治

　　　　東京都千代田区神田神保町2-17
発行所　株式会社　有斐閣
　　　　郵便番号　101-0051
　　　　https://www.yuhikaku.co.jp/

印刷／株式会社理想社・製本／大口製本印刷株式会社
©2000, 大村敦志・道垣内弘人・森田宏樹・山本敬三
Printed in Japan
落丁・乱丁本はお取替えいたします。
★定価はカバーに表示してあります。
ISBN 4-641-13234-8

Ⓡ本書の全部または一部を無断で複写複製（コピー）することは、著作権法上での例外を除き、禁じられています。本書からの複写を希望される場合は、日本複製権センター（03-3401-2382）にご連絡ください。